Praxisleitfaden
Psychiatrie

Der psychogeriatrisch Kranke in der ärztlichen Sprechstunde

PRAXISLEITFADEN
PSYCHIATRIE

DER PSYCHOGERIATRISCH KRANKE IN DER ÄRZTLICHEN SPRECHSTUNDE

G. A. E. RUDOLF

vieweg

CIP-Kurztitelaufnahme der Deutschen Bibliothek

Rudolf, Gerhard A. E.:
Praxisleitfaden Psychiatrie: Der psychogeriatrisch Kranke in der ärztlichen Sprechstunde / G. A. E. Rudolf. - Braunschweig; Wiesbaden: Vieweg, 1993.
ISBN 978-3-663-01939-8 ISBN 978-3-663-01938-1 (eBook)
DOI 10.1007/978-3-663-01938-1

Herausgeber: Prof. Dr. med. G. A. E. Rudolf

Der Verlag Vieweg ist ein Unternehmen der Verlagsgruppe Bertelsmann International.

Konzeption und Realisierung: W. W. G., Gütersloh
Herstellung: Gütersloher Druckservice GmbH, Gütersloh

ISBN 978-3-663-01939-8

Inhaltsverzeichnis

Einleitung

Das Ziel dieses Buches

Innerhalb weniger Jahrzehnte hat sich aufgrund der ständig steigenden Lebenserwartung die Zahl der über 65jährigen in Deutschland verdoppelt. Die Zahl der Höchstaltrigen entwickelte sich dabei überproportional. Um die ärztliche Versorgung dieser Menschen bemüht sich die Altersmedizin (Geriatrie), in deren Bereich die Psychogeriatrie (auch Alterspsychiatrie oder Gerontopsychiatrie genannt) einen wichtigen, bis heute jedoch noch nicht ausreichenden Stellenwert einnimmt.

Daß körperliche und seelische Gesundheitsstörungen mit steigendem Alter zunehmen, ist unbestritten. So ist die Zahl der Patienten mit Alterskrankheiten - auch der mit psychischen Störungen - heute schon groß und wird in der Zukunft, wegen der absoluten und relativen Zunahme älterer Menschen, noch größer werden.

Typisch für das höhere Lebensalter ist die Multimorbidität, das heißt das gleichzeitige Vorhandensein mehrerer Erkrankungen, deren Symptome sich addieren, überdecken oder durch ihr Ineinanderwirken jeweils verstärken können.

Unter ätiologischen Aspekten können Erkrankungen durchaus durch andere Krankheiten hervorgerufen werden und damit Diagnostik und Therapie erschweren. Das Besondere bei den Erkrankungen des höheren Lebensalters ist ihre in der Regel multifaktorielle Genese. Sie zwingt zu einem multifaktoriell orientierten Handlungsansatz. Multiprofessionalität ist gefragt. Das heißt, mehr als in der Medizin des jüngeren Lebensalters sind Kooperationen zwischen Ärzten verschiedener Fachorientierungen, aber auch die Zusammenarbeit mit sozialen Diensten, kommunalen Einrichtungen der Altenfürsorge usw. notwendig, um eine patientenadäquate Behandlung zu ermöglichen.

Das vorliegende Buch soll eine kurze Übersicht über diagnostische und therapeutische Möglichkeiten der Psychogeriatrie geben. Diese „umfaßt

Diagnostik, Therapie und Prävention sämtlicher psychischer Erkrankungen des höheren und hohen Lebensalters. Als wissenschaftliche Krankheitslehre ist sie sowohl als Teilgebiet der Psychiatrie als auch der Geriatrie aufzufassen. Entscheidend für die Abgrenzung gegenüber der Geriatrie ist das Vorhandensein von psychischen Erkrankungen und Behinderungen als Folge psychischer und/oder primär körperlicher Grundstörungen. Zwischen beiden Bereichen, der Geriatrie und der Psychogeriatrie, bestehen zahlreiche Überschneidungen, die durch das gleichzeitige und gleichgewichtige Vorhandensein somatischer und psychopathologischer Befunde gekennzeichnet sind" (BERGENER).

Probleme der ärztlichen Versorgung älterer, oft auch seelisch gestörter Patienten zeigen sich in den Schwierigkeiten einer adäquaten Diagnostik und Therapie, in den primären und sekundären Fehlplazierungen der Patienten im Bereich der Krankenhausmedizin und in den fehlenden institutionellen Strukturen für Prävention, Therapie und Nachsorge bei der ambulanten Behandlung älterer Menschen.

Mit diesem kleinen Buch kann und soll nicht der gegenwärtige Stand wissenschaftlicher Forschung in der Psychogeriatrie dargestellt werden. Mit ihm soll eher als Einführung der Blick für den psychogeriatrisch Kranken geöffnet und eine Zusammenfassung von Ratschlägen für den Arzt gegeben werden, der ältere psychisch kranke Patienten behandelt - dieses natürlich vor dem Hintergrund wissenschaftlicher Forschung. Damit bleibt der Inhalt des Buches bewußt im Bereich der praktischen Medizin.

In den zurückliegenden Jahren ist das Thema der Altersdemenz - eine unter vielen anderen psychogeriatrischen Erkrankungen - stark in den Vordergrund des ärztlichen und allgemeinen Interesses getreten. Wenn man aber bedenkt, daß an einem bestimmten Stichtag bei 25 - 30% der über 65jährigen psychische Störungen im weitesten Sinne vorgelegen haben, etwa 3 - 4% davon jedoch nur in den Bereich der senilen oder hirnarteriosklerotisch bedingten Demenzen fallen, so ist daraus der Schluß zu ziehen, daß sich ein Leitfaden für die Behandlung des psychogeriatrisch Kranken nicht allein auf das Krankheitsbild „Demenz" beschränken kann. Aus diesem Grunde wird versucht, von einem relativ breiten diagnostischen Ansatz auszugehen, der - natürlich neben einer Darstellung der Demenzdiagnostik und -therapie - auch die anderen seelischen Erkrankungsbereiche behandelt.

Das Buch ist für den in der Basisbetreuung älterer Menschen tätigen Arzt verfaßt. Bei ihm werden die Weichen für spezielle diagnostische und therapeutische Handlungsansätze gestellt. Das Studium der weiterführenden Literatur

(s. Kap. D, S. 208) wird das Verständnis für psychogeriatrische Probleme vertiefen können und müssen.
Insgesamt ist zu wünschen, daß durch die vorgelegten Informationen ein wenig mehr Sicherheit im Umgang mit dem älteren psychisch erkrankten Patienten erreicht wird. Die tägliche Erfahrung zeigt immer wieder, daß auch beim älteren Menschen beachtenswerte therapeutische Erfolge mit dem Ergebnis einer erheblichen Verbesserung der Lebensqualität in seinen letzten Lebensjahren zu erreichen sind. Diagnostischer, vor allem aber therapeutischer Pessimismus oder gar Nihilismus ist nicht gerechtfertigt.
Besonderer Wert wurde auf die Diagnostik gelegt, das heißt auf das Erkennen und Identifizieren einer Krankheit. Hierbei handelt es sich um einen fortlaufenden Prozeß, aus dem Therapieindikationen abgeleitet und modifiziert werden können. Nach dem Gesundheits-Strukturgesetz müssen nun ab dem 1.1.1994 die diagnostischen Erkrankungen nach einem vorgegebenen, von der WHO entwickelten Diagnosenschlüssel (ICD = International Classification of Diseases) kodiert werden. Dieser Vorgang wird Klassifikation genannt. Das individuelle Krankheitsbild wird der Klassifikationskategorie mit entsprechender Kodierungsziffer zugeordnet, der sie am ehesten entspricht. Zu bedauern ist, daß die veraltete und überholte 9. Revision der ICD (ICD-9) angewendet werden muß, die in der psychiatrischen Praxis seit 1992/93 bereits von der 10. Revision der ICD (ICD-10) ersetzt wurde. Diese soll erst in etwa drei Jahren verbindlich eingeführt werden.
Im folgenden Text ist bei der Umschreibung einzelner Krankheitsbilder und Syndrome aus den klinisch-diagnostischen Leitlinien für die ICD-10 zitiert worden, ohne jedoch Hinweise auf die Kodierungs-Ziffern zu geben. Tabellen mit Krankheitsbezeichnungen und Kodierungs-Ziffern nach ICD-9 und ICD-10 finden sich im Anhang (s. C.1).

Prof. Dr. G. A. E. Rudolf

A Allgemeiner Teil

A. 1 Allgemeine Grundlagen

Altern ist keine Krankheit! Altern kann dem einzelnen Menschen jedoch zur Last werden, weil er auf diesen unausweichlichen Prozeß nicht genügend vorbereitet ist, auch wenn er unter äußerlich optimalen Bedingungen lebt. Die Lebenssituation und vor allem körperliche Beschwerden können den Alternden trotz besten Willens an einem harmonischen Altern hindern. Drei Faktoren sind für ein komplikationsloses und positiv empfundenes seelisches und körperliches Altern von großer Bedeutung:

1. die subjektive Einstellung zum Altern,
2. die körperliche Verfügbarkeit und
3. die peristatische, d.h. psychosoziale Situation des Alternden.

A. 1.1 *Körperliche Aspekte des Alterns*

Der Psychogeriater hat sich, auch wenn er sich primär um die seelischen Leiden kümmert, ebenso mit den körperlichen Veränderungen des älteren Menschen und seinen Erkrankungen zu befassen. Er muß intervenieren, wenn neben seelischen Störungen, z.B. Verwirrtheitszuständen, depressiven Verstimmungen oder anderen psychopathologischen Phänomenen, zusätzlich körperliche Beschwerden vorliegen. Bekanntlich bestehen Ursachenzusammenhänge zwischen körperlichen und seelischen Leiden. Das wird bei dem häufig multimorbiden älteren Patienten besonders evident.

Mit Beginn des frühen mittleren Lebensalters kommt es im Laufe des Alterungsprozesses zu fortlaufenden biologischen „involutiven" Funktionsänderungen in unterschiedlichsten Organsystemen. Diese können im folgenden nicht detailliert dargestellt werden, doch sollen Hinweise auf die Organsysteme gegeben werden, die nach allgemeiner Erfahrung in besonderem

Maße zu psychopathologischen Phänomenen führen und deren Auftreten mit dem Alterungsprozeß in Verbindung gebracht werden kann.
Diese sich im Biologischen manifestierenden organischen Veränderungen entsprechen funktionell oft nicht eindeutig dem Befinden und Verhalten. D.h. körperlich-anatomische Veränderungen müssen für den Betroffenen nicht unbedingt eine Reduzierung oder einen Zusammenbruch der durch das Organ ermöglichten Funktionen bedeuten. Die Veränderungen manifestieren sich in der Regel unterschwellig, so daß es nur allmählich zu einer negativen Beeinflussung normaler Fähigkeiten kommt. Dadurch gelingt es dem Betroffenen meistens, sich durch Verhaltensmodifikationen dem altersentsprechenden Funktionsniveau seiner biologischen Gegebenheiten anzupassen.
Der in der Psychogeriatrie tätige Arzt benötigt also unbedingt diagnostische und therapeutische Kenntnisse und Fertigkeiten im Bereich der sich biologisch orientierenden Altersmedizin, und es wäre falsch, würde er sich allein um die seelischen Aspekte altersbedingter oder im Alter weiterhin auftretender Erkrankungen kümmern.
Im Bereich folgender Organsysteme muß mit Veränderungen gerechnet werden:

1. Sinnesorgane:
   Veränderungen der Hörfähigkeit,
   Veränderungen der Sehfähigkeit,
2. Herz-Kreislauf-Veränderungen,
3. pulmonale Veränderungen,
4. endokrine Veränderungen:
   Hypothalamus-Neurohypophysen-Nierenachse,
   Hypothalamus-pituitaria-Adrenalachse,
   Hypothalamus-anteriore pituitaria-Schilddrüsenachse,
5. Veränderungen des Kohlenhydratstoffwechsels,
6. gastrointestinale Veränderungen,
7. renale Veränderungen,
8. immunologische Veränderungen,
9. Veränderungen der Sexualfunktionen,
10. Veränderungen im Bereich des Zentralnervensystems.

Bei altersbedingten Veränderungen in den genannten Organbereichen handelt es sich mit Sicherheit noch nicht um pathologische Phänomene im engeren Sinn, doch ist eine Grenzziehung zwischen noch normalen Funktionsabläu-

fen, die als altersgemäß defizitär angesehen werden müssen, und schon pathologischen Erscheinungen außerordentlich schwer. Auch hier spielt die subjektive Einstellung des Betroffenen zum Altwerden, zu den sich daraus ergebenden Notwendigkeiten und Anpassungsanforderungen eine zentrale Rolle für die Akzeptanz der erkennbaren alterungsbedingten Veränderungen.
Mancher älter werdende Mensch wird sich wegen dieser Beschwerden schon sehr bald an einen Arzt wenden und diesen ersuchen, ihn von den ihm lästig werdenden Phänomenen zu befreien. Phantasien von ewiger Gesundheit und fast ewigem Leben spielen dabei möglicherweise eine Rolle. In einer solchen Situation ist der Arzt gefordert, aufklärend und beratend dabei mitzuwirken, daß sich der ältere Mensch seinem körperlichen Funktionsniveau anpassen und mit ihm leben kann.
Das Erscheinungsbild des gealterten Menschen unterscheidet sich wesentlich von dem des jüngeren. Es korreliert eng mit den Stadien der organischen Alterung, ist also nicht typisch für jeden älteren Menschen, weil sich der organische Alterungsprozeß bei jedem Menschen mit individueller Geschwindigkeit vollzieht. Das bestätigt sich in der Beobachtung von über 80jährigen, die zuweilen noch frischer und leistungsfähiger sind als deutlich jüngere Menschen. Körperliches Altern ist jedoch ein unausweichliches individuelles Schicksal.
Der organische Involutionsprozeß kann für eine typische psychopathologische Symptomatik des alternden Menschen bestimmend sein. Wie ein älterer Mensch jedoch die körperlichen Beschwerden und Störungen verarbeitet, welche seelischen Symptome er zeigt, hängt gleichzeitig von der ihm eigenen Art des Umganges mit dem unausweichlichen Schicksal des körperlichen Alterns und den psychosozialen Gegebenheiten ab.

A. 1.2 *Psychosoziale Aspekte des Alterns*

Manche der in diesem Abschnitt aufgezeigten Symptome sind oft gar nicht, dann wieder nur teilweise oder in abgeschwächter Form bei älteren Menschen zu beobachten. Sie können, müssen aber nicht bei jedem älteren Menschen auftreten. Der Akzent der Schilderung liegt auf der Darstellung des nicht mehr Vorhandenen. Es werden Aspekte des Defizitären in den Vordergrund gestellt, weil sich dieses Buch primär an Ärzte wendet, die von kranken älteren Menschen aufgesucht werden. Daher sind die nachfolgenden Ausführungen mit den bewußten Akzentuierungen nicht als zu verallgemeinernde Aussage über alle älteren Menschen zu benutzen. Aspekte der normalen Psychologie und Soziologie des Alterns sind in Standardwerken zusammenfassend dargestellt (LEHR 1987, TEWS 1971). Es gibt aber keine scharfe Grenze zwischen „normalem" Altern und dem Bereich, der als eindeutig pathologisch angesehen werden muß.

Die sich im Altwerden ausdrückende Lebensdynamik erfordert Anpassung an die jeweilige Situation, oft ein bewußtes und aktives Handeln, das allerdings Möglichkeiten, Fähigkeiten und vor allem eine Bereitwilligkeit zu Veränderungen voraussetzt. Wenn diese Voraussetzungen nicht gegeben sind, kann das weitere Leben eine stetige Folge von konfliktgeladenen Situationen werden. Hier wird das Vorfeld krankheitswertiger psychischer Reaktionen und Störungen erkennbar: Probleme sind vorhanden, die in der Mehrzahl auch bewältigt werden können, dem Betroffenen das Leben aber beschwerlich machen. Dabei kann ein so hohes Maß erreicht werden, daß von einem zufriedenen und ungestörten Leben nicht mehr die Rede sein kann.

Trotz zahlreich erhobener Untersuchungsbefunde bleibt die Trennung zwischen noch Normalem und schon Krankhaftem in der psychopathologischen Alterungssymptomatik äußerst schwierig. Fraglich krankhafte Störungen können nicht scharf von normalen psychologischen Vorgängen abgegrenzt werden, da alle Veränderungen in milder Form beginnen und erst durch ihr Ausmaß, die besondere Akzentuierung und einen möglicherweise vorzeitigen Manifestationstermin Krankheitswert erhalten.

Bei der Beschreibung normal-psychologischer sowie psychopathologischer Phänomene des Alterns muß auf die Forschungsergebnisse der Psychologie, der Soziologie und der Psychiatrie zurückgegriffen werden, da die Beschreibung des seelischen Alterungsprozesses aus nur einer Perspektive die Konturen und die Gewichtigkeit der Symptomatik überzeichnen und die Schwerpunkte zu einseitig setzen würde.

Das Erscheinungsbild des älteren Menschen unter psychologisch-psychopathologischem Aspekt unterscheidet sich wesentlich von dem des jüngeren:

Die psychomotorischen Abläufe werden langsamer. Hierfür ist eine Vielzahl von Faktoren verantwortlich. Die Lebhaftigkeit der Sinneseindrücke läßt nach. Für das Individuum spezifische Charakterzüge treten deutlicher hervor, während Umgangsformen und äußere Haltung lange erhalten bleiben. Allseitige Erstarrung steht in einem dialektischen Verhältnis zu einer erhöhten Fremdbeeinflußbarkeit, Unempfindlichkeit des Gefühlslebens steht neben erhöhter Reizbarkeit und Gespanntheit, vor allem neben einer oft erhöh-

ten affektiven Durchlässigkeit oder Anrührbarkeit. Der Verarbeitung von Affektbelastungen sind Grenzen gesetzt.
Im Laufe des Alterungsprozesses leidet die Fähigkeit, Gedächtnisinhalte präsent zu halten und zu reproduzieren. Treten in extremen Fällen Gedächtnislücken auf, so werden sie mit Leerworten oder konfabulatorisch überbrückt. Neuen Gedächtnisbestand dauerhaft zu erwerben, wird immer schwieriger. Dabei entwickelt sich die Merkschwäche für Systematisches wesentlich langsamer. Dieses findet dann in der Regel ein größeres Interesse. Das Altgedächtnis pflegt gegenüber dem Neugedächtnis besser erhalten zu bleiben, womöglich sogar leichter aktualisierbar zu sein. Bei der Denkfähigkeit sind weniger Einbußen zu erkennen. Sie leidet aber unter dem Verlust instrumentaler Funktionen. Der Überblick über mehrgliedrige Gedankengänge kann bei fortgeschrittener Involution beeinträchtigt sein. Wesentliches zu erkennen und im Auge zu behalten wird schwieriger. Der Alternde verarmt an Einfällen, an Initiative und Produktivität. Das Denkfeld engt sich ein. Bei massiven Alterungsprozessen können die sprachlichen Äußerungen auf stehende Redensarten reduziert werden, sich vom Denken lösen. Der Weg zur Demenz ist dann nicht mehr weit.
Störungen der Orientierung werden zuerst im unbekannten Raum, später in bekannter Umgebung, dann in der Zeit und zuletzt bezüglich der eigenen Person beobachtet.
Diese bei vielen älteren Menschen auffallenden Merkmale altersbedingter Persönlichkeits- und Leistungsveränderungen sind ineinander verwoben und von äußerst komplexer Natur. Es zeigt sich ein Nachlassen der vitalen Dynamik mit teilweise erkennbaren Defiziten seelisch-instrumentaler Funktionen. Neben den genannten Auffälligkeiten können weitere Defizite im Sinne psychischer „Werkzeugstörungen" beobachtet werden.
Alle diese Altersveränderungen dürfen jedoch nicht nur unter dem Aspekt von Abbau und Versagen gesehen werden. Wie es bis ins hohe Lebensalter hinein noch den Aufbau jugendlichen Gewebes gibt, wobei aber im Laufe des Alters die Bioinvolution gegenüber der Bioevolution überwiegt, kann man auch auf psychischem Gebiet mit den Möglichkeiten einer altersspezifischen Entfaltung und Reifung rechnen. Wenn die Substanz des Anschaulichen aus dem Denken schwindet, erlangt das Begriffliche eine immer größere Bedeutung und wird nicht mehr durch gegenwärtiges Erleben gestört. Das sachlich Wesentliche rückt an die erste Stelle. Das Verallgemeinern, das Erfassen von Beziehungen und Sinnzusammenhängen bleibt nicht nur gut erhalten, sondern wird dann oft erst möglich.

Im Hervortreten der schärferen Charakterzüge sollte man nicht nur Minus-Varianten sehen, sondern auch weitgehend notwendige Anpassungs- und Abwehrmaßnahmen, ohne daß dieser Vorgang dem Betroffenen bewußt wird. Durch zunehmende Erstarrung und Akzentuierung einer vorher in erträglichem Maß vorhandenen Persönlichkeitseigenart setzt er sich gegen Neues, Dynamisches zur Wehr, dem er nicht mehr gewachsen zu sein meint. Das Haften des Älteren am Altbewährten ist ein Mittel der Abwehr gegen die Gefahr der Unterhöhlung seiner Existenz. So paradox es klingen mag, manche Versagenserscheinungen können dazu beitragen, das Alter des Menschen erträglicher zu machen.

Ein Leiden an diesem Alterungsprozeß ist oft deshalb nicht möglich, weil es in vielen Fällen ein Defizit in der Wahrnehmung der Altersmängel gibt, das im pathologischen Bereich bis zum Schlummerdasein mancher Greise ausgeprägt sein kann.

Eine Würdigung nach der positiven oder negativen Seite ist deshalb nicht möglich. Für den normal-psychologischen Bereich darf auf jeden Fall festgestellt werden:

Der alternde Mensch lebt nicht schlechter oder besser, nicht flacher oder tiefer, sondern anders als der jüngere Mensch. Das Denken verliert an Fülle, wird dafür ökonomischer, Umwege werden durch Erfahrungen vermieden. Das Leben ist insgesamt rationeller. Bei dem harmonisch Alternden greifen Abbau-, Schutz- und Anpassungsvorgänge einigermaßen fugenlos ineinander. Bei krankheitswertigen Abbauerscheinungen fehlen diese autoprotektiven und kompensatorischen Mechanismen, wodurch eine Dekompensation des gesamten Involutionsprozesses auftreten kann und der Verfall das Übergewicht bekommt.

Es gibt keine Zweifel daran, daß die körperlichen Rückbildungserscheinungen mit einer großen Zahl anderer Faktoren das Verhalten und Erleben des Alternden, also das Geschehen im seelischen Bereich bestimmen. Die Tatsache, daß ältere Menschen eher von Krankheiten befallen werden als jüngere, kann ebenfalls nicht übersehen werden. Das darf jedoch nicht zu der verallgemeinernden These verleiten, daß Alter und Krankheit untrennbare Phänomene sind.

Bisher noch nicht sicher beantwortet werden konnten die Fragen nach dem Einfluß massiver und umschriebener körperlicher Störungen auf menschliches Erleben und Verhalten. Auch die umgekehrte Fragestellung, die üblicherweise von der psychosomatischen Forschung aufgeworfen wird, ist bisher nicht ausreichend für eine Aussage über ältere Menschen bearbeitet worden. Auffallend ist insgesamt aber eine Divergenz, die zwischen medizinischer Beurteilung, d.h. Fremdbeurteilung des Gesundheitszustandes, und subjektiver Beurteilung erkennbar wurde: Die aus den Untersuchungen ersichtliche, eher positive Tendenz in der Selbstbeurteilung des Gesundheitszustandes älterer Menschen wurde lediglich von einer Untergruppe, den 65- bis 70jährigen, die kurz zuvor pensioniert worden waren, durchbrochen. Je älter man wurde, desto positiver war die Selbsteinschätzung im Gegensatz zu den tatsächlichen Gegebenheiten. Positive Korrelationen zwischen Faktoren wie „positive Selbstbeurteilung“ und „Ausmaß körperlicher Beweglichkeit“, „Gefühl der Einsamkeit“ bzw. „negative Selbsteinschätzung“ oder „Art und Ausmaß der Zukunftsorientierung“ lassen die These einer „kognitiven Theorie des Alterns“ (LEHR und THOMAE 1987; THOMAE 1971, 1988) wahrscheinlich erscheinen: Nicht die objektiv vorhandenen Altersveränderungen, sondern die Art und Weise, in der solche Veränderungen wahrgenommen und bewertet werden, haben einen Einfluß auf das psychische Verhalten. Es führen also nicht objektiv nachweisbare Veränderungen der Lebenssituation und des Gesundheitszustandes zu Verhaltensänderungen, vielmehr spielen die biographische Gesamtsituation, lebenslange Erfahrung, Persönlichkeitsstruktur, äußere Lebensbedingungen, soziale Bezüge, individuelle Zukunftsorientierung und vieles andere mehr eine wesentliche, ursächliche Rolle. Die biologischen Involutionsvorgänge haben bei Mann und Frau viele Gemeinsamkeiten, zumal sich insbesondere in der Endstrecke des Lebens die Geschlechtsunterschiede mehr und mehr verwischen.

Struktur und innere Verarbeitung haben und behalten bei der Frau aber eine besondere weibliche Prägung. Psychische Symptome wie vermehrte Reizbarkeit, nervöse Störungen, Stimmungslabilität, depressive Verstimmungen und subjektiv wie objektiv vermindertes Leistungsvermögen sind Zeichen für einen Umbruch. Dieser besteht zu einem Teil im Eintritt der Menopause, die in den sog. Wechseljahren durch hormonell bedingte Entzugsphänomene gleichzeitig auch zu körperlichen Mißbefindlichkeiten führt. Andererseits wird die Frau durch die Erlebnisse der beginnenden körperlichen Involution zu einem Zeitpunkt getroffen, zu dem sie im körperlichen wie psychischen Bereich noch Anpassungs- und Umstellungsfähigkeiten besitzt und über ihre nahezu noch vollständige körperliche Leistungsfähigkeit verfügt. Auch kommt ihr zugute, daß sie in der Regel in der Familie noch gebraucht wird.

Fast gleichzeitig oder wenig später erreicht sie aber auch das Alter, in dem ihre Familie kleiner wird, d.h. die Kinder das Haus verlassen, sich verselbstän-

digen, und die zurückgebliebene Mutter und Frau „nur noch“ für den Ehemann zu sorgen hat. Ihre Arbeitsbelastung durch Haushalt und Familie wird geringer, und so entsteht eine Lücke, die von einer darauf nicht vorbereiteten Frau nur schwer auszufüllen ist. Die Schwierigkeiten spitzen sich zu, wenn sich die Ehepartner in den vorangegangenen Jahren, bedingt durch die jeweiligen Belastungen im Beruf und in der Familie, auseinandergelebt haben und nur noch schwer wieder zueinander finden können. Der Ehemann behält weiterhin seinen Beruf, Gespräche am Arbeitsplatz und somit soziale Kontakte, die der im Haushalt tätigen Frau wegen ihrer Pflichten oft nicht möglich waren. Umorientierung auf die Rolle der jetzt wieder „Nur-noch-Ehefrau“ und vielleicht Großmutter ist unumgänglich.
Während die meisten Frauen vor der Eheschließung berufstätig waren, gaben sie später die Beschäftigungsverhältnisse zugunsten der Familie oftmals auf. Eine heute immer noch kleine Gruppe von Frauen arbeitete weiter. Bei der erstgenannten Gruppe älterer Frauen wird der Wiedereintritt in das Berufsleben nach einer längeren Unterbrechung zu einem Problem. Jedoch ist er eine mögliche Alternative in der oben skizzierten Situation einer in immer größere Isolation hineingeratenden Frau. Bei der Wiederaufnahme einer beruflichen Tätigkeit in dieser relativ späten Lebensphase ist die Frau gegenüber den männlichen Berufspartnern benachteiligt und in stärkerem Maße gefordert.
Ein weiteres Feld möglicher Konflikte birgt die Arbeitssituation des alternden Menschen. Da ist zum einen die real vorhandene größere Erkrankungswahrscheinlichkeit, zum anderen sind es dem älteren Arbeitnehmer gegenüber oft unbegründete Vorurteile hinsichtlich längerer Ausfallzeiten und größerer Unfallhäufigkeit. Nicht zuletzt fühlt sich mancher ältere Arbeitnehmer durch das Konkurrenzverhalten der Jüngeren oftmals bedrängt und ausgegliedert. Das, was die Frau als Hausfrau und Mutter seit dem Beginn der Menopause in der Regel schon bewältigt hat, muß der Mann jetzt in einem wesentlich massiveren Umfang in einem Alter durchstehen, in dem die Umstellungs- und Verarbeitungsfähigkeiten bereits geringer geworden sind.
Die Einstellung zur Pensionierung ist auf einer breiten Skala meßbar. Positiv kann der Abschluß des Arbeitslebens als das Erreichen eines verdienten Zieles verstanden werden, auf das man jahrelang hingearbeitet hat. Eine negative Sicht wäre die Definition der Pensionierung als Beginn einer Zeit, in der man nicht mehr gebraucht und überflüssig wird. Umschreibungen wie „Pensionierungsbankrott“ und „Pensionstod“ charakterisieren als Schlagworte diese Meinung. Wie aber das Leben nach der Pensionierung tatsächlich verläuft, hängt nicht von einem einzelnen Faktor, sondern von einer Vielzahl

von Faktoren ab: vom Lebensalter, von der berufsspezifischen Situation, dem finanziellen Aspekt, der Zukunftsplanung und nicht zuletzt vom allgemeinen Gesundheitszustand. Die Lebenssituation im privaten Bereich spielt dabei eine ganz wesentliche Rolle. Zwar beeinflussen das Erleben des Alltages, die Art der Freizeitgestaltung, das Ausmaß und die Intensität der familiären Kontakte in jüngeren Jahren die Erwartungshaltung gegenüber der Pensionierung in keiner Weise und fallen bei den kurz vor der Pensionierung Stehenden nur ganz schwach ins Gewicht, werden dann aber für den Anpassungsprozeß an das Pensioniertsein selbst zum ausschlaggebenden Moment. Die Notwendigkeit einer Vorbereitung auf die Zeit nach der Pensionierung wird aus diesen Erkenntnissen deutlich sichtbar. Sie muß vielschichtig angelegt werden. Daß in einer solchen Zeit des Umbruchs für den Mann auch Krisen im partnerschaftlichen Bereich auftreten, steht in Analogie zu den kommunikativen Störungen im beginnenden Rückbildungsalter der Frau ebenso außer Zweifel.

Das Problem der Einsamkeit und Isolation älterer Menschen in unserer Gesellschaft erscheint weitgehend unbewältigt. Einsamkeit und Isolation müssen voneinander unabhängig betrachtet werden. Denn während mit dem Begriff Isolation überwiegend objektive Gegebenheiten im Bereich sozialer Kontakte zu erfassen sind, zielt der Begriff Einsamkeit eher auf das subjektive Erleben des sozialen Interaktionsgefüges. Mancher fühlt sich einsam, ist aber nicht isoliert.

Das Ausmaß der Einsamkeitsgefühle scheint eher eine Funktion der Erwartung hinsichtlich der sozialen Kontakte als eine Funktion der tatsächlichen Häufigkeit zu sein. Weiterhin ist Einsamkeit als Folge der Langeweile anzusehen. Diese ist wiederum durch eine möglicherweise fehlende Rhythmisierung der Tages-, Wochen- und Jahresabläufe bedingt. Der weniger Selbständige, der davon abhängig ist, versorgt, unterhalten und beschäftigt zu werden, der nach ständiger Anerkennung Strebende und mit dem Bedürfnis nach Kontrolle über andere Lebende wird sich einsamer fühlen. Tatsächlich ist aber der ältere Mensch nicht abhängiger als der jüngere.

Da sich das menschliche Verhalten nicht danach richtet, wie eine Situation wirklich ist, sondern wie sie erlebt wird, zudem ältere Menschen die Zeit nach dem beruflichen Ausscheiden oft als Stillstand wahrnehmen, stellen sie ihre Aktionen ein, lassen sie jede Aktivität in Passivität und dann in Abhängigkeit hinübergleiten. Die bereits erwähnten Einbußen der psychischen Leistungsfähigkeit (mangelnde Umstellungsfähigkeit, Rigidität, kognitive Störungen), aber auch emotionale Störungen wirken zusätzlich modifizierend. Dieser

Abhängigkeit im höheren Lebensalter muß mit allen zur Verfügung stehenden Mitteln entgegengewirkt werden.
In dieser Lebenssituation fragen manche ältere Menschen nach dem weiteren Sinn ihres Lebens. So gehört die Lebensphase des Seniums neben denen der Pubertät und des Klimakteriums zu den durch Suizid am meisten gefährdeten Lebensabschnitten. Die größte Zahl der Suizidhandlungen hat als gemeinsames Motiv die Flucht vor alterstypischen Konfliktkonstellationen. Sozial Isolierte, Vereinsamte, ihres Sozialstatus Beraubte und körperlich schwer Erkankte sind in besonderer Weise suizidgefährdet.
Neben den zahlreichen Problemen, die der Alternde mit sich selbst hat, macht es die allgemeine Einstellung der Gesellschaft dem älteren Menschen nicht gerade leichter, harmonisch zu altern. Sein Bild ist grundsätzlich negativer gezeichnet, als es sich für die Gesamtheit der älteren Menschen darstellt. Im Meinungsbild der jüngeren Personengruppen ist die stärkste negative Akzentuierung zu erkennen. Je älter der Beurteiler wird, desto positiver fällt auch das Urteil über das Altern aus.
Bei der Selbsteinschätzung des Alternden wird deutlich, daß eine Diskrepanz besteht zwischen dem, was man noch tun möchte und tun kann, und dem, was die anderen Menschen von einem erwarten. Zwar stimmt die Redensart, daß man so alt sei, wie man sich fühle, doch muß sie nach den Ergebnissen sozialer Forschungen insofern geändert werden, als man tatsächlich so alt ist, wie man sich aufgrund der Haltung der Gesellschaft und der mitmenschlichen Umwelt einem selbst gegenüber fühlt. Altern kann somit - überspitzt formuliert - primär soziales Schicksal und erst sekundär funktionelle oder organische Veränderung sein.

Literatur:

KRUSE A. Psychologie des Alters. In: KISKER KP, LAUTER H, MEYER J-E, MÜLLER C, STRÖMGREN E, Hrsg. Alterspsychiatrie. Psychiatrie der Gegenwart 8. 3. Aufl. Springer: Berlin-Heidelberg-New York 1989.

LEHR U, Hrsg. Interventionsgerontologie. Steinkopf: Darmstadt 1979.

LEHR U. Psychologie des Alterns. 6. Aufl. UTB Bd. 55. Quelle und Meyer: Heidelberg 1987.

LEHR U, THOMAE H, Hrsg. Formen seelischen Alterns. Enke: Stuttgart 1987.

TEWS HP. Soziologie des Alterns. Teil 1 und 2. UTB Bd. 83 und 96. Quelle und Meyer: Heidelberg 1971.

THOMAE H. Die Bedeutung einer kognitiven Persönlichkeitstheorie für die Theorie des Alterns. Z Gerontol 1971; 4: 8-18.

THOMAE H. Das Individuum und seine Welt. 2. Aufl. Hogrefe: Göttingen 1988.

A. 1.3 *Vom normalen seelischen und körperlichen Altern zu den seelischen Störungen des älteren Menschen*

In den beiden vorausgegangenen Kapiteln (Kap. A.1.1 und A.1.2) wurde versucht zu verdeutlichen, daß der Übergang von noch normalen zu schon krankhaften Störungen beim älteren Menschen fließend ist. Ob in bestimmten Situationen ärztliche Hilfe notwendig ist, muß von Fall zu Fall entschieden werden. Häufig helfen bereits Informationen und Aufklärung, manchmal muß bei schwierigen Konstellationen schon im Vorfeld interveniert werden.
Das offensichtlich Pathologische einer Situation ist in akuten Notfallsituationen und bei eindeutigen, nach kurzer Untersuchung deutlich erkennbaren Krankheitsbildern bekanntlich kein Problem.
Schwierig wird es bei den möglichen leichteren Übergangsformen. Hier sind intensive Bemühungen um diagnostische Abklärung dringend angezeigt. Das erfordert erstens Zeit und zweitens hinreichende Kenntnisse und Erfahrungen im Umgang mit psychisch kranken älteren Menschen.
Hilfreich sind dabei

- die Kenntnis des Patienten aus vorangegangener Zeit sowie
- die Anamnese und die Fremdanamnese (s. Kap. A. 3.2).

Immer wieder sollte bedacht werden, daß man sich bei der Diagnostik leichterer psychischer (und körperlicher) Störungen in einem Grenzbereich von noch alterstypisch „normal" und bereits „pathologisch" bewegt.
Durch die Untersuchungen (s. Kap. A. 3.3 und A. 3.4), das Wissen über den bisherigen Verlauf der Beschwerden und die Informationen über ihren Störungsgrad erhält der Arzt genügend Hinweise, um das möglicherweise vorliegende Krankheitsgeschehen einzuschätzen. Er hat dann in entsprechender Weise therapeutisch zu intervenieren (s. Kap. A. 4 und Kap. B).
Aus den Symptomkonstellationen entwickeln sich typische Syndrome. Diese lassen sich spezifischeren Krankheitskomplexen (z.B. Demenzerkrankungen, funktionellen oder reaktiven Störungen, psychotischen Störungen usw.) zuordnen, die im folgenden (s. Kap. A. 2) ausführlicher dargestellt werden.

A. 1.4 *Die Rolle des niedergelassenen Arztes für die Versorgung psychogeriatrisch Kranker*

Der niedergelassene Allgemeinmediziner, der praktische Arzt oder Internist, in der Regel als „Hausarzt" bezeichnet, in dessen Sprechstunde ältere Men-

schen kommen, spielt bei Diagnostik und Therapie der Alterserkrankungen **die** zentrale Rolle.
Häufig kennt er seinen Patienten schon über einen längeren Zeitraum. Er weiß von den während der zurückliegenden Jahre überstandenen Erkrankungen, vermag seine Persönlichkeitsstruktur, seine Wesensart und die für ihn typischen Verhaltensweisen einzuschätzen.
Zu seinem Hausarzt hat der Patient eine gute persönliche Beziehung, er vertraut diesem und weiß aus Vorerfahrungen, daß er von ihm ärztlich gut versorgt wird.
Der Hausarzt führt beim Auftreten besorgniserregender gesundheitlicher Probleme die ersten Untersuchungen durch, leitet auch die ersten Behandlungsschritte ein. Treten Fragen zu Diagnostik und Therapie auf, die über seine Möglichkeiten der Beantwortung hinausgehen, wird er weitere Maßnahmen im Rahmen der kollegialen Zusammenarbeit mit Ärzten anderer Fachgebiete abzuklären versuchen.
Gerade beim älteren Menschen wird er dessen Wunsch entgegenkommen und versuchen, die Behandlung in seiner Regie zu behalten. Beide, Hausarzt wie Patient, sind in der Regel gemeinsam älter geworden. Das verbindet.
Der Hausarzt hat, oft als Arzt der ganzen Familie, neben dem Wohl des Patienten auch das der anderen Familienmitglieder zu beachten.
Bei leichteren, oft alterstypischen körperlichen und seelischen Beschwerden kann er die Familie auf die Besonderheiten der Klagen aufmerksam machen, die Beschwerdeschilderung und das Verhalten des älteren Mitgliedes erklären und für Verständnis werben. So kann die Familie auch im Sinne eines Co-Therapeuten eingesetzt werden. Bei schweren und ausgeprägten Krankheitsbildern ist der Hausarzt allerdings verpflichtet, Krankenhauseinweisungen akut zu veranlassen, Hilfen bei der häuslichen Pflege eines älteren Menschen zu organisieren oder Einweisungen in ein Alters- oder Pflegeheim durchzuführen.
In solchen Situationen ist also neben dem Wohl des jeweiligen Patienten auch das der (häufig überforderten) Familie zu beachten. Der Hausarzt ist somit Fachmann für körperliche und seelische Erkrankungen, hat die psychosoziale Situation des Patienten und seiner Familie zu berücksichtigen und hat nicht zuletzt als Experte dafür zu sorgen, daß - in einem weitgefaßten Begriff von Therapie - Hilfe in den genannten Bereichen gegeben wird.
Der Hausarzt ist damit Schlüsselfigur für das Wohl des Patienten und seiner Familie. Er ist ärztlicher Garant in allen schwierigen Lebenssituationen des älteren Patienten und seiner sozialen Umwelt.

A. 1.5 *Die Häufigkeit psychogeriatrischer Erkrankungen*

Die epidemiologische Forschung versucht, die Inzidenz, Prävalenz und Verteilung von Erkrankungen in bestimmten Bevölkerungsgruppen zu untersuchen. Dieses ist aus verschiedenen methodischen Gründen ein schwieriges Unterfangen, weil der exakten Erfassung psychogeriatrischer Erkrankungen zahlreiche methodische Fragen entgegenstehen.
Es beginnt bei der sogenannten Fallidentifikation, d.h. der Art der Diagnostik, und endet bei der Frage, welche Bevölkerungsgruppe (z.B. eine Krankenhaus- oder Praxispopulation, eine ganze Gemeinde oder Landesregion usw.) untersucht worden ist. Es ist evident, daß in einem Krankenhaus oder Pflegeheim mehr psychisch kranke ältere Menschen gezählt werden können als in einer umschriebenen Region, in der gesunde und möglicherweise auch kranke ältere Menschen in ihrer eigenen Umgebung leben. Die Zahlen geben jedoch keine Auskunft darüber, ob die psychischen Störungen bereits vor oder erst nach dem 65. Lebensjahr erstmals aufgetreten sind.
Angaben über die Häufigkeiten einzelner Krankheitsbilder gibt es dagegen öfter (siehe dazu die Angaben in den einzelnen Kapiteln). Hierbei ist zu beachten, daß es gerade im Alter häufig eine Co-Morbidität oder Multimorbidität (Wertheimer, 1989) gibt. Körperliche und seelische Störungen bestehen nebeneinander, bedingen sich gegenseitig oder verstärken die jeweiligen Symptome. Z.B. ist das Vorliegen von kognitiven Störungen im Rahmen einer Demenzerkrankung einerseits und Depressionssymptomen andererseits vorstellbar.
Für den Arzt in der Praxis bleibt festzustellen, daß die Zahl älterer Patienten mit psychischen Störungen mit dem wachsenden Anteil älterer Menschen in der Gesamtbevölkerung zunimmt. Nach Krauss (1989) ist zusammenfassend davon auszugehen, daß bei einem Viertel bis einem Drittel aller älteren Menschen eine psychische Störung vorliegt, die das Wohlbefinden oder die Leistungsfähigkeit der Betroffenen beeinträchtigt.

Literatur:

Blazer DG. The epidemiology of psychiatric disorders in late life. In: Busse EW, Blazer DG, eds. Geriatric Psychiatry. American Psychiatric Press: Washington 1989.
Gurland B. Epidemiology of psychiatric disorders. In: Sadavoy J, Lazarus LW, Jarvik LF, eds. Comprehensive Review of Geriatric Psychiatry. American Psychiatric Press: Washington-London 1991.

KRAUSS B. Epidemiologie. In: KISKER KP, LAUTER H, MEYER J-E, MÜLLER C, STRÖMGREN E, Hrsg. Alterspsychiatrie. Psychiatrie der Gegenwart 8. 3. Aufl. Springer: Berlin-Heidelberg-New York u.a. 1989.
WERTHEIMER J. Polymorbidität. In: KISKER KP, LAUTER H, MEYER J-E, MÜLLER C, STRÖMGREN E. Alterspsychiatrie. Psychiatrie der Gegenwart 8. 3. Aufl. Springer: Berlin-Heidelberg-New York u.a. 1989.

A. 2 Psychopathologische Syndrome und Krankheitsbilder bei älteren Menschen

A. 2.1 *Hirnorganisch bedingte Syndrome*

A. 2.1.1 Demenzsyndrome (organische Psychosyndrome)

Als Demenz wird der Zustand nach Verlust von im früheren Leben erworbenen Fähigkeiten durch organische Hirnkrankheiten bezeichnet. „Das Syndrom Demenz betrifft die ganze Persönlichkeit („Wesensänderung"), alle psychischen Funktionen (nicht nur Gedächtnis und Intellekt) und schließlich immer basalere vitale Funktionen (Wachheit, vegetative Steuerung)" (SCHARFETTER, 1991).
Die Wahrscheinlichkeit des Auftretens von Demenzsyndromen steigt mit zunehmendem Lebensalter, so daß mit der Zunahme des Anteils älterer Menschen an der Gesamtbevölkerung auch die absolute Zahl der Patienten mit Demenzerkrankungen angestiegen ist und in Zukunft noch ansteigen wird. Die Prävalenzraten derartiger Erkrankungen sind in Tab. 1 zusammengestellt.
Obwohl diese Zahlen beeindruckend sind und zu großen gesundheits- und sozialpolitischen Problemen führen, ist andererseits doch festzuhalten, daß bei der überwiegenden Mehrzahl älterer Menschen die geistige Leistungsfähigkeit nicht in nennenswerter Weise abnimmt. Geistige und intellektuelle Leistungseinbußen gehören also nicht unabdingbar zu den Folgeerscheinungen einer „normalen" Hirnalterung.
Kommt es im Gehirn eines alternden Menschen zu einem Verlust von Nervenzellen, wird dieser z.B. durch kompensatorischen Aufbau neuer funktionsfähiger Synapsen ausgeglichen. Damit wird die neuronale Funktion aufrechterhalten, so daß ein Auftreten schwerer kognitiver Defizite normalerweise verhindert werden kann. Dennoch gibt es primäre und sekundäre Hirnkrankheiten, die das Kompensationsvermögen des Gehirns überfordern. Es

Tab. 1: Alterspezifische Prävalenz (%) von Demenzerkrankungen: Resultate einer Metaanalyse von 22 Feldstudien

Altersgruppe	Prävalenzrate
60 - 64	0,7
65 - 69	1,4
70 - 74	2,8
75 - 79	5,6
80 - 84	10,5
85 - 89	20,8
90 - 95	38,6

Aus: Jorm AF u.a. The prevalence of dementia. A quantitative integration of the literature. Acta Psychiatr Scand 1987; 76: 465-479.

entstehen dann die sich zu Anfang in einer leichten, später gravierenden Weise zeigenden Hirnleistungsstörungen oder Demenzsyndrome.
Die Art der den Demenzsyndromen möglicherweise zugrundeliegenden Hirnerkrankungen ist der Abb. 1 zu entnehmen. Die dort dargestellten Prozentwerte geben die Ergebnisse von Autopsiebefunden wieder. Solche Untersuchungsbefunde sind jedoch nur unter Vorbehalt als repräsentativ anzusehen. Der Anteil der Patienten mit einer Alzheimerschen Krankheit ist bei über 65jährigen in der Praxis höher, nämlich auf etwa 55 % anzusetzen, der mit einer zerebrovaskulären oder gemischt vaskulär-degenerativen Demenz auf ca. 40 %. Nur etwa 5 % der Patienten leiden unter anderen spezifischen Demenzerkrankungen.
Die Diagnostik des Demenzsyndroms sollte so früh wie möglich einsetzen, um evtl. zugrundeliegende Hirn- oder Systemerkrankungen aufzudecken und möglicherweise exogene hirnschädigende Faktoren auszuschalten. Ist das möglich, kann es bei gezielter Therapie auch zu einer Rückbildung des Demenzsyndroms kommen.
Da die Entwicklung eines Demenzsyndroms oft chronisch progredient verläuft, wird es häufig zu spät erkannt. Allzuoft wird das fraglos auffällige Befinden und Verhalten eines Erkrankten auf das fortgeschrittene Lebensalter, auf allgemeine Belastungen, auf andere körperliche Erkrankungen usw. zurückgeführt. In der frühen Phase der Erkrankung ist es zudem schwer, leichtere

krankheitsbedingte kognitive Störungen und Defizite von der sogenannten benignen Altersvergeßlichkeit zu trennen.

Diagnostische Leitlinien nach ICD-10 (s. Anhang C. 1) für die Erkennung eines Demenzsyndroms sind:
„Die wesentliche Voraussetzung ist der Nachweis einer Abnahme des Gedächtnisses und des Denkvermögens mit beträchtlicher Beeinträchtigung der Aktivitäten des täglichen Lebens. Die Störung des Gedächtnisses betrifft typischerweise Aufnahme, Speichern und Wiedergabe neuer Informationen. Früher gelerntes und vertrautes Material kann besonders in den späten Stadien ebenfalls verlorengehen. Demenz ist mehr als eine Gedächtnisstörung: Es besteht auch eine Beeinträchtigung des Denkvermögens, der Fähigkeit zu

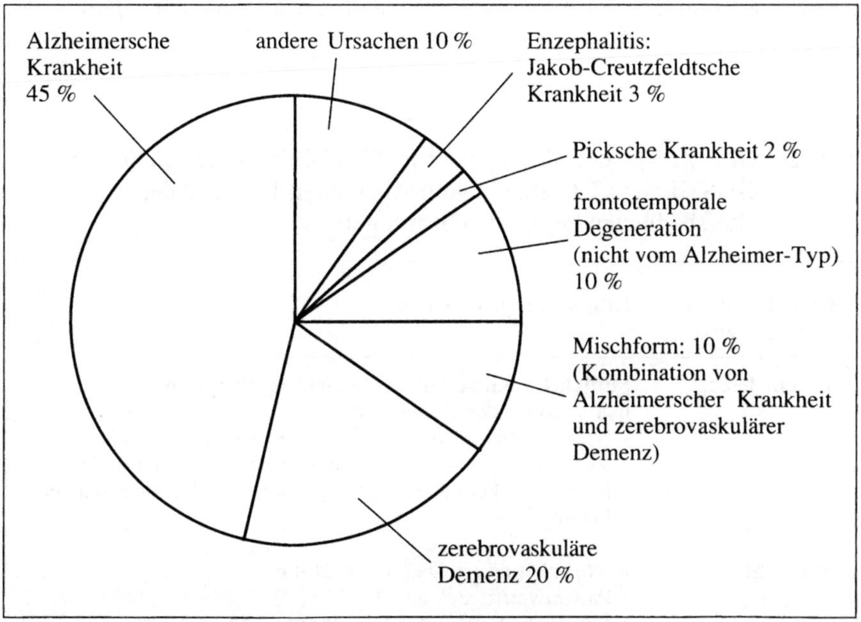

Aus: Lauter und Kurz, 1989. Nach: Brun 1987. Persönliche Mitteilung.

Abb. 1: Häufigkeit verschiedener Demenzerkrankungen im Alter aufgrund der Autopsiebefunde von 150 Patienten mit Demenzsyndromen im Senium und Präsenium. Längsschnittstudie von Lund vernünftigem Urteilen und eine Verminderung des Ideenflusses. Die Informationsverarbeitung ist beeinträchtigt. Für den Betroffenen wird es immer schwieriger, sich mehr als einem Stimulus gleichzeitig aufmerksam zuzuwenden, z.B. an einem Gespräch mit mehreren Personen teilzunehmen; der Wechsel der Aufmerksamkeit von einem Thema zum anderen ist erschwert. Für die Demenz als einzige Diagnose wird der Nachweis von Bewußtseinsklarheit gefordert. Die Doppeldiagnose eines Delirs bei Demenz ist jedoch häufig. Für die zulässige klinische Diagnose einer Demenz müssen die erwähnten Symptome und Störungen mindestens 6 Monate bestanden haben."

Die häufig chronisch progrediente Entwicklung eines Demenzsyndroms kann verschiedene Phasen oder Stadien (Prodromal- oder Initialstadium, „volles" oder mittleres Stadium, Finalstadium) durchlaufen, die wie in Tab. 2 beschrieben werden können. Der Arzt sieht die Patienten häufig erst in fortgeschritte-

Tab. 2: Globale Verschlechterungsskala (Global Deterioration Scale = GDS) der DAT (Demenz vom Alzheimer-Typ) und der altersbedingten kognitiven Störungen

Grad des kognitiven Defizits	Klinische Eigenschaften
1. Sehr leicht	**Subjektive Klagen über Gedächtnisstörungen,** u. a. in folgenden Bereichen: • Nichtwiederfinden von häufig gebrauchten Gegenständen • Vergessen von Namen; keine mnestischen Störungen bei Befragung, keine Veränderung des beruflichen und sozialen Lebens
2. Leicht	**Erste erkennbare Defizitsymptome:** • Patient verirrt sich leicht • Berufliche Leistungsfähigkeit nimmt ab • Auffällige Wort- und Namensfindungsstörungen • Merkfähigkeit läßt nach • Patient verliert oder verlegt Gegenstände und findet sie nicht wieder • Konzentrationsschwierigkeiten klinisch nachweisbar

Grad des kognitiven Defizits	Klinische Eigenschaften
3. Mäßig	**Deutliche Defizite bei Befragung** • Patient ist schlecht informiert über das aktuelle Geschehen • Läßt Erinnerungslücken erkennen • Erhebliche Konzentrationsschwierigkeiten beim Subtraktionstest • Fähigkeit zu verreisen und das eigene Geld zu verwalten nimmt ab • Unfähigkeit, komplexe Aufgaben auszuführen • Patient verdrängt diese Störungen und vermeidet Konkurrenzsituationen
4. Mittel	**Beginnende Demenz** • Patient ist auf Hilfe angewiesen • Vergißt wichtige Dinge des täglichen Lebens (z. B. Adresse, Telefonnummer, Namen naher Verwandter, Name seiner Schule oder Universität) • Räumliche und zeitliche Desorientiertheit • Fehler beim Ankleiden (z. B. rechten Schuh an linken Fuß)
5. Schwer	**Mittlere Demenz** • Erinnerung an kurz zurückliegende Ereignisse völlig verloren • Ungenaue Erinnerung an Ereignisse in seiner Vergangenheit • Vom Ehepartner völlig abhängig, kann sich an dessen Namen oft nicht erinnern • Nimmt Umwelt nicht mehr wahr • Kann nicht von 10 an rückwärts zählen • Tag-Nacht-Rhythmus gestört • Persönlichkeits- und Affektivitätsveränderungen (Halluzinationen, Zwangshandlungen, Angst, geschäftiges Treiben, kognitive Abulie)
6. Sehr schwer	**Fortgeschrittene Demenz** • Verlust der Sprachfähigkeit • Urininkontinenz • Gehstörungen Das Gehirn scheint keine Signale mehr an die Peripherie zu senden. Alle kortikalen Funktionen sind betroffen.

Aus: Reisberg B. Hirnleistungsstörungen: Alzheimersche Krankheit und Demenz. Beltz: Weinheim 1986.

Tab. 3: Die häufigsten Ursachen behebbarer Demenzzustände

1. Vaskulopathien
   a) Infektiös bedingte Erkrankungen der Hirngefäße (z. B. Lues cerebrospinalis)
   b) Zerebrale Gefäßkollagenosen auf der Grundlage von Autoimmunkrankheiten (z. B. systematischer Lupus erythemathodes, Riesenzellarteriitis)
2. Rheologisch bedingte Hirndurchblutungsstörungen (z. B. bei Polyzythämie, Hyperlipidämie, multiplem Myelom)
3. Enzephalitiden (z. B. progressive Paralyse, chronische tuberkulöse Meningoenzephalitis, Toxoplasmose)
4. Gutartige Hirntumoren (z. B. Stirnhirnmeningeom, Akustikusneurinom mit okklusivem Hydrozephalus, zystische Tumoren des 3. Ventrikels)
5. Chronisches subdurales Hämatom
6. Kommunizierender Hydrozephalus
7. Intoxikationen
   a) Industriegifte (z. B. Kohlenmonoxid, Quecksilber, Blei, Perchloräthylen)
   b) Medikamente (z. B. Psychopharmaka, anticholinerge Substanzen, Antihypertonika, Antikonvulsiva, Betablocker, Cimetidin, Digoxin)
   c) Alkohol
8. Stoffwechselerkrankungen
   a) Zerebrale Hypoxie bei pulmonalen, kardiologischen und hämatologischen Erkrankungen
   b) Störungen des Leberstoffwechsels (z. B. bei porto-kavalem Shunt, Morbus Wilson, Hämochromatose)
   c) Dialyse-Enzephalopathie
   d) Hyperlipidämie
9. Elektrolytstörungen
   a) Hyponatriämie (z. B. bei ungenügender Kochsalzzufuhr oder im Zusammenhang mit diuretischer Behandlung)
   b) Hypernatriämie (z. B. bei inadäquater Flüssigkeitszufuhr oder übermäßigem Flüssigkeitsverlust)
10. Endokrinopathien
    a) Hypothyreose
    b) Hyperthyreose
    c) Hypoparathyreoidismus
    d) Hyperparathyreoidismus
11. Vitaminmangelkrankheiten
    a) Vitamin B_{12}-Mangel (z. B. bei perniziöser Anämie)
    b) Folsäuremangel
    c) Vitamin B_1-Mangel
    d) Vitamin B_6-Mangel

In Anlehnung an MUMENTHALER 1987, aus: LAUTER und KURZ, 1989.

nen Erkrankungsphasen und kann den vorangegangenen Verlauf nur durch eine (Fremd-)Anamnese (s. Kap. A. 3.2) erschließen.
Dieses Krankheitsbild kann neben den bereits erwähnten Ursachen (z.B. Alzheimersche Krankheit, zerebrovaskuläre Erkrankung), die den weitaus größten Anteil ausmachen, in einem geringeren Umfang auch durch behebbare Grunderkrankungen oder Störfaktoren hervorgerufen werden. Deren Behandlung kann zur Beseitigung oder Besserung des Demenzsyndromes führen. Die wichtigsten Gruppen von Erkrankungen, die zu solchen behebbaren Demenzzuständen führen können, sind in Tab. 3 zusammengestellt.

Differentialdiagnostisch muß an folgende Erkrankungen gedacht werden:
- depressive Störung (sogenannte depressive Pseudodemenz, s. S. 144)
- Delir (akuter Verwirrtheitszustand und/oder akute organische Psychosen, s. S. 42),
- leichte oder mittelschwere Intelligenzminderung,
- Zustandsbilder kognitiver Schwäche aufgrund schwer gestörter sozialer Bedingungen mit mangelhaften Bildungsmöglichkeiten,
- iatrogene psychische Störungen als Folge einer Medikation (s. S. 57).

Diagnostisches Vorgehen:
Psychiatrische Anamnese und Fremdanamnese:
Da es auf den Nachweis des Verlustes früher vorhanden gewesener geistig-intellektueller Fähigkeiten ankommt, ist eine Befragung nach dem Leistungsniveau in früherer Zeit unerläßlich. Weiterhin sollte nach der Medikamentenanamnese, nach Kontakt mit toxischen Substanzen, transitorischen ischämischen Attacken, Schlaganfällen, Suchtmittelkonsum und Hinweisen auf in Tab. 3 aufgelisteten Erkrankungen gefragt werden, die für einen eventuell behebbaren Demenzzustand sprechen könnten.
Im diagnostischen Gespräch, das in der Routinepraxis in der Regel erfahrungsgeleitet, kriterienorientiert und in freier Form geführt wird, kann der erfahrene Arzt wesentliche Informationen erhalten.
Standardisierte Untersuchungsinstrumente, z.B. semistrukturierte Interview-Verfahren, Beobachtungsskalen und wenig aufwendige Kurztests können zusätzlich weiterhelfen und die Befunde aus dem diagnostischen Gespräch sichern oder präzisieren (s. Anhang C. 4).
Psychologische Testverfahren lassen spezifische Leistungsdefizite deutlicher erkennen.

Eine allgemein-körperliche und neurologische Untersuchung ist ebenso unerläßlich wie labortechnische Untersuchungen. In Tab. 4 sind die obligatorischen Zusatzuntersuchungen bei ätiologisch ungeklärten Demenzerkrankungen noch einmal zusammengefaßt.
Durch apparative Untersuchungsverfahren läßt sich das Vorliegen von Hirnschädigungen und Systemerkrankungen verifizieren und die Diagnose eines Demenzsyndroms wahrscheinlich machen.
Von einem einfach durchgeführten Standard-EEG sind in der Regel relativ wenige Hinweise zu erwarten, spezifische EEG-Verfahren können jedoch weiterführen.
Die Erweiterung der inneren und äußeren Liquorräume im Computertomogramm (CT) oder Magnetresonanztomogramm (MRT) kann die Diagnose untermauern, jedoch nicht sichern. Volumenänderungen des Gehirns gibt es auch ohne Demenzsymptome, und ihr Fehlen schließt ein Demenzsyndrom nicht aus.
Frühe Hinweise auf die Entwicklung eines Demenzsyndroms sind dem Nachweis von Glukose- und Sauerstoffwechsel bei der Positronen-Emissions-Tomograpie (PET) zu entnehmen.
Immer sollte bedacht werden, daß es sich bei den Demenzsyndromen um ein ätiologisch unspezifisches Syndrom handelt, das heißt, es kann unterschiedliche, z.B. auch gleichzeitig einwirkende Ursachen haben. Vom Erscheinungs-

Tab. 4: Zusatzuntersuchungen bei ursächlich ungeklärten Demenzerkrankungen

Urinstatus
Blutbild
Elektrolyte
Harnstoff, Kreatinin
Leberfunktionen
Schilddrüsenhormone
Vitamin B_{12} und Folsäure
Fettstatus
TPHA-Test
EKG
Röntgenaufnahme des Thorax
EEG
Kraniales CT oder MRT

bild eines Demenzsyndroms ist kein eindeutiger Schluß auf die zugrundeliegende organische Pathologie zu ziehen.
Bei den häufigsten Erkrankungen aber sind im Rahmen der - zweifellos differenzierten - Routinediagnostik (s.o.) zumindest in der Frühphase keine organischen Ursachen erkennbar. So sind z.B. die Alzheimersche Krankheit (s.u.), die Picksche Krankheit (s.u.) und die fronto-temporale Rindendegeneration (evtl. der Pickschen Krankheit zuzuordnen) nur *per exclusionem* zu diagnostizieren. Die Diagnose wird letztlich durch den Autopsiebefund gesichert.
Die diagnostischen Schritte zur Differenzierung der Demenzerkrankungen sind in Abb. 2 dargestellt.
Wenn durch Anamnese (s. Kap. A. 3.2), körperlichen Befund und Zusatzuntersuchungen (s. Kap. A. 3.3) keine ätiologische Zuordnung zu einer spezifischen Grunderkrankung möglich ist, spricht man von einer primär degenerativen Erkrankung.
Man kann sich bei diesen mit ihrem Anteil von mehr als 50 % häufigsten Erkrankungen nur an charakteristischen Krankheitsmerkmalen orientieren. Dabei wird es außerordentlich schwierig, die einzelnen Typen primär degenerativer Syndrome hinsichtlich ihrer Ätiologie zu trennen. Das gilt besonders für die Mischformen mit zerebrovaskulären Erkrankungen, bei denen dieses praktisch nicht möglich ist.
Klinische Symptomskalen, z.B. die recht populäre Merkmalsliste von HACHINSKI u.a. und ROSEN u.a. (s. Anhang C. 4.3 und C. 4.4), die mit ihren Items Phänomene einer Multiinfarktdemenz zu erfassen versuchen, können hilfreich sein. Dieses gilt ebenso für die Beurteilungsskalen zur Diagnose der Alzheimerschen Krankheit und der Demenzprozesse mit fronto-temporaler Rindendegeneration nach GUSTAFSON und NILSSON (s. Anhang C. 4.5 und C. 4.6).
Nachfolgend werden die wesentlichen Krankheitsbilder kurz vorgestellt.

Literatur:

BERGENER M, REISBERG B. Diagnosis and treatment of senile dementia. Springer: Berlin-Heidelberg-New York u.a. 1989.

LAUTER H, KURZ A. Demenzerkrankungen im mittleren und höheren Lebensalter. In: KISKER KP, LAUTER H, MEYER J-E, MÜLLER C, STRÖMGREN E, Hrsg. Alterspsychiatrie. Psychiatrie der Gegenwart 8. 3. Aufl. Springer: Berlin-Heidelberg-New York u.a. 1989.

LUNGERSHAUSEN E. Demenz. Herausforderung für Forschung, Medizin und Gesellschaft. Springer: Berlin-Heidelberg-New York u.a. 1992.

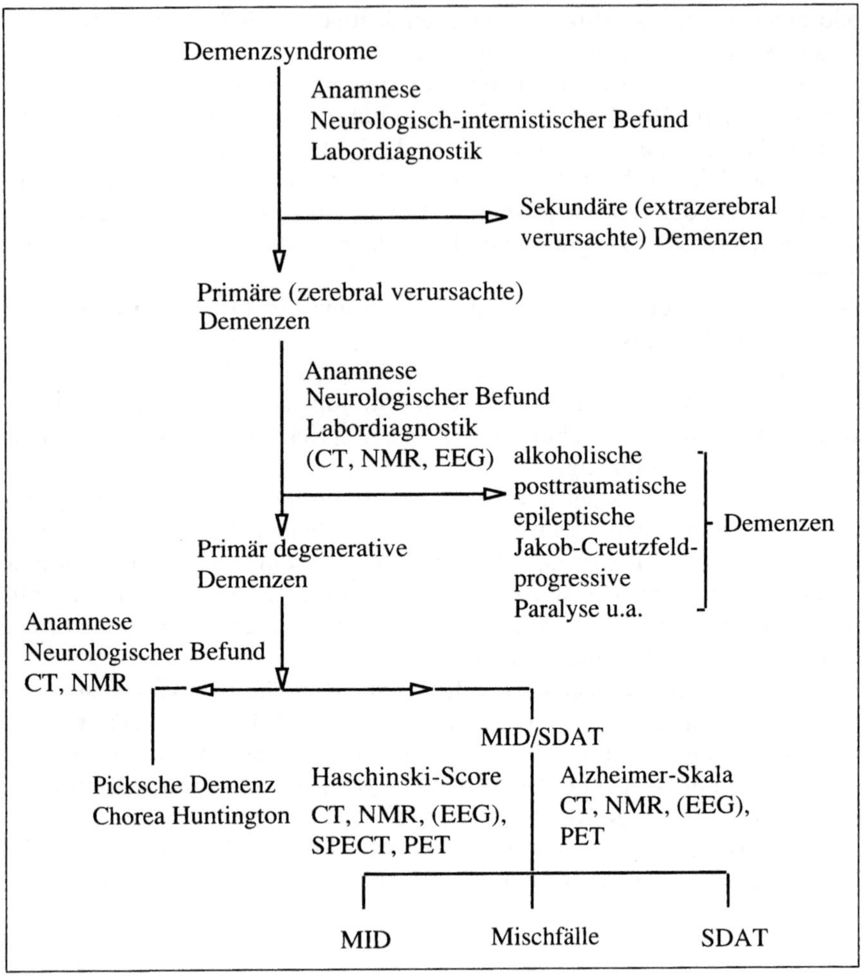

Nach: KANOWSKI S, HEDDE JP. Arzneimittel für die Indikation „Hirnorganisch bedingte Leistungsstörungen". In: DÖLLE W, MÜLLER-OERLINGHAUSEN B, SCHWABE U, Hrsg. Grundlagen der Arzneimitteltherapie. Bibliographisches Institut: Zürich 1986.

Abb. 2: Schema des diagnostischen Vorgehens zur Differenzierung der Demenzen
MID=Multiinfarktdemenz
SDAT=Demenz vom Alzheimer Typ

Scharfetter C. Allgemeine Psychopathologie. Eine Einführung. 3. Aufl. Thieme: Stuttgart 1991.
Weltgesundheitsorganisation: Internationale Klassifikation psychischer Störungen. ICD-10 Kapitel V (F). Dilling H, Mombour W, Schmidt MH, Hrsg. Huber: Bern-Göttingen-Toronto 1991.

A. 2.1.2 Die häufigsten Krankheitsbilder mit Demenzsymptomatik

A.2.1.2.1 Alzheimersche Krankheit (Demenz vom Alzheimer Typ = DAT, früher: senile Demenz)

Es handelt sich um eine primär degenerative Erkrankung mit unbekannter Ursache, die seltener vor dem 65. Lebensjahr (Typ 2), überwiegend nach dem 65. Lebensjahr (Typ 1) beginnt.
Über die Ursache gibt es bis heute nur vage Hypothesen:
Wegen der beobachteten familiären Häufung denkt man an einen autosomal-dominanten bzw. einen multifaktoriellen Erbgang. Es werden auch Störungen der Neurotransmission (z.B. beim Azetylcholin) diskutiert.
Neuropathologisch findet sich eine diffuse Hirnatrophie, oft fronto-temporal oder parieto-okzipital betont. Histologisch sind sogenannte Alzheimer-Fibrillen, senile Plaques, Dendritenschwund, kongophile Angiopathien, besonders im Bereich des limbischen Systems und im temporo-parieto-okzipitalen Grenzbereich zu beobachten.

Diagnose und Verlauf:
Über einen Zeitraum von wenigen Jahren sind langsam und stetig zunehmende Demenzsymptomatik (s. Tab. 2, S. 28) und Persönlichkeitsveränderungen zu beobachten. Schwankungen, die ggf. von den jeweiligen Lebensumständen, der Pflege und Versorgung abhängen, können auftreten. Neurologische Befunde sind spärlich und unregelmäßig. Die Patienten sterben schließlich an körperlicher Hinfälligkeit und/oder interkurrenten Infekten.

Nach der Internationalen Klassifikation psychischer Störungen, ICD-10 Kapitel V (F), gibt es folgende diagnostische Leitlinien:
1. „Vorliegen eines Demenzsyndroms (s. S. 25 u. Tab. 2).
2. Schleichender Beginn mit langsamer Verschlechterung. Während der Beginn gewöhnlich nur schwer genau festzustellen ist, kann die Erkennt-

nis, daß Defizite vorliegen, bei Dritten plötzlich auftreten. Im weiteren Verlauf kann ein Plateau erreicht werden. Die Demenz bei Alzheimerscher Erkrankung ist zum gegenwärtigen Zeitpunkt irreversibel.

3. Fehlen klinischer Hinweise oder spezieller Untersuchungsbefunde, die auf eine System- oder Hirnerkrankung hinweisen, welche eine Demenz verursachen kann (z.B. Hypothyreose, Hyperkalzämie, Vitamin-B_{12}-Mangel, Niazinmangel, Neurosyphilis, Normaldruck-Hydrozephalus, subdurales Hämatom).
4. Fehlen eines plötzlichen apoplektischen Beginns oder neurologischer Herdzeichen wie Hemiparese, Sensibilitätsverlust, Gesichtsfeldausfälle und Koordinationsstörungen in der Frühphase der Erkrankung (solche Phänomene können jedoch später hinzukommen)."

Zu beachten ist bei einem Teil der Fälle das gleichzeitige Vorhandensein von Symptomen einer vaskulären Demenz (s. Kap. A. 2.1.2.2).

Differentialdiagnosen:
- vaskuläre Demenz (s. Kap. A. 2.1.2.2)
- Delir (Syn.: akuter Verwirrtheitszustand, s. Kap. A. 2.1.2.4)
- organisches anamnestisches Syndrom
- andere primär-degenerative Demenzerkrankungen (z.B. Picksche Erkrankung, s. Kap. A. 2.1.2.3, Jakob-Creutzfeldtsche Erkrankung, Chorea Huntington)
- sekundäre Demenzen (s. Kap. A. 2.1.1)
- leichte, mittelgradige und schwere Intelligenzminderung

Zur differentialdiagnostischen Abgrenzung können die im Anhang zusammengestellten Skalen teilweise angewendet werden (s. Kap. A. 2.1.1 und Anhang C).

Therapie:
Sichere somatische (medikamentöse) Behandlung gibt es nicht, jedoch sind Versuche einer Behandlung mit sogenannten Nootropika (s. Kap. A. 4.6.1) mit dem Ziel einer relativen Verbesserung der mentalen Leistungsfähigkeit und/oder Verlangsamung des progredienten Krankheitsverlaufes indiziert.
Wichtig sind:
- einfühlsame, die Persönlichkeitsstruktur beachtende Betreuung und Pflege.

- Die Anforderungen an den Kranken sollten dem Leistungsvermögen angepaßt sein.
- Optimale Behandlung der bei älteren Menschen häufigen körperlichen Erkrankungen (Multimorbidität!).
- Gute Unterbringung, ggf. in einem Pflegeheim.
- Psychotherapeutische und die mentale Leistungsfähigkeit fördernde Maßnahmen (s. Kap. A. 4)

Literatur:

Bergener M, Reisberg B. Diagnosis and treatment of senile dementia. Springer: Berlin-Heidelberg-New York u.a. 1989.

Lauter H, Kurz A. Demenzerkrankungen im mittleren und höheren Lebensalter. In: Kisker KP, Lauter H, Meyer J-E, Müller C, Strömgren E, Hrsg. Alterspsychiatrie. Psychiatrie der Gegenwart 8. 3. Aufl. Springer: Berlin-Heidelberg-New York u.a. 1989.

Lungershausen E. Demenz. Herausforderung für Forschung, Medizin und Gesellschaft. Springer: Berlin-Heidelberg-New York u.a. 1992.

Weltgesundheitsorganisation: Internationale Klassifikation psychischer Störungen. ICD-10 Kapitel V (F). Dilling H, Mombour W, Schmidt MH, Hrsg. Huber: Bern-Göttingen-Toronto 1991.

A. 2.1.2.2 Zerebrovaskuläre Demenz

Das Risiko zerebraler Durchblutungsstörungen ist groß, denn das Gehirn benötigt 15 - 20 % des Herzminutenvolumens bzw. Sauerstoffs und 25 % der Glukoseaufnahme bei einem Anteil von 2 % am gesamten Körpergewicht. Demgegenüber ist die Kapillarisation des Gehirns im Vergleich zu Skelettmuskeln sechsmal und zum Herzen zehnmal geringer.
Eine extrazerebrale Verringerung der Blutzufuhr, bedingt durch Stenosen der zuführenden Blutgefäße (z.B. Karotisstenose) oder Embolien, führt zu zerebralen Insulten unterschiedlichen Ausmaßes mit neurologischen Ausfällen. Es gibt auch intermittierende zerebrale Durchblutungsstörungen (sogenannte transitorische ischämische Attacken: TIA) durch Mikroblutungen, deren Symptome z.T. rückläufig sein können. Die Einteilung der zerebrovaskulären Demenzen unter neuropathologischen Aspekten ist der Tab. 5 zu entnehmen. Chronisch verlaufende vaskuläre Demenzen sind in der Regel

Tab. 5: Pathologisch-anatomische Einteilung der zerebrovaskulären Demenz

1. *Strategische Infarktdemenz*
Wenige, völlig abgegrenzte Infarkte in psychiatrisch besonders bedeutsamen Hirnbereichen, hauptsächlich subkortikal, zum Beispiel im Bereich des Thalamus mit frontaler Demenz.

2. *Multiinfarktdemenz*
Viele, große (50 - 100 ml) komplette Infarkte, die über verschiedene - meist kortikale und subkortikale - Hirnregionen verteilt sind und meist mit perifokalen inkompletten Infarktzonen einhergehen. Embolie oder Hypertonie.

3. *Progressive subkortikale vaskuläre Enzephalopathie (PSVE)*
Multiple, meist kleine komplette lakunäre Infarkte mit perifokalen inkompletten Infarktzonen (Binswangersche Krankheit). Hypertensive Angiopathie oder schwere Arteriosklerose.

4. *Selektive inkomplette Infarkte der weißen Substanz (SIWI)*
Inkomplette große Markinfarkte, ausschließlich in der weißen Substanz, Arteriosklerose in Verbindung mit Zuständen von Blutdruckabfall.

5. *Infarkterkrankung der kleinen Gefäße*
Erbliche und nichterbliche Formen ohne Beziehung zu Hypertonie oder Arteriosklerose.

6. *Familiäre hämorrhagische Demenz*
Amyloide Angiopathie mit multiplen Blutungen, manchmal auf nichtfamiliärer Grundlage.

7. *Große Blutungen*
Hypertensive oder arteriosklerotische Angiopathie mit großen, manchmal multiplen intrazerebralen Blutungen, subdurale Hämatome aus Aneurysmen.

8. *Mischformen degenerativer und zerebrovaskulärer Demenz*
Alzheimersche Krankheit (AD) in Kombination mit einer der oben genannten Formen der zerebrovaskulären Demenz, meist MID.

9. *Hypoxisch-ischämische Enzephalopathie*
Unzureichende Sauerstoff- oder Blutzufuhr mit Hirninfarkten auf der Grundlage einer selektiven Vulnerabilität und anderer prädisponierender Ursachen, manchmal diffuse anoxische Enzephalopathie.

Aus: Brun A, Gustafson L. Zerebrale Erkrankungen. In: Kisker KP, Lauter H, Meyer JE, Müller C, Strömgren E, Hrsg. Organische Psychosen. Psychiatrie der Gegenwart 6. 3. Aufl. Springer: Berlin-Heidelberg-New York 1988.

auf Mikroangiopathien und/oder Verschlüsse kleinerer Gefäße zurückzuführen.
Als Hauptursache wird heute nicht so sehr die allgemein generalisierte Arteriosklerose mit der Folge einer Multiinfarktdemenz (MID) angesehen, sondern die subkortikale arteriosklerotische Enzephalopathie (SAE), auch Morbus Binswanger genannt.
Neuropathologisch findet man in subkortikalen Großhirnregionen (Marklager) Veränderungen der kleinen Gefäße, Erweichungen und Gliosen, in deren Folge eine Hirnsubstanzminderung auftritt.

Diagnose und Verlauf:
Oftmals undramatisch mit subjektiven Beschwerden beginnend: Schlafstörungen (Schlafumkehr mit quälender Müdigkeit am Tag und Schlaflosigkeit in der Nacht), dumpfer, diffuser Kopfschmerz, Schwindel, Ohrensausen, seelische Gespanntheit, Gereiztheit und Verstimmtheit („reizbare Schwäche"). Es kommt zu einer langsamen Entwicklung eines Demenzsyndroms (s. Kap A. 2.1.1), bei dem affektive Störungen stärker im Vordergrund stehen als bei der Alzheimerschen Erkrankung (s. Kap. A. 2.1.2.1).
Andererseits aber kann für die vaskuläre Demenz als typisch angesehen werden, daß die oben beschriebenen neurologischen Störungen, z.B. transitorische ischämische Attacken mit kurzen Bewußtseinsstörungen, flüchtigen Parästhesien oder Visusverlust u.a., vorangegangen sind.

Nach ICD-10 gelten folgende diagnostische Leitlinien:
1. „Vorliegen eines Demenzsyndroms (s. Kap. A. 2.1.1)
2. Die kognitive Beeinträchtigung ist gewöhnlich ungleichmäßig, so daß Gedächtnisverlust, intellektuelle Beeinträchtigung und neurologische Herdzeichen auftreten können. Einsicht und Urteilsfähigkeit können relativ gut erhalten sein. Ein plötzlicher Beginn, eine schrittweise Verschlechterung und auch neurologische Herdzeichen und Symptome erhöhen die Wahrscheinlichkeit der Diagnose. Bestätigt werden kann sie in manchen Fällen nur durch Computertomographie oder letztendlich durch die neuropathologische Untersuchung.
3. Als zusätzliche Merkmale kommen vor: Hypertonie, Karotisgeräusche, Affektlabilität mit vorübergehender depressiver Stimmung, Weinen oder unbeherrschtem Lachen, vorübergehende Episoden von Bewußtseinstrübung oder Delir, oft durch weitere Infarkte hervorgerufen. Man nimmt an, daß die Persönlichkeit relativ gut erhalten bleibt, aber in einer Anzahl

von Fällen können sich Persönlichkeitsveränderungen mit Apathie oder Enthemmung oder eine Zuspitzung früherer Persönlichkeitszüge wie Ich-Bezogenheit, paranoide Haltungen oder Reizbarkeit entwickeln."

Differentialdiagnosen:
- Alzheimersche Krankheit (s. Kap. A. 2.1.2.1) oder andere primär degenerative Erkrankungen (z.B. Picksche Krankheit, s. Kap. A. 2.1.2.3, Chorea Huntington, Jakob-Creutzfeldtsche Krankheit)
- Delir (Syn.: akuter Verwirrtheitszustand, s. Kap. A. 2.1.2.4)
- depressive Erkrankung (s. Kap. A. 2.2.1)
- leichte bis mittelgradige Intelligenzminderung
- subdurales Hämatom.

Zu beachten ist stets, daß zu einer vaskulären Demenz eine Alzheimersche Krankheit (und umgekehrt) hinzutreten kann.
Zur differentialdiagnostischen Abgrenzung können die im Anhang zusammengestellten Skalen angewendet werden (s. Kap. A. 2.1.1 und Anhang C).

Therapie:
- Wichtig ist die internistische Basistherapie der gleichfalls vorliegenden Erkrankungen, die möglicherweise als (Teil-)Ursache anzusehen sind.
- Durchblutungs- und hirnstoffwechselfördernde Medikamente (s. Kap. A. 4.6.1).
- Psychopharmaka (s. Kap. A. 4.6.2) können je nach Indikation eingesetzt werden, wobei eine eingehende Nutzen-Risiko-Abwägung zu erfolgen hat.
- Die Medikation psychisch Alterskranker muß den Erkenntnissen der geriatrischen Pharmakotherapie folgen, d.h. es muß vorsichtig und deutlich niedriger dosiert werden.
- Die weitere Betreuung sollte den Vorschlägen folgen, die für demente Patienten mit Alzheimerscher Krankheit beschrieben worden sind (s. Kap. A. 2.1.2.1).

Literatur:

BERGENER M, REISBERG B. Diagnosis and treatment of senile dementia. Springer: Berlin-Heidelberg-New York u.a. 1989.

LAUTER H, KURZ A. Demenzerkrankungen im mittleren und höheren Lebensalter. In: KISKER KP, LAUTER H, MEYER JE, MÜLLER C, STRÖMGREN E, Hrsg. Alterspsychiatrie. Psychiatrie der Gegenwart 8. 3. Aufl. Springer: Berlin-Heidelberg-New York u.a. 1989.

LUNGERSHAUSEN E. Demenz. Herausforderung für Forschung, Medizin und Gesellschaft. Springer: Berlin-Heidelberg-New York u.a. 1992.
WELTGESUNDHEITSORGANISATION: Internationale Klassifikation psychischer Störungen. ICD-10 Kapitel V (F). DILLING H, MOMBOUR W, SCHMIDT MH, Hrsg. Huber: Bern-Göttingen-Toronto 1991.

A. 2.1.2.3 Picksche Krankheit

Es handelt sich um eine sich langsam entwickelnde Demenzform, die gewöhnlich früher als die Alzheimersche Erkrankung beginnt (s. Kap. A. 2.1.2.1), schon zwischen dem 50. und 60. Lebensjahr, und durch frühe, langsam fortschreitende Charakterveränderungen und den Verlust sozialer Fähigkeiten auffällt. Im mittleren und höheren Lebensalter beträgt der Anteil der Pickschen Krankheit an den organischen Demenzprozessen 2,5 %. Die Ursachen sind unbekannt.
Neuropathologisch ist eine Degeneration des Frontal- und Temporalhirns zu

Tab. 6: Kriterien der Pickschen Krankheit* (Aus: LAUTER und KURZ, 1989)

Alle folgenden Kriterien sollten erfüllt sein:

1. Vorhandensein eines Demenzsyndroms mit leichtem, mittlerem oder schwerem Ausprägungsgrad.
2. Langsamer Beginn und ständige Verschlimmerung der Symptome.
3. Vorherrschen von Frontalhirnsymptomen mit zwei oder mehr der folgenden Merkmale: emotionale Abstumpfung, Vergröberung des Sozialverhaltens, Enthemmung, Apathie oder psychomotorische Unruhe.
4. Relatives Erhaltensein von Gedächtnis und Parietallappenfunktionen in den frühen Stadien der Krankheit.
5. Fortschreitende Sprachverarmung mit „stehenden Redensarten“.
6. Fortschreitender Abbau der Motorik.
7. Vorgeschichte, körperliche Untersuchung und spezielle Zusatzbefunde ergeben keinen Hinweis auf klinisch erkennbare Ursachen der Demenz oder auf eine primäre oder sekundäre Hirnkrankheit.

Die Diagnose wird zusätzlich gestützt durch das Vorhandensein von Triebstörungen und den Nachweis verschiedener Ausprägungsgrade des Klüver-Bucy-Syndroms.

* Die Kriterien 1 bis 4 entsprechen den Forschungskriterien der ICD-10; die übrigen Merkmale stellen bedeutsame weitere Kriterien dar, die bei der Diagnose berücksichtigt werden sollten.

erkennen, die sich in bildgebenden Verfahren als Substanzverlust darstellt. Histologisch zeigen sich ein Schwund der Ganglienzellen in den genannten Bereichen und Nervenzellschwellungen mit argyrophilen Einschlüssen (Pick-Zellen).

Diagnose und Verlauf:
Die Erkrankung schreitet fort. Diagnostische Kriterien sind der Tab. 6 zu entnehmen.

Differentialdiagnosen:
- Alzheimersche Krankheit (s. Kap. A. 2.1.2.1)
- vaskuläre Demenz (s. Kap. A. 2.1.2.2)
- chronische (manische) Affektpsychose (s. Kap. A. 2.2.2).

Therapie:
Symptomatische Behandlung wie bei Alzheimerscher Erkrankung (s. Kap. A. 2.1.2.1) und vaskulärer Demenz (s. Kap. A. 2.1.2.2).

Literatur:

LAUTER H, KURZ A. Demenzerkrankungen im mittleren und höheren Lebensalter. In: KISKER KP, LAUTER H, MEYER J-E, MÜLLER C, STRÖMGREN E, Hrsg. Alterspsychiatrie. Psychiatrie der Gegenwart 8. 3. Aufl. Springer: Berlin-Heidelberg-New York u.a. 1989.

A. 2.1.2.4 Delir (akute organische Psychose)

Im deutschen Sprachraum werden folgende Begriffe fast synonym verwendet: Verwirrtheitszustand, akuter exogener Reaktionstypus, amnestisches Syndrom, Korsakow-Syndrom, globale transitorische Amnesie, Durchgangssyndrom.
Es handelt sich um ein ätiologisch unspezifisches Syndrom, das durch gleichzeitig bestehende Störungen des Bewußtseins und der Aufmerksamkeit, der Wahrnehmung, des Denkens, des Gedächtnisses, der Psychomotorik, der Emotionalität und des Schlaf-Wach-Rhythmus charakterisiert wird. Es kann in jedem Alter auftreten, am häufigsten jedoch jenseits des 60. Lebensjahres.

Diagnose und Verlauf:
Der Beginn ist in der Regel akut. Ein Delir kann im Tagesverlauf in seiner Intensität schwanken, die Dauer reicht von Stunden bis zu (im Extremfall) Monaten. Typisch ist seine Reversibilität. Chronisch verlaufende Delire sollten nicht mehr als solche, sondern als Demenz (s. Kap. A. 2.1.1) bezeichnet werden.

Tab. 7: Häufige Ursachen für Verwirrtheitszustände

innere Erkrankungen
- Infektionen
- Diabetes mellitus
- Herzinsuffizienz
- Hypoxie
- Anämie
- Hypo- oder Hyperthyreose
- Unterernährung
- Urämie
metabolische Störungen
- Hyponatriämie
- Hypokaliämie
- Hypoglykämie
- Hypo- oder Hyperkalzämie
neurologische (-psychiatrische) Störungen
- zerebrovaskuläre Insuffizienz
- Meningitis, Enzephalitis
- Schädel-Hirntrauma
- subdurales Hämatom
Entzug von Alkohol, Sedativa und Hypnotika
Medikamententoxizität
- Diuretika
- Sedativa, Hypnotika („paradoxe Effekte")
- alle anticholinerg wirksamen Medikamente
- Antihypertensiva
- Antiparkinsonmittel
- Cimetidin
- Digitalis

Nach: SATLIN A. Geriatric emergencies. In: HYMAN SE, ed. Manual of Psychiatric Emergencies. Little, Brown & Co: Boston-Toronto 1984.

Die Ursachen des Delirs sind vielfältig. Das Lebensalter spielt eine wesentliche Rolle. Es ist zu vermuten, daß das Altern an sich schon einen Risikofaktor darstellt. Prädisponierende Faktoren sind frühere Erkrankungen und klinisch nicht bekannte hirninvolutive Entwicklungen (Demenzerkrankungen, s. Kap A. 2.1.1). Zum Verständnis der Entstehung eines Delirs sind Denkansätze im Sinne der Multifaktorialität (Multimorbidität) notwendig, denn gerade körperlich Erkrankte reagieren in bestimmten, oft nicht exakt zu definierenden Situationen mit deliranten Symptomen. Das heißt, mehr als dem Psychiater begegnen delirante Patienten im klinischen Alltag den Internisten, Chirurgen, Neurologen u.a. Besonders häufig werden Mitarbeiter der stationären und ambulanten Altenhilfen, vor allem im Pflegebereich, mit deliranten Patienten konfrontiert. Mögliche Ursachenfaktoren sind in Tab. 7 zusammengestellt.
Besondere Beachtung sollte die deliriogene Rolle der verordneten Medikamente finden, die bei älteren Menschen wegen ihrer Multimorbidität notwendigerweise, jedoch oft auch unkritisch nebeneinander verordnet werden. Der ältere Mensch ist häufig auf eine medikamentöse Therapie angewiesen. Wegen der durch das Alter veränderten Pharmakokinetik und -dynamik (s. Kap. A. 4.6) ist die Medikamentenwirkung im Vergleich mit Menschen im mittleren Lebensalter häufig verändert. Unerwünschte Begleitwirkungen der Medikamente treten um ein Vielfaches häufiger, vor allem stärker in Erscheinung. Das gilt auch für die Interaktion zwischen einzelnen Arzneimitteln.
Bei den Psychopharmaka (s. Kap. A. 4.6.2) bestehen besondere Gefahren der Überdosierung und hinsichtlich der anticholinerg wirksamen Substanzen.

Andererseits kann jenseits der somato- oder pharmakogenen Verursachung niemals ausgeschlossen werden, daß nicht auch psychosoziale Faktoren, neurotische Verhaltensweisen oder abnorme Erlebnisreaktionen bei einzelnen Patienten für die Entstehung eines deliranten Zustandsbildes eine wichtige Rolle spielen.

Die nach ICD-10 geltenden diagnostischen Leitlinien:

1. „Störungen des Bewußtseins und der Aufmerksamkeit (auf einem Kontinuum zwischen leichter Bewußtseinsminderung und Koma; reduzierte Fähigkeit, die Aufmerksamkeit auszurichten, zu fokussieren, aufrechtzuerhalten und umzustellen).
2. Globale Störungen der Kognition, Wahrnehmungsstörungen wie Verzerrungen der Wahrnehmung, Illusionen und meist optische Halluzinationen; Beeinträchtigung des abstrakten Denkens und der Auffassung mit

oder ohne flüchtige Wahnideen, aber typischerweise mit einem gewissen Grad an Inkohärenz; Beeinträchtigung des Immediat- und des Kurzzeitgedächtnisses, aber mit relativ intaktem Langzeitgedächtnis; zeitliche Desorientiertheit, in schweren Fällen auch Desorientierung in bezug auf Ort und Person.

3. Psychomotorische Störungen (Hypo- oder Hyperaktivität und nicht vorhersehbarer Wechsel zwischen beiden; verlängerte Reaktionszeit; vermehrter oder verminderter Redefluß; verstärkte Schreckreaktion).
4. Störung des Schlaf-Wach-Rhythmus (Schlafstörungen, in schweren Fällen völlige Schlaflosigkeit und Umkehr des Schlaf-Wach-Rhythmus, Schläfrigkeit am Tage; nächtliche Verschlimmerung der Symptomatik; unangenehme Träume oder Alpträume, die nach dem Erwachen als Halluzinationen weiterbestehen können).
5. Affektive Störungen wie Depression, Angst oder Furcht, Reizbarkeit, Euphorie, Apathie oder staunende Ratlosigkeit.

Der Beginn ist gewöhnlich akut, im Tagesverlauf wechselnd, die Gesamtdauer der Störung beträgt weniger als sechs Monate."

Differentialdiagnostisch sollte das akute Delir von der chronischen Verwirrtheit getrennt werden. Tab. 8 führt Kriterien auf, mit deren Hilfe eine solche Abgrenzung phänomenologisch möglich sein kann. Vorübergehende akut psychotische Erkrankungen (schizophrene oder affektive Psychosen) sollten ebenfalls erwogen werden.

Therapie:
Die in der Regel multifaktorielle Genese des Delirs macht eine gezielte Behandlung schwierig.
Die alleinige Gabe stark wirkender Sedativa (Neuroleptika oder Sedativa, s. Kap. A. 4.6.2.1 und A. 4.6.2.3) ist weder pathogenetisch begründbar noch indiziert. Häufig kommt es dadurch sogar zu sogenannten paradoxen Effekten mit Verstärkung der Symptomatik.
Es sollte medikamentös gezielt auf die nachgewiesene oder vermutete Grunderkrankung eingewirkt werden.
Die medikamentöse Therapie ist kurzfristig zu überprüfen, ggf. sollte jede nicht absolut notwendige Medikation abgesetzt werden.
Sedierende Substanzen sind dann angezeigt, wenn es sich um mittel- bis längerfristige schwere Unruhezustände bzw. Entzugserscheinungen handelt.

Tab. 8: Differentialdiagnostik der akuten und chronischen Verwirrtheit (Delir - hirnorganisches Psychosyndrom/Demenz)

Kriterium	Delir	Demenz
Beginn	akut, innerhalb weniger Tage, oft nachts	schleichender Beginn innerhalb von Wochen oder Monaten
Dauer	Stunden, bis zu einer Woche	Monate bis Jahre
Verlauf	zirkadiane Fluktuationen, nächtliche Exazerbationen	eher gleichbleibend, Fluktuationen über mehrere Tage/Wochen
akute somatische Erkrankungen	stets nachweisbar	keine Beziehungen
Bewußtsein	getrübt	nicht getrübt
Orientierung	stets gestört, parallel zur fluktuierenden Bewußtseinstrübung, Tendenz zur Konfabulation	relativ intakt oder in Parallele zur Intensität von Gedächtnisausfällen gestört
Gedächtnis	Merkfähigkeit und Neugedächtnis beeinträchtigt, Altgedächtnis im akuten Zustand i.d.R. nicht prüfbar, nach Abklingen intakt	Merkfähigkeit, Neugedächtnis und in fortgeschrittenen Fällen auch Altgedächtnis gestört, Verlust von Allgemeinwissen
Denken	inkohärent, eher beschleunigt	Beeinträchtigung der Abstraktionsfähigkeit, auf konkrete Alltäglichkeiten reduziert
Wahrnehmung	illusionäre Verkennungen, Halluzinationen, bevorzugt visueller Natur	relativ selten Wahrnehmungsstörungen
Schlaf-Wach-Rhythmik	gestört: Schläfrigkeit bei Tage, Umtriebigkeit in der Nacht	fragmentierter und verkürzter Nachtschlaf
Psychomotorik	Unruhe, Nesteln	eher apathisch-gehemmt
Stimmung	ängstlich oder dysphorisch-gereizt, aggressiv	eher euphorisch oder depressiv

Aus: Kanowski S. Somatotherapie. In: Kisker KP, Lauter H, Meyer J-E, Müller C, Strömgren E, Hrsg. Alterspsychiatrie. Psychiatrie der Gegenwart 8. 3. Aufl. Springer: Berlin-Heidelberg-New York u.a. 1989.

Grundsätzlich sollte eine Behandlung in kollegialer Zusammenarbeit von Psychiatern und Internisten erfolgen.
Beaufsichtigung und Pflege des akut deliranten Patienten können nur mit hohem Einsatz und großer Mühe in der Familie durchgeführt werden. Sind diese nicht möglich, muß der Kranke in eine Klinik oder eine dafür eingerichtete Institution der Altenpflege überwiesen werden.
Der pflegerisch-therapeutische Umgang sollte dem entsprechen, der auch für demente Patienten beschrieben worden ist.

Literatur:

LAUTER H, KURZ A. Demenzerkrankungen im mittleren und höheren Lebensalter. In: KISKER KP, LAUTER H, MEYER J-E, MÜLLER C, STRÖMGREN E, Hrsg. Alterspsychiatrie. Psychiatrie der Gegenwart 8. 3. Aufl. Springer: Berlin-Heidelberg-New York u.a. 1989.

OESTERREICH K. Verwirrtheitszustände. In: KISKER KP, LAUTER H, MEYER J-E, MÜLLER C, STRÖMGREN E, Hrsg. Alterspsychiatrie. Psychiatrie der Gegenwart 8. 3. Aufl. Springer: Berlin-Heidelberg-New York u.a. 1989.

WELTGESUNDHEITSORGANISATION: Internationale Klassifikation psychischer Störungen. ICD-10 Kapitel V (F). DILLING H, MOMBOUR W, SCHMIDT MH, Hrsg. Huber: Bern-Göttingen-Toronto 1991.

A. 2.1.2.5 Andere organisch bedingte psychotische Störungen im Alter

Hierzu gehören Krankheitsbilder, die mit einer Hirnfunktionsstörung in Zusammenhang stehen, z.B. mit einer primär degenerativen Erkrankung des Gehirns (Alzheimersche Erkrankung, vaskuläre Demenz u.a.), doch unterscheiden sie sich von den bisher beschriebenen Störungen dadurch, daß bei ihnen Bewußtseinsstörungen und kognitive Ausfälle nicht oder nur geringfügig auftreten. Sie ähneln Syndromen bei affektiven oder schizophrenen Psychosen, und neben hirnorganischen sind auch andere Faktoren pathogenetisch wirksam.

Diagnose und Verlauf:
Nach ICD-10 sind folgende Kriterien hilfreich, eine organische (Teil-)Ursache bei der Entstehung der Erkrankung anzunehmen.

1. „Nachweis einer zerebralen Erkrankung, Verletzung oder Funktionsstörung oder einer systemischen körperlichen Erkrankung, von der bekannt ist, daß sie mit einem der hier aufgeführten Syndrome einhergehen kann.
2. Ein zeitlicher Zusammenhang (Wochen oder einige Monate) zwischen der Entwicklung der zugrundeliegenden Krankheit und dem Auftreten des psychischen Syndroms.
3. Rückbildung der psychischen Störung nach Rückbildung oder Besserung der zugrundeliegenden vermuteten Ursache.
4. Kein überzeugender Beleg für eine andere Verursachung des psychischen Syndroms (wie z.B. sehr belastete Familiengeschichte oder auslösende belastende Ereignisse).

Die Bedingungen unter 1. und 2. rechtfertigen eine vorläufige Diagnose; sind alle vier Bedingungen vorhanden, erhöht sich der Sicherheitsgrad der diagnostischen Klassifikation beträchtlich.“

Die *organische Halluzinose* zeigt in der Regel keine Bewußtseinsstörungen oder Demenzsymptome. Es bestehen Halluzinationen optischer, akustischer, taktiler und anderer Art. Zum Teil werden diese Wahrnehmungen wahnhaft verarbeitet, z.B. als Dermatozoenwahn.

Das *organisch-paranoide Syndrom* und das *organisch-katatone Syndrom* können den entsprechenden Syndromen der Schizophrenie sehr ähneln und kaum von diesen zu unterscheiden sein. Gleiches gilt für die *organisch-manischen* und *organisch-depressiven Syndrome*.

Die Behandlung dieser Erkrankungen erfolgt nach den Regeln, die für schizophrene bzw. affektive Psychosen gelten. Es muß aber beachtet werden, daß der ältere hirnorganisch Erkrankte in anderer Weise auf die Medikamente reagiert (s. Kap. A. 4.6) als ein Mensch in jüngeren Lebensjahren.

Literatur:

Tölle R. Psychiatrie. 9. Aufl. Springer: Berlin-Heidelberg-New York-u.a. 1991.

Weltgesundheitsorganisation: Internationale Klassifikation psychischer Störungen. ICD-10 Kapitel V (F). Dilling H, Mombour W, Schmidt MH, Hrsg. Huber: Bern-Göttingen-Toronto 1991.

A. 2.2. *Funktionelle psychiatrische Erkrankungen im Alter*

Zahlreiche seelische Erkrankungen bestehen bei älteren Menschen bereits seit der Jugend oder dem Erwachsenenalter. Diese werden durch die typischen organischen und psychischen Altersveränderungen sowohl in ihrem Erscheinungsbild als auch in ihrem Verlauf modifiziert. Therapeutisch ist bei diesen nach den gleichen Regeln vorzugehen, die in der allgemeinen Psychiatrie des Erwachsenenalters beschrieben werden. Der sog. Altersfaktor muß aber immer berücksichtigt werden (s. Kap. A. 4). Dieser Altersfaktor wirkt sich auf vorbestehende psychische Störungen häufig lindernd aus. Der Symptomatik wird oft ihre scharfe Konturierung genommen, eine Verschlimmerung ist eher die Ausnahme. Mit der Abnahme der vitalen Kräfte scheint sich auch die Dynamik der früheren Krankheitsprozesse zu reduzieren. Hinzutreten können aber spezifische Altersphänomene, die sich mit den vorausgegangenen psychischen Störungen mischen und das Krankheitsbild alterstypisch wandeln (MÜLLER, 1989).

Literatur:

MÜLLER C. Altersveränderungen vorausgegangener psychischer Erkrankungen. In: KISKER KP, LAUTER H, MEYER J-E, MÜLLER C, STRÖMGREN E, Hrsg. Alterspsychiatrie. Psychiatrie der Gegenwart 8. 3. Aufl. Springer: Berlin-Heidelberg-New York u.a. 1989.

A. 2.2.1 Depressive Syndrome

Nach epidemiologischen Untersuchungen berichten 27 % der über 60jährigen in einer umschriebenen Region über depressive Symptome (BLAZER, 1982). 19 % hatten leichtere, 4 % schwere depressive Befindlichkeitsstörungen. Nur knapp 3 % litten unter schweren behandlungsbedürftigen Depressionen (neurotischen und sogenannten endogenen Formen) und gut 1 % unter depressiv-ängstlichen Mischzuständen.

Anders erscheint die Häufigkeit depressiver Erkrankungen bei Patienten in ärztlichen Praxen, Kliniken und Pflegeeinrichtungen. Dort wurden wesentlich höhere Zahlen festgestellt. Zudem litten die älteren Patienten unter schwereren Krankheitsbildern. Bis heute ist man mit Mitteln der Epidemiologie noch nicht in der Lage, ein annähernd konkretes Bild über die Häufigkeit depressiver

Syndrome im höheren Lebensalter zu erstellen (s. Kap. A. 1.5). Sicher ist nur die einfache Feststellung, daß in Praxis und Klinik depressive Syndrome im höheren Alter die am häufigsten diagnostizierten Störungen sind.

Symptomatik und Verlauf:
Überwiegend in der älteren Literatur wurde immer wieder auf die ängstlich-agitierte Symptomatik als besonderes Merkmal depressiver Erkrankungen des höheren Lebensalters hingewiesen. Weiterhin fiel ein typisch geprägter Wahn mit Schuld- und Versündigungsideen auf. Häufig zeigten sich auch hypochondrische und paranoide Symptome. Diesen Untersuchungsbefunden wurde aber auch von zahlreichen Autoren widersprochen. Insgesamt unbestritten ist jedoch die Beobachtung, daß mit zunehmendem Alter körperlich-funktionelle Symptome gegenüber rein psychischen stärker hervortreten.
Die mit dem Alter zunehmende Suizidgefährdung in der Gesamtbevölkerung, vor allem aber bei depressiv Erkrankten, ist aus einem komplexen Bedingungsgefüge zu erklären, wobei sich typische Belastungen des Älterwerdens mit der depressiven Krankheitssymptomatik kombinieren.
Häufig entsteht der Eindruck einer sogenannten larvierten Depression. Durch die Symptomgestaltung sind Fehldiagnosen möglich. Die Symptomatik scheint durch organisch-involutive Veränderungen, psychosoziale Konflikte und das alterstypische seelische Reagieren auf die vorgenannten Faktoren geprägt zu werden.
Einige Untersuchungen der jüngeren Zeit weisen darauf hin, daß sich die früher als typisch angesehene Symptomatik insofern verändert hat, als sich die depressiven Syndrome bei jüngeren und älteren Depressiven in ihrem Erscheinungsbild einander angenähert haben.
Hinsichtlich des Verlaufes depressiver Erkrankungen im höheren Lebensalter scheint eine Tendenz zu einem langsameren, also nicht akuten Beginn erkennbar zu sein. Auch der weitere Verlauf erscheint protrahiert. Die Symptomatik wirkt mit steigendem Alter nivellierter und monotoner. Viele Patienten fühlen sich im Alter chronisch unzufrieden, verstimmt, mißtrauisch usw. Die Lebenserwartung depressiver älterer Menschen ist dann verkürzt, wenn körperliche Erkrankungen hinzukommen. Todesursache sind häufig auch Suizide. Bei phasisch verlaufenden Affektpsychosen nimmt die krankheitsfreie Intervalldauer mit steigendem Alter offenbar ab. Es besteht ein erhöhtes Risiko für eine Chronifizierung der Verläufe. Insgesamt jedoch gibt es kein einheitliches Bild über den Verlauf und die Prognose depressiver Erkankungen im höheren Lebensalter.

Zu den Ursachen:
In der bisherigen Diskussion über die Ursachen depressiver Erkrankungen im höheren Lebensalter wurden genetische, hirnorganische und persönlichkeitspsychologische sowie belastende Lebensereignisse abgehandelt.
Wichtiger als im jüngeren Lebensalter sind im Vergleich zu genetischen Faktoren jedoch exogene Einflüsse, wie z.B. reaktive Momente und organische Veränderungen.
Die Suche nach einem Ursachenzusammenhang zwischen somatischen Hirnstörungen und dem Auftreten depressiver Syndrome wurde seit je systematisch vorangetrieben. Die erhobenen organischen Befunde sind jedoch zu grob, als daß sie mit den subtil beschriebenen psychopathologischen Phänomenen und Differenzierungen korreliert werden könnten. In Anlehnung an einen biologischen Krankheitsbegriff erscheint es vielleicht gerechtfertigt, auch von symptomatischen oder körperlich begründbaren Depressionen zu sprechen. Nach dem heutigen Kenntnisstand kann man am ehesten von sogenannten Begleitdepressionen bei gravierenden körperlichen Erkrankungen sprechen. Neuere Studien weisen darauf hin, daß körperliche und seelische Phänomene zwar in einer bisher noch nicht definierbaren Beziehung zueinander stehen, daß hirnorganisch bedingte und funktionelle depressive Syndrome aber auch unabhängig voneinander vorhanden sein können. Zudem gibt es Überlappungsbereiche hinsichtlich der kognitiven Störungen bei depressiven Störungen und Demenzsyndromen. Das kann zu differentialdiagnostischen Problemen führen (s. Kap. B. 2.3). Sind die kognitiven Störungen eindeutig als Symptome einer depressiven Erkrankung anzusehen und bestehen keinerlei Anhaltspunkte für ein Demenzsyndrom (s. Kap. A. 2.1.1), spricht man auch von einer sog. depressiven Pseudodemenz.
Während in der älteren Psychiatrie zwar Zusammenhänge zwischen dem Klimakterium und dem Auftreten depressiver Störungen diskutiert wurden, läßt sich heute für die Praxis feststellen, daß im Klimakterium, wahrscheinlich bedingt durch eine defizitäre Hormonbilanz, Befindlichkeitsstörungen unterschiedlichster Art auftreten können, in deren Rahmen auch depressive Symptome im Sinne einer Verstimmtheit erkennbar sind. Sie sind Teil einer unspezifischen Reaktion auf Veränderungen im körperlichen aber auch im psychosozialen Bereich des alternden Menschen.
Hinsichtlich der Psychogenese (seelischen Entstehung) depressiver Erkrankungen im höheren Lebensalter wurde immer wieder festgestellt, daß neben den alterstypischen Abwehrmechanismen Verluste der eigenen intellektuellen Leistungsfähigkeit (bedingt durch hirnorganische Involution), Reaktionen auf

das körperliche Altern, existenzielle Bedrohung durch Verluste im weitesten Sinn, bewußte und unbewußte Todesängste u.a.m. eine wesentliche ätiologische Rolle spielen. Besondere Konstellationen wurden unter den Stichwörtern Pensionierungsreaktion und existentielle Depression beschrieben. Die psychodynamischen Zusammenhänge sind kaum überschaubar und bedürfen einer am Individuum orientierten Analyse.
Die empirische psychologische Forschung hat zahlreiche ältere Hypothesen bestätigt und daraus eine eigenständige „kognitive Persönlichkeitstheorie des Alterns" entwickelt. Es bahnt sich jetzt eine Synthese klinischer, psychogenetischer und empirisch-psychologischer Betrachtungsweisen an, die zu einem besseren Verständnis depressiver Erkrankungen im höheren Lebensalter führen wird.
Hinsichtlich der prämorbiden Persönlichkeitsstruktur wurde immer wieder diskutiert, ob nicht doch eine zwanghafte Charakterstruktur mit Neigung zu Ordentlichkeit, Gewissenhaftigkeit, Starrheit im psychosozialen Verhalten und dem Bemühen um Anpassung mit gleichzeitiger Hemmung der aggressiven Impulse ätiologisch von Bedeutung sein könnte. Diese prämorbide Persönlichkeitsstruktur kann bei manchen depressiven Patienten nicht übersehen werden, doch scheint sie keine grundsätzliche oder zentrale ätiologische Rolle zu spielen.
Obwohl der Begriff der Auslösung recht unklar und schwer zu operationalisieren ist, muß davon ausgegangen werden, daß depressive Störungen im höheren Lebensalter durch verschiedenste Ereignisse und situative Konstellationen ausgelöst werden können. Je nachdem, ob der Untersucher eher einem biologischen oder einem psycho- und/oder soziodynamischen Krankheitskonzept zuneigt, werden die Auslösungsfaktoren unterschiedlich gewichtet.

Unter heutigen Aspekten lassen sich für die depressiven Erkrankungen des höheren Lebensalters folgende Überlegungen zu Diagnostik und Therapie zusammenfassen:

1. Depressive Erkrankungen des höheren Lebensalters sind keine eigenständigen Krankheitseinheiten im traditionellen Sinn, d.h. sie können nicht nach einer gemeinsamen Ursache, gleicher Symptomatik, gleichem Verlauf, gleicher Prognose oder gleichen, dem Krankheitsgeschehen zugrundeliegenden pathologisch-anatomischen, pathophysiologischen oder psychochemischen Befunden definiert werden.
2. Depressive Erkrankungen im höheren Lebensalter sind in bezug auf die

unter 1. genannten Definitionskriterien gleiche Erkrankungen, die auch im jüngeren Lebensalter aufzutreten pflegen.

3. Die Ursachen depressiver Erkrankungen im höheren Lebensalter sind zahlreich. Es ist von einer polyätiologischen Genese dieser Störungen auszugehen, wobei die Art der möglichen Ursachen zwar auch altersspezifisch sein kann, sich in ihrer Struktur jedoch nicht von der depressiver Erkrankungen der jüngeren Lebensjahre unterscheidet.
4. Ihren besonderen Charakter erhalten die depressiven Erkrankungen des höheren Lebensalters durch die bis heute nicht exakt zu definierende Wirkung eines somatisch, psychologisch, psychodynamisch und soziologisch zu umschreibenden „Altersfaktors“.
5. Damit sind die depressiven Erkrankungen des höheren Lebensalters in die allgemeinen Vorstellungen von depressiven Erkrankungen zu integrieren. Die allgemeinen wissenschaftlichen Vorstellungen über deren Nosologie, Ätiologie, Symptomatik, Verlauf und Therapie haben für sie in gleicher Weise zu gelten.
6. Alle somato-, psycho- und soziotherapeutischen Maßnahmen, die die polyätiologischen Verursachungsfaktoren zu beeinflussen versuchen, sind unter Berücksichtigung altersspezifischer Kontraindikationen auch bei depressiven Erkrankungen im höheren Lebensalter anzuwenden.

Literatur:

Bergener M. Depressive Syndrome im Alter. Theorie - Klinik - Praxis. Thieme: Stuttgart-New York 1989.

Blazer DG. Depression in late life. Mosby: St. Louis-Toronto-London 1982, 2. Aufl. 1993.

Leo de D, Diekstra RFW. Depression and suizide in late life. Hogrefe & Huber: Toronto-Lewiston/NY-Bern u.a. 1990.

Murphy E. Depressionen im Alter. In: Kisker KP, Lauter H, Meyer J-E, Müller C, Strömgren E. Alterspsychiatrie. Psychiatrie der Gegenwart 8. 3. Aufl. Springer: Berlin-Heidelberg-New York u.a. 1989.

Rudolf GAE. Depression und höheres Lebensalter. Die Entwicklung des Wissensstandes, Probleme und Perspektiven der psychiatrischen Forschung. Wissenschaftl. Buchgesellschaft: Darmstadt 1993.

Rudolf GAE. Der depressive Patient in der ärztlichen Sprechstunde. 3. Aufl. Vieweg: Braunschweig-Wiesbaden 1993.

A. 2.2.2 Manische Syndrome

Die Erstmanifestation von Manien jenseits des 65. Lebensjahres ist ausgesprochen selten. In der Regel handelt es sich um manische Phasen einer bipolaren Affektpsychose (manisch-depressive Erkrankung), die auch im höheren Lebensalter weiterhin auftreten, oder es muß differentialdiagnostisch an das Vorliegen eines organisch-manischen Syndroms gedacht werden.
Das Erscheinungsbild tritt selten so typisch auf wie in der Psychiatrie der jüngeren Lebensjahre. Nicht gehobene Lebensgefühle, Überaktivität, Unruhe, Erregung und Selbstüberschätzung stehen im Vordergrund, sondern Dysphorie, Gereiztheit, Argwohn, Feindseligkeit und Aggressivität, wodurch die Erkrankung einer agitierten Depression sehr ähnlich sein kann. Desgleichen werden Verwirrtheitszustände beobachtet, die die Diagnose eines Delirs (s. Kap. A. 2.1.2.4) nahelegen können.
Eine durch Anamnese (s. Kap. A. 3.2) und subtile psychopathologische Befunderhebung (s. Kap. A. 3.4) gesicherte Diagnose ist sehr wichtig, weil dementsprechend gezielte therapeutische Maßnahmen ergriffen werden müssen.

Literatur:

RUDOLF GAE. Therapieschemata Psychiatrie. 2. Aufl. Urban und Schwarzenberg: München-Wien-Baltimore 1992.
TÖLLE R. Psychiatrie. 9. Aufl. Springer: Berlin-Heidelberg-New York u.a. 1991.

A. 2.2.3 Schizophreniforme Syndrome

Schizophrenien sind Erkrankungen der ersten Lebenshälfte. Bricht die Erkrankung nach dem 50. Lebensjahr oder später erstmals aus, spricht man von sogenannten Spätschizophrenien. Diese sind jedoch sehr selten. Es überwiegen dann die paranoid-halluzinatorischen Symptome. Persönlichkeitsveränderungen und sogenannte Residualzustände sind nicht so ausgeprägt wie bei den früheren Erkrankungsformen, doch können die Störungen chronisch verlaufen. Bei älteren, alleinlebenden Erkrankten spricht man auch von einem „Kontaktmangelparanoid“. Differentialdiagnostisch ist an organisch bedingte psychotische Störungen (s. Kap. A. 2.1.2.4 und A. 2.1.2.5) zu denken.

Therapeutisch ist ähnlich wie bei schizophrenen Erkrankungen vorzugehen, vor allem unter Berücksichtigung der Besonderheiten der Pharmakotherapie (s. Kap. A. 4.6) im höheren Lebensalter.

Literatur:

RUDOLF GAE. Der schizophrene Patient in der ärztlichen Sprechstunde. 2. Aufl. Vieweg: Braunschweig-Wiesbaden 1993.
TÖLLE R. Psychiatrie. 9. Aufl. Springer: Berlin-Heidelberg-New York u.a. 1991.

A. 2.2.4 Angstsyndrome

Hinsichtlich der Häufigkeit ragen Angsterkrankungen aus der Gruppe reaktiv-neurotischer Störungen heraus. Wie bei anderen neurotischen Störungen liegt das erste Auftreten überwiegend in der ersten Lebenshälfte. In epidemiologischen Studien sind die Angsterkrankungen sicherlich unterrepräsentiert. Die Trennung zwischen pathologischen Ängsten und alltäglichen Ängsten, die ältere Menschen in ihren Aktivitäten berechtigterweise einschränken, ist fließend. Natürlich spielt die durch die jeweilige Lebenserfahrung entstandene Vorsicht und Ängstlichkeit eine wesentliche, aber nicht als krankhaft anzusehende Rolle.
In überwiegendem Maße handelt es sich bei dem pathologischen Ausmaß von Angst um generalisierte Angstzustände. Sogenannte Panikattacken sind seltener.
Diagnostisch zeigen die Angstsyndrome im höheren Lebensalter ein ähnliches Bild wie in jüngeren Lebensjahren. Oft sind hypochondrische Ängste zu erkennen.
Differentialdiagnostisch muß an fast alle organischen oder funktionellen Erkrankungen im höheren Lebensalter gedacht werden. Auch Medikamentenwirkungen, hormonale und stoffwechselbedingte Störungen können im Hintergrund stehen. In Tab. 9 sind angstauslösende Erkrankungen zusammengestellt.
Therapeutisch ist akut mit Anxiolytika (s. Kap. A. 4.6.2.3) zu intervenieren. Auf längere Sicht ist eine psychotherapeutische Stützung und Führung (s. Kap. A. 4.3.2.2) indiziert.

Tab. 9: Krankheiten mit häufig ängstlich-agitierter Symptomatik

Vergiftungen durch - Sympathikomimetika - Anticholinergika - Neuroleptika - Antidepressiva - Digitalis - Koffein - Psychostimulantien
Entzugssyndrome frühe Symptome von Alkohol-, Sedativa- und Hypnotikaentzug
Stoffwechselerkrankungen - Hyper- oder Hypothyreose - Hypoglykämie - Hyper- oder Hypokalzämie - Phäochromozytom - Karzinoidsyndrome - akute intermittierende Porphyrie
kardiovaskuläre Erkrankungen - Angina pectoris - Myokardinfarkt - Arrhythmien - Herzinsuffizienz - Hypotonie
andere Erkrankungen - Hypoxie jeglicher Art - Anaphylaxie

Modifiziert nach: Hyman SE, Raymond LW. Agitation, delirium and psychosis in the medically ill patient. In: Hyman SE, ed. Manual of Psychiatric Emergencies. Little, Brown & Co.: Boston-Toronto 1984.

Literatur:

Bergener M. Angstzustände im Alter. In: Kielholz P, Adams C. Die Vielfalt von Angstzuständen. Dt Ärzte-Verlag: Köln 1989.

Rudolf GAE. Therapieschemata Psychiatrie. 2. Aufl. Urban und Schwarzenberg: München-Wien-Baltimore 1992.

A. 2.2.5 Alkoholismus, Medikamentenmißbrauch und -abhängigkeit

Mißbrauch und/oder Abhängigkeit von Alkohol und/oder sedierend oder hypnotisch wirkenden Medikamenten, letztere oft iatrogen mitbedingt, sind die typischen Formen von Mißbrauch und Abhängigkeit bei älteren Menschen. Aber auch andere Medikamente, z.B. Analgetika und Antiphlogistika oder Laxantien, werden mißbräuchlich eingesetzt und können zu körperlichen Störungen mit deliranten Symptomen (s. Kap. A. 2.1.2.4) führen. Am häufigsten besteht Alkoholabhängigkeit.

Die klassischen Zeichen der Alkoholabhängigkeit, Intoxikationen und Entzugssymptome, treten selten sofort erkennbar in Erscheinung. Ältere Menschen trinken oft regelmäßig und täglich, also weniger exzessiv. Die tägliche Trinkmenge ist niedriger als bei jüngeren Personen.

Dadurch können bei älteren Menschen beginnende Demenzerkrankungen sowie funktionelle psychische Erkrankungen in ihrem Beschwerdebild akzentuiert werden. Zu beobachten sind Verwahrlosung des äußeren Erscheinungsbildes, mangelnde Hygiene, Inkontinenz und körperliche Störungen, also Phänomene, die auf den Alkoholabusus zurückzuführen sind und das Bild einer Demenzerkrankung (s. Kap. A. 2.1.1) nur vortäuschen können.

Die Sterblichkeitsrate durch die bekannten alkoholbedingten organischen Komplikationen ist erhöht.

Therapeutisch ist ähnlich vorzugehen wie bei Abhängigkeitserkrankungen in jüngeren Lebensjahren.

Literatur:

Blazer DG. Alcohol and Drug Problems in the elderly. In: Busse EW, Blazer DG, eds. Geriatric Psychiatry. American Psychiatric Press: Washington 1989.

Miller N.S. Alcohol and drug dependence. In: Sadavoy J, Lazarus LW, Jarvik LF, eds. Comprehensive Review of geriatric Psychiatry. American Psychiatric Press: Washington 1991.

Rudolf GAE. Therapieschemata Psychiatrie. 2. Aufl. Urban und Schwarzenberg: München-Wien-Baltimore 1992.

Tölle R. Psychiatrie. 9. Aufl. Springer: Berlin-Heidelberg-New York u.a. 1991.

A. 2.2.6 Schlafstörungen

Der Schlaf ist bei älteren Menschen in typischer Weise verändert. Die physiologischen Veränderungen bewirken, daß der ältere Mensch weniger schläft, öfter aufwacht, der Schlaf nicht mehr so erholsam ist. Über diese Phänomene ist er besorgt und meint vielleicht, daß er wegen seines höheren Lebensalters mehr Schlaf zu seiner Erholung benötige als jüngere Menschen. Oft fühlt er sich tagsüber müde und erschöpft, schläft deshalb für einige Zeit und weiß nicht, daß er damit einen Teil seines Nachtschlafes vorwegnimmt. Der ältere Mensch braucht, insbesondere bei stärkerer körperlicher Hinfälligkeit, körperliche Ruhe und Erholung, nicht jedoch unbedingt Schlaf.

Die übliche, für die Praxis relevante Einteilung der Schlafstörungen in funktionelle, psychoreaktive, organisch und pharmakogen bedingte Schlafstörungen kann auch für ältere Menschen gelten.

Funktionelle Schlafstörungen sollten am ehesten mit nichtmedikamentösen Schlafhilfen behandelt werden. Nur für kurze Zeit sind Hypnotika (s. Kap. A. 4.6.2.3) indiziert.

Organisch bedingte Schlafstörungen sollten indirekt durch Behandlung der Grunderkrankung therapeutisch beeinflußt werden.

Häufige organisch bedingte Erkrankungen sind das Schlafapnoe-Syndrom und nächtliche Myoklonien. Diese Erkrankungen bedürfen einer spezifischen Behandlung.

Bei der häufig größeren Zahl von Medikamenten, die ältere Menschen wegen ihrer multimorbiden Verfassung erhalten, sollten den Schlaf beeinträchtigende Präparate gemieden werden.

Auch bei den organisch bedingten Schlafstörungen können vorübergehend Hypnotika (s. Kap. A. 4.6.2.3) verordnet werden. Zu achten ist auf die Möglichkeit einer Abhängigkeitsentwicklung und den Mißbrauch von frei käuflichen sedierenden Medikamenten und Alkohol.

Literatur:

Clarenbach P, Klotz U, Koella WP, Rudolf GAE, Hrsg. Schering-Lexikon Schlafmedizin. MMV Medizin Verlag: München 1991.

Reynolds CF, Hoch CC, Monk TH. Sleep and chronobiologic Disturbances in late life. In: Busse EW, Blazer DG, eds. Geriatric Psychiatry. American Psychiatric Press: Washington 1989.

Reynolds CF. Sleep disorders. In: Sadavoy J, Lazarus LW, Jarvik LF, eds. Comprehensive Review of geriatric Psychiatry. American Psychiatric Press: Washington 1991.

A. 3 Diagnostische Maßnahmen

A. 3.1 *Grundregeln der Diagnostik*

Auch beim älteren Menschen gilt die alte Regel, zu Anfang mit den einfachsten Mitteln der Diagnostik zu beginnen und dann differenzierend und spezifizierend fortzufahren.

„Multifaktorielle Genese“ und „mehrdimensionale Diagnostik“ sind Begriffe oder modische Schlagwörter, die beim älteren Menschen ernstgenommen werden müssen. Sie sind Hinweise auf die grundsätzlich zu fordernde diagnostische Einstellung des Arztes, denn monoaxiomatische und „puristische“ Ansätze zum Verständnis der Ätiologie und Pathogenese aller Erkrankungen des älteren Menschen sind in der Regel zu eng gefaßt. Pragmatisch gesehen - und das ist die zu fordernde Einstellung zur Diagnostik (und Therapie) - ist ein komplexer Ansatz notwendig. Je mehr man sich um einen eher ganzheitlichen, patientengerechten Zugang zu den Krankheitsproblemen des älteren Menschen bemüht, desto erfolgreicher wird ärztliches Handeln.

Bedürfnisse nach wissenschaftlicher Methodenreinheit im Sinne einer naturwissenschaftlich orientierten Medizin führen zu einer Konfrontation mit so komplexen Fragestellungen, daß sie in der Praxis kaum beantwortet werden können. Natürlich muß es exakte wissenschaftliche Forschung auch in der Geriatrie geben, damit auf längere Sicht die ärztliche Praxis befruchtet wird. Sie ist die Grundlage für die modernen Behandlungserfolge bei älteren Menschen. In der konkreten, auf das individuelle Patientenwohl orientierten Untersuchungs- und Behandlungssituation ist pragmatisch orientiertes diagnostisches Verhalten jedoch erstes Gebot.

In dieser Situation ist auch die Leistungsfähigkeit des erkrankten älteren Patienten zu berücksichtigen. Es ist zu fragen, welche untersuchungsbedingten Belastungen der ältere Mensch mit der ihm verbliebenen Kraft noch toleriert, ohne zusätzlich durch die diagnostischen Maßnahmen in einen „iatrogen bedingten“ Erschöpfungszustand zu geraten.

Die Diagnostik sollte also fraktioniert erfolgen, der Belastbarkeit des Patienten angepaßt werden. Eine testpsychologische Untersuchung z.B. an eine vorangegangene längere körperliche Untersuchung anzuschließen, wird möglicher-

weise ein falsches Bild von der geistig-seelischen Leistungsfähigkeit ergeben. Die körperliche Erschöpfung - letztlich ist diese Feststellung trivial - führt auch zu einer seelischen Leistungsminderung. In umgekehrter Reihenfolge ist das weitaus seltener der Fall, auch wenn man weiß, daß ein älterer Mensch durch seelische Anspannung und nachfolgende Ermüdung auch körperlich hinfälliger wirken kann.
Daraus ist zu folgern, daß der psychogeriatrisch orientierte Untersucher während der Diagnostik des älteren Patienten auch die jeweilige, oft fluktuierende körperliche und seelische Verfassung des Patienten beachten muß.
Es ist hier, wie immer im diagnostischen Umgang mit älteren Patienten, daran zu denken, daß die geistig-seelische und die körperliche Verfassung jeweils aufeinander einwirken und das Gesamtbild der älteren Menschen prägen.

Zur Diagnostik gehören:
- die Anamnese und die Fremdanamnese (s. Kap. A. 3.2),
- die Erfassung des aktuellen allgemein-körperlichen und neurologischen Befundes (s. Kap. A. 3.3),
- die Erfassung des psychischen (ggf. psycho-pathologischen) Befundes (s. Kap. A. 3.4) und
- die körperliche Untersuchung mit labortechnischen und evtl. bildgebenden Verfahren.

Die vorgenannte Reihenfolge muß in der Untersuchungssituation nicht eingehalten werden. In der Regel laufen die Erfassung des aktuellen Beschwerdebildes, die Erhebung des psychischen (psychopathologischen) Befundes und die Erhebung der Anamnese weitgehend parallel.
Die Art, in der die diagnostische Phase des Arzt-Patienten-Kontaktes abläuft, prägt die Grundlage für die Phase der Therapie. In dieser Phase entscheidet sich, ob der Patient so viel Vertrauen gewonnen hat, daß er die vom Arzt vorgeschlagenen therapeutischen Maßnahmen positiv motiviert mitträgt, sich zu einer aktiven Mitarbeit entschließt, also eine gute „Compliance" zeigt, oder ob er resigniert und ohne große Eigeninitiative alles an gut gemeinter Therapie nur über sich ergehen läßt. Natürlich sind dem älteren Menschen auch in dieser Situation aufgrund seiner geistig-seelischen Leistungsfähigkeit häufig Grenzen gesetzt.
Hinsichtlich der Dokumentation der erhobenen Befunde ist darauf hinzuweisen, daß der untersuchende und/oder behandelnde Arzt eine Dokumentationspflicht hat, die sich rechtlich aus dem Behandlungsvertrag ergibt. Die

Rechtssprechung gewährt dem Patienten oder seinem Vertreter (Betreuer) ein Einsichtsrecht in seine Krankenblattunterlagen.

A. 3.2 *Anamneseerhebung*

Fragen zur Krankheitsvorgeschichte sollten immer im freien Gespräch mit dem Patienten angesprochen werden, in dem dieser zuerst die Möglichkeit hat, seine aktuellen Beschwerden zu schildern. Den Verlauf des Gespräches muß der Untersucher inhaltlich strukturieren.
Anzustreben ist auch bei einem älteren Menschen eine Erhebung der Vorgeschichte im Sinne einer „biographischen Anamnese", die nicht nur die Darstellung der alleinigen Krankheitsvorgeschichte beinhaltet, sondern die Beschreibung der Krankheitsentwicklung in einem biographischen Kontext. Krankheits- und Lebensgeschichte bilden für den Patienten eine Einheit. Es kommt also nicht nur auf die Beschreibung äußerer Lebensabläufe an, sondern vor allem darauf, wie der Patient die jeweiligen Ereignisse erlebt hat.
Nach dem ersten Kontakt mit dem Patienten und seinem ihn evtl. begleitenden Angehörigen ist das Gespräch allein mit dem Patienten unter vier Augen zu führen.
Die Erhebung der Anamnese sollte bei der Erstuntersuchung (evtl. in einer Akutsituation) auf das diagnostisch Notwendige beschränkt werden. In einer späteren und ruhigeren Phase kann dann das Anamnesegespräch zunehmend differenzierend weitergeführt werden.
Die Befragung der Angehörigen (wenn möglich in Gegenwart des Patienten) ist wichtig, wenn die Informationen durch den Patienten ggf. nicht ausreichen (z.B. bei starken Erinnerungsstörungen, fehlender Konzentrationsfähigkeit, Verwirrtheit, Bewußtseinsstörungen, stärkerer Erregung, Suizidalität usw.) oder das engere soziale Umfeld, d.h. die Angehörigen, näher kennengelernt und in die weitere Behandlung evtl. einbezogen werden soll.
Zur Vervollständigung und weiteren Differenzierung der anamnestischen Daten können mit Einverständnis des Patienten (Einverständniserklärung dem Ersuchen stets beifügen!) Behandlungsberichte oder Krankengeschichten über frühere Behandlungen von den vorbehandelnden Ärzten erbeten werden.

Tab. 10: Körperlicher Allgemeinbefund

Name:	geb. am:
untersucht durch:	am:
Größe cm; Gewicht kg	Ernährungszustand
Haltung	Haut
Konstitution	Gesichtsfarbe
Dysplasien	sichtbare Schleimhäute
	Narben
Lymphknoten	
Gebiß	Herz
Zunge	Grenzen
Rachenring	Töne
Tonsillen	Aktion
Schilddrüse	Gefäße
Brustkorb	Blutdruck mmHg imLiegen/Sitzen/re/li
Lungen	mmHg mmHg
	Puls /min
	Ödeme
	Varizen
Bauch	Milz
	Nierenlager
Leber	Geschlechtsorgane
Vegetatives Nervensystem	
Trophische Störungen	
Wirbelsäule HWS BWS LWS Extremitäten	

A. 3.3 *Körperliche Diagnostik*

Grundsätzlich muß jeder ältere Patient mit einer psychopathologischen Symptomatik auch körperlich untersucht werden, weil sich hinter den psychischen Störungen gerade beim älteren Menschen auch organische Erkrankungen als mögliche Ursache verbergen können. Dem Patienten muß gezeigt werden, daß man ihn in seiner körperlich-seelischen Gesamtheit sieht und akzeptiert.
Möglicherweise werden körperliche Erkrankungen, die unabhängig von der seelischen Störung bestehen und gleichzeitig behandelt werden könnten, durch die Aktualität der psychopathologischen Symptomatik übersehen.
Sollte der Verdacht auf eine nicht körperlich begründbare seelische Erkrankung vorliegen, muß zum Ausschluß trotzdem nach einer evtl. als Ursache anzusehenden organischen Erkrankung gesucht werden.
Im Behandlungsverlauf sollten (vor allem bei der Anwendung somatischer Behandlungsverfahren) in regelmäßigen Abständen labortechnische Kontrollen durchgeführt werden. Die allgemein-körperliche Untersuchung sollte die in Tab. 10 aufgeführten Bereiche berücksichtigen.
Zu einer erweiterten allgemein-körperlichen Untersuchung gehören die
- labortechnischen Untersuchungen (Blut, Urin, ggf. Liquor usw.) und die
- apparativen Untersuchungsverfahren (EKG, Röntgen, Ultraschall usw.).

Das grundsätzlich zur allgemein-körperlichen Untersuchung Gesagte gilt auch für die neurologische Untersuchung.
Tab. 11 zeigt die wesentlichen Funktionsbereiche, die bei einer neurologischen Untersuchung beachtet und dokumentiert werden müssen. Diese sollten im Rahmen der (fraktionierten) Erstuntersuchung und im Behandlungsverlauf in regelmäßigen Abständen überprüft werden.
Sind bei der allgemein-körperlichen und/oder neurologischen Untersuchung Hinweise auf das Vorliegen einer organischen Störung des Nervensystems zu erkennen oder zu vermuten, ist eine weiterführende apparative Diagnostik angezeigt, z.B. je nach Indikation:
- Elektroenzephalographie (EEG)
- Doppler-Sonographie
- Röntgen (Schädel, HWS, BWS)
- kraniale Computertomographie (CCT)
- kraniale Kernspintomographie (NMR)
- Hirnszintigraphie
- Liquorpunktion
- zerebrale Angiographie

Tab. 11: Neurologischer Untersuchungsbefund

Name:	geb.	Datum:	Datum:
		Reflexe re li re li	re li re li

Neurologischer Untersuchungsbefund am:

Schädel

Form	Beweglichkeit
Narben	Druckempfindlichkeit
	Klopfempfindlichkeit
Defekte	Nervenaustrittspunkte

Hirnnerven

I:	Riechvermögen	aromat. Substanzen Trigeminusreizstoffe
II:	Sehvermögen	
	Augenhintergrund	
III, IV, VI:	Pupillen	Lidspalten
	Reaktion auf Licht	Ptosis
	Reaktion auf Nahsehen	Kornealreflex re li
	Augenbewegungen	
V:	motorisch	Masseterreflex
	sensibel	
VII:	Stirnast	Chvostek
	Mundast	Schnauzreflex
VIII:	Hörvermögen	
	Nystagmus	
(VII) IX, X:	Gaumensegel	
XI:	Schulterheben	
(VII, X) XII:	Zunge	
	Artikulation	

Reflexe

Bic.	Mayer
Tric.	Knipsreflex
Brachiorad.	Trömner
BHR	Babinski
	Oppenheim
	Gordon
BDR muskul.	Rossolimo
CR	
	Mendel-
Adduct.	Bechterew
PSR	Chaddok
ASR	Patellarklonus
	Reflexzone
	Fußklonus

Sensibilität

Nervenstämme
Druckschmerz
Dehnungsschmerz

Neuropsychologische Störungen (Sprache, Lesen, Schreiben, Rechnen)

Motorik

Tonus	Halteversuche
Motilität	A.H.V.
grobe Kraft	B.H.V.
Atrophien	Tremor

Koordination

Gang	Romberg
	Unterberger
FNV	monopedales Stehen/Hüpfen
FFV	Baranyi
KHV	Diadochokinese

A. 3.4 *Erhebung des psychischen Befundes*

Wie bereits erwähnt, erfolgt die Erhebung des psychischen (psychopathologischen) Befundes im Rahmen eines Gespräches mit dem Patienten und, soweit möglich, nicht in Gegenwart weiterer Personen (z.B. Angehörigen, Schwestern, Pflegern, Arzthelferinnen usw.).
Der Untersucher sollte dem Patienten erkennbar mitfühlend, zugewandt, mit angemessenem Ernst und ausreichender Distanz begegnen, wobei das optimale psychogeriatrische Untersuchungsgespräch eine dem Einzelfall und dem jeweiligen Zweck der Untersuchung angepaßte Kombination von Interview, Exploration und Anamneseerhebung darstellt.
Exploration ist eine Untersuchung durch Befragung, in der die größere Aktivität und Gesprächsführung beim Untersucher liegt. Sie ist eine Gesprächsmethode für Situationen, in denen ein Patient nicht in der Lage ist, ein Gespräch in eigener Initiative zu strukturieren.
Im Interview wird dem Patienten die Gelegenheit geboten, seine eigenen Ansichten zum bestehenden Problem mitzuteilen oder eine Selbstdarstellung zu geben.
Im Rahmen der psychogeriatrischen Untersuchung ist der Anteil der Aktivität des Patienten bzw. des Arztes sehr deutlich von der geistig-seelischen Leistungsfähigkeit und Präsenz des Patienten abhängig.
Ziel der Erhebung des psychischen Befundes ist es immer wieder, Kenntnisse über das Verhalten, aber auch das Befinden und Erleben des Patienten in seiner aktuellen Situation zu erhalten.
Während der Behandlungsphase sollte der psychische Befund immer wieder erhoben werden (Verlaufsbeschreibung).
Vor einem systematischen Abfragen aneinandergereihter Symptome (evtl. nach einer Liste) muß gewarnt werden. Die Erhebung des psychischen Befundes sollte immer im freien Gespräch erfolgen.
Das Beobachtete und Erfahrene sollte in der Umgangssprache schriftlich niedergelegt werden. Die in der Regel verkürzende Fachsprache legt oft vorzeitig eine diagnostische Zuordnung fest.
Die Beschreibung des psychopathologischen Befundes sollte ein plastisches Bild nicht nur von der Erkrankung des Patienten, sondern auch von der Person des Erkrankten selbst ermöglichen.
Vorschläge für den Aufbau eines psychischen Befundes mit Formulierungshilfen sind Tab. 12 zu entnehmen. Hierbei handelt es sich um einen psychischen Befund, wie er in der allgemeinen Psychiatrie erhoben wird. Da

in dem vorliegenden Buch davon ausgegangen wird, daß sich die Psychogeriatrie nicht allein mit der Demenzsymptomatik befaßt, sondern auch die gesamte Breite psychischer Störungen im höheren Lebensalter berücksichtigt, erscheint eine Orientierung an der Strukturierung des psychopathologischen Befundes der allgemeinen klinischen Psychiatrie sinnvoll.
Zur Erfassung und Dokumentation des psychischen Befundes beim älteren Patienten gibt es auch standardisierte Untersuchungsinstrumente (Fremd- und Selbstbeurteilungsskalen), die überwiegend für wissenschaftliche Zwecke verwendet werden und dort auch sinnvoll sind. Mit ihnen können psychopathologische Syndrome oder seelische Befindlichkeitsbereiche dokumentiert und unter dem Aspekt einer Quantifizierung der vorliegenden Störungen erfaßt werden. Ein derartiges standardisiertes Untersuchungsinstrument ist das sog. AGP-System, mit dem eine umfangreiche gerontopsychiatrische Befunderhebung möglich ist (s. Anhang, C.4.1).
Durch die Anwendung standardisierter Untersuchungsinstrumente ist man der Objektivierung psychogeriatrischer Befunde auf einer höheren Abstraktionsebene nähergekommen, die für den Einzelfall vielleicht entscheidenden Informationen werden dabei jedoch häufig vernachlässigt. Aus diesem Grund reicht die Sammlung von Daten mit standardisierten Untersuchungsinstrumenten für die auf die Individualität des Patienten ausgerichtete therapeutische Praxis meist nicht aus.

Merke: Der im freien Gespräch erhobene psychopathologische Befund bleibt das Kernstück der psychiatrischen Diagnostik, die als Grundlage für eine individuell angepaßte Therapie seelischer Erkrankungen nicht hoch genug eingeschätzt werden kann.

Literatur:

Das AGP-System. Manual zur Dokumentation gerontopsychiatrischer Befunde. Herausgegeben für die Arbeitsgemeinschaft Gerontopsychiatrie (AGP) von Gutzmann H, Kanowski S, Krüger H, Urban R, Ciompi L. Springer: Berlin-Heidelberg-New York u.a. 1989.

Kind H. Psychiatrische Untersuchung. 4. Aufl. Springer: Berlin-Heidelberg-New York-London-Paris-Tokyo-Hong Kong-Barcelona 1990.

Lauter H, Möller H-J, Zimmer R, Hrsg. Untersuchungs- und Behandlungsverfahren in der Gerontopsychiatrie. Springer: Berlin-Heidelberg-New York-Tokyo 1986.

Tab. 12: Aufbau eines psychischen Befundes

1. Äußeres Erscheinungsbild

1.1 *Statur*
1.2 *Körperhaltung*
aufrecht, straff, imponierend, stramm, steif, verkrampft, gespannt, drohend, gelöst, ungezwungen, locker, schlaff, gebeugt, unscheinbar, vertrackt, bizarr, abwehrend
1.3 *Körperpflege*
gepflegt, aufgemacht, parfümiert, inadäquat (männlich, weiblich berücksichtigen), Tätowierung, ungepflegt, verschmutzt
1.4 *Kleidung*
unauffällig, modisch, elegant, schlicht, salopp, unkonventionell, ungepflegt, verwahrlost, Besonderheiten
1.5 *Haartracht*
gepflegt, modisch, ungepflegt, wirr

2. Dynamischer Gesamteindruck - Psychomotorik

2.1 *Benehmen - Umgangsformen*
natürlich, unbefangen, gewandt, sicher, burschikos, scheu, höflich, schüchtern, befangen, devot, unterwürfig
korrekt, steif, gekünstelt, leutselig, herablassend, ratlos, abweisend, gleichgültig, apathisch, aufdringlich, distanzlos
2.2 *Gangart*
kraftvoll, ausgreifend, schwungvoll, elastisch, federnd, schleppend, schlürfend, trippelnd, verspannt
2.3 *Ausdrucksverhalten*
ausgewogen, rund, lebhaft, locker, überexpressiv, ausfahrend, ungesteuert, ausdrucksarm, spärlich, sparsam, müde, stumpf, unmoduliert, verkniffen, gebunden, gesperrt, vertrackt, Grimassen, Tics, maskenhaft, eckig, verschroben

3. Affektivität - Emotionalität

3.1 *Stimmung* (Grundstimmung, aktuelle, gegenwärtige Stimmungslage)
ausgeglichen, zuversichtlich, unbeschwert, optimistisch, fröhlich, heiter, euphorisch, ernst, skeptisch, pessimistisch, verzagt, mutlos, gedrückt, depressiv, dysphorisch, mißmutig, mißbefindlich, moros, gereizt, ängstlich, angstvoll
3.2 *Affektverhalten* (Ausdrucks-, Schwingungs- und Resonanzfähigkeit)
angepaßt, adäquat, unangepaßt, inadäquat, ausgeglichen, mitschwingend, tiefgreifend, expansiv, erregt, nüchtern, kühl, teilnahmslos, flach, eingeengt, starr
3.3 *Gefühlsleben*
gemütvoll, gemütswarm, herzlich, nachhaltig, tiefgreifend, einfühlsam, taktvoll, weich, gutmütig, naiv, treuherzig, gutherzig, empfindsam, sensitiv, echt, unecht, sentimental, kühl, kalt, Gefühl für ethische Werte, distanziert, distanzschwach

4. Antrieb - Wille

4.1 *Antrieb*
4.1.1 Spontaneität
4.1.2 Initiative
energisch, aktiv, schwungvoll, umtriebig, vielbeschäftigt, schwunglos, lahm, zwanghaft
4.2 *Wille*
zielstrebig, ausdauernd, beharrlich, konsequent, durchsetzungsfähig, unbeugsam, beherrscht, verbissen, gleichgültig, willensschwach, wurstig, unentschlossen, negativistisch, gesperrt, befehlsautomatisch

5. Triebtendenzen und -störungen

5.1 *Allgemeine Beschreibung*
vital, triebhaft, dünnblütig, triebschwach, beherrscht, gesteuert, gehemmt, unbeherrscht, ungesteuert, enthemmt
5.2 *Hervortretende Triebtendenzen*
Aggressivität, Sexualität, Oralität, Machtstreben, Besitzstreben, Geltungssucht
5.3 *Triebstörungen*
Drangzustände, Zwänge, Perversionen

6. Bewußtseinslage und Orientiertheit

6.1 *Bewußtseinsklarheit*
klar, überwach, fluktuierend, ablenkbar, schwerbesinnlich, getrübt, benommen, somnolent, soporös, bewußtlos
6.2 *Bewußtseinseinengung*
(traumhaftes Bewußtsein)
6.3 *Orientiertheit*
zeitlich, örtlich, zur Person

7. Wahrnehmung

7.1 *Wahrnehmungsschärfe*
genau, empfindlich, detailliert, stumpf
7.2 *Wahrnehmungsstörungen*
7.2.1 Illusionen
7.2.2 Personenverkennungen
7.2.3 Halluzinationen
7.2.4 Déjà-vu, Jamais-vu

8. Denken

8.1 *Auffassung (für Gewohntes und Neues)*
sicher, rasch, langsam, erschwert, begriffsstutzig
8.2 *Konzentration*
gut, stetig, anhaltend, gespannt, rasch ermüdbar, abschweifig
8.3 *Denkablauf*
klar, sachlich, nüchtern, betont logisch, abstrakt, anschaulich, praktisch, intuitiv, gefühlsbetont, ichbezogen
sprunghaft, ungenau, ziellos, einfallsarm, umständlich, weitschweifig, haftend, perseverierend
logisch, gelockert, zerfahren, verworren
widerspruchsvoll, unzusammenhängend
gehemmt, ideenflüchtig, Gedankenabreißen, Gedankenleere, gemachte Gedanken, überwertige Ideen, Zwangsgedanken
8.4 *Wahnhafte Bewußtseinsinhalte*
Wahn, Wahnstimmung, Wahneinfälle, Wahnwahrnehmungen

9. Merkfähigkeit - Gedächtnis

9.1 *Merkfähigkeit*
9.2 *Gedächtnis*
alte, neue Gedächtnisinhalte
9.2.1 Gedächtnisstörungen
Lücken, Amnesie, retrograde Amnesie, Konfabulationen
9.2.2 Reproduktionsfähigkeit
rasch, mühsam

10. Intelligenz

10.1 *Nach dem Gesamteindruck*
10.2 *Höhere Intelligenzfunktionen*
Überschau, Erkennung des Wesentlichen, Abstraktionsvermögen, Kritik, Einsicht, künstlerische und schöpferische Fähigkeiten

11. Psychische Werkzeugstörungen

11.1 *Aphasie*
11.2 *Alexie*
11.3 *Agraphie*
11.4 *Agnosie*
11.5 *Apraxie*

12. Gesamteindruck

A. 4 Besonderheiten der Therapie bei älteren Menschen

Psychisch kranke ältere Menschen werden wie jüngere Kranke mit allen üblichen therapeutischen Methoden behandelt. Es sind jedoch wegen der typischen altersbedingten körperlichen und seelischen Verfassung des älteren Menschen spezielle Kenntnisse der Altersmedizin und der Alterspsychologie erforderlich, gleichgültig ob somato- oder/und psychotherapeutische Verfahren angewendet werden. Unter dieser Voraussetzung können alle bei jüngeren Menschen möglichen Therapieverfahren der Medizin eingesetzt werden. Für eine nihilistische therapeutische Einstellung gibt es keine rationale Begründung.

Die jeweilige Behandlung muß der Situation, d.h. der geistig-seelischen und körperlichen Verfassung des Patienten angepaßt sein. Das klingt trivial, bedeutet aber auch, daß vor Beginn eines konkreten ärztlich-therapeutischen Handelns - vielleicht sorgfältiger als bei einem jüngeren Patienten - die Frage nach dem Behandlungsort zu beantworten ist. Die Vor- und Nachteile einer häuslichen oder klinischen Umgebung sind gewissenhaft abzuwägen.

In der häuslichen Umgebung kennt der Patient sich aus, ist orientiert und lebt nach alten Gewohnheiten. Muß er aus Behandlungsgründen diese ihm vertraute Umgebung verlassen, hat er sich neu zu orientieren und einzugewöhnen. Das kann zu einer zusätzlichen Belastung werden: Nicht selten reagiert ein älterer, bis dahin ruhig und orientiert in seiner gewohnten Umgebung lebender Mensch mit Desorientiertheit, Angst und motorischer Unruhe, wenn er in ein Krankenhaus, d.h. in ein für ihn völlig neues Umfeld eingewiesen wird. Er ist delirant, verwirrt (s. Kap. A. 2.1.2.4).

Neben der Erkrankung, die zur stationären Behandlung führte, zeigt sich dadurch eine weitere behandlungsbedürftige Störung. Diese hätte ohne den Umgebungswechsel vermieden werden können.

Es muß daher die Regel gelten, daß der ältere Patient grundsätzlich und wenn immer möglich in seiner gewohnten Umgebung behandelt werden sollte. Der seit vielen Jahren praktizierte Alltag, die Gewohnheiten, die Gleichmäßigkeit der Wahrnehmung der äußeren Umgebung können eine Stütze und sogar ein gutes Therapeutikum für den mental leicht irritierbaren älteren Menschen sein. Dort hat er seine Beschäftigung, seinen Lebensrhythmus, was durch noch so gutgemeinte Beschäftigungstherapie, Gymnastik, Strukturierung des Tagesablaufes im Krankenhaus und andere Maßnahmen nicht ersetzt werden kann.

Diese Überlegungen schließen natürlich nicht aus, daß ein älterer Mensch

wegen der Schwere seiner körperlichen und/oder seelischen Erkrankungen in stationäre Behandlung eingewiesen werden muß.
Welche medizinische Behandlung ein älterer Mensch erfährt, ob zu Hause oder im Krankenhaus, wer ihn betreut, wer dem pflegenden Angehörigen helfen kann, ob zwischen den Polen häuslicher oder stationärer Behandlung und Pflege noch praktische Alternativen gegeben sind, z.B. ambulant aufsuchende Hilfen, Tageskliniken oder -stätten usw., hängt von den örtlichen Gegebenheiten ab. Der Aufbau solcher flächendeckenden Versorgungseinrichtungen (s. Kap. A. 4.8) schreitet voran.

A. 4.1 *Grundregeln des (psycho-)therapeutischen Umgangs mit dem älteren Patienten*

Die Grundlage für eine positive Arzt-Patienten-Beziehung wird bereits beim Kennenlernen, d.h. in der Regel in der diagnostischen Phase (s. Kap. A. 3.1) des Kontaktes gelegt. Bereits da entscheidet sich, ob der Patient mit Vertrauen und den ihm möglichen Kräften bei seiner Behandlung mitarbeitet, die Weichen für ein gutes „therapeutisches Klima“ werden dann gestellt.
Der erste Kontakt mit dem Arzt sollte dem Patienten den sicheren Eindruck vermitteln, daß er den richtigen Arzt für die Behandlung seiner Beschwerden gefunden hat. Dieses Gefühl braucht er um so mehr, als er krankheitsbedingt Zuversicht und Vertrauen in sich selbst und seine Zukunft verloren haben kann. Er ist besorgt, ängstlich, vielleicht deprimiert oder gar depressiv verstimmt. Möglicherweise ist seine kognitive Leistungsfähigkeit erkennbar reduziert. Ähnliche Gedanken und Gefühle haben die Angehörigen des Patienten. Die eventuell länger dauernde Erkrankung des Familienmitgliedes hat das Familienleben oft negativ beeinflußt. Die Reaktionen der Angehörigen können zwischen Anteilnahme und Unverständnis schwanken, manchmal auch durchsetzt von Ungeduld und Gereiztheit gegenüber dem Patienten (und dem Arzt) sein.
Es erfordert Geduld, Einfühlungsvermögen, Sachlichkeit und Besonnenheit, mit älteren psychisch Kranken und ihren Familienangehörigen umzugehen.
In Tab. 13 sind Verhaltensvorschläge für den Umgang mit dem Patienten und seinen Angehörigen zusammengestellt. Sie können eine positive Arzt-Patienten-Beziehung fördern.
Der therapeutische Umgang mit Patienten, die unter Demenzsymptomen leiden (s. Kap. A. 2.1.1) muß weiter differenziert werden:

Tab. 13: Verhaltensvorschläge für den Umgang mit psychogeriatrischen Patienten

Hinsehen.
Ruhig zuhören.
Vorsichtig fragen.
Nicht vorschnell trösten.
Dem Patienten deutlich machen, daß man die geschilderten Beschwerden als faktisch vorhanden akzeptiert.
Nach der Untersuchung sachlich die Ergebnisse mitteilen.
Die Art der Erkrankung mit einfachen Worten erklären (wenn möglich, auch den begleitenden Angehörigen).
Fragen von Patienten (und Angehörigen) verständlich beantworten.
Keine widersprüchlichen und mißverständlichen Äußerungen tätigen, d. h. nicht „laut denken".
Die geplanten Behandlungsmethoden kurz darstellen.
Die eigenen realistischen Erwartungen in die Behandlung aufzeigen.
Mit sich über alles, was in der Behandlung geschieht, diskutieren lassen.
Keine eiligen und vorschnellen Versprechungen hinsichtlich der eventuell notwendigen Dauer der Behandlung äußern.
Keine Selbstüberschätzung hinsichtlich der ärztlich-therapeutischen Möglichkeiten zeigen.
Nicht ungeduldig werden wie eventuell der Patient und seine Angehörigen.
Zuversicht und Konstanz zeigen.

- Sprechen Sie mit dem Patienten in einfachen, kurzen Sätzen.
- Sprechen Sie in einem klaren, bestimmten Ton auf der Erwachsenenebene.

- Wiederholen Sie das Gesagte, wenn Sie den Eindruck haben, daß der Patient es nicht verstanden hat.
- Zeigen Sie Geduld, und geben Sie dem Patienten Gelegenheit zu Rückfragen und kritischen Bemerkungen.
- Bevorzugen Sie einen insgesamt fürsorglich-bestimmenden Umgang mit dem Patienten.
- Zeigen Sie immer wieder Verständnis für die Sorgen und Probleme des Patienten.
- Achten Sie auch auf die das Krankheitsbild möglicherweise verschleiernden Kompensationsstrategien.
- Nehmen Sie positive Behandlungseffekte wahr, würdigen Sie diese in Ihrem verbalen und averbalen Verhalten.
- Vermeiden Sie jede Überforderung des Patienten, doch sollten Sie die Leistungsfähigkeit des Patienten gleichzeitig nicht unterschätzen.
- Hüten Sie sich vor einer eigenen resignierenden Haltung gegenüber einem Patienten, auch wenn Sie wissen, daß das Krankheitsbild chronisch fortschreiten wird.
- Bedenken Sie, daß für einen älteren Menschen jeder Tag mit relativ guter Lebensqualität ein großer Gewinn angesichts der ihm noch verbleibenden Lebenszeit ist.

A. 4.2 *Der Gesamtbehandlungsplan*

Ältere Menschen leiden in der Regel auch unter körperlichen Beschwerden und Erkrankungen, wenn sie ihren Arzt wegen seelischer Beschwerden aufsuchen. Häufig sind diese körperlichen Beschwerden Ursache der psychischen Störung (s. Kap. A. 2.1). Daher ist es oft unumgänglich, diese Erkrankungen medikamentös weiterzubehandeln oder ihre Therapie zu revidieren oder zu optimieren. Sollten zusätzlich Psychopharmaka oder Nootropika (s. Kap. A. 4.6) indiziert sein, ist zu überlegen, welche der anderen Medikamente unentbehrlich sind.
Die Reduzierung der Medikamentenzahl reduziert immer auch die Risiken des Auftretens von Nebenwirkungen und unerwünschten und überraschenden Arzneimittelinteraktionen (s. Anhang C. 3).
Die beste Kontrolle über die Therapie und ihre Risiken erhält man, wenn ein sogenannter Gesamtbehandlungsplan erstellt wird. Dieser muß im Laufe der

Behandlung individuell angepaßt und modifiziert werden. Nur so kann Polypragmasie vermieden werden.
Die therapeutischen Maßnahmen müssen gerade bei älteren Menschen ganzheitlich orientiert sein. Je nach Situation und/oder Krankheitsbild muß ein ausgewogenes Verhältnis zwischen psycho-, sozio-, milieutherapeutischen, medikamentösen und nichtmedikamentösen Behandlungsverfahren gesucht werden.

A. 4.3 *Psychotherapeutische Verfahren bei älteren Menschen*

A. 4.3.1 Allgemeine Überlegungen

In einem weit gefaßten Sinn beginnt Psychotherapie in dem Augenblick, in dem ein Patient das Sprechzimmer betritt oder der erste Kontakt mit dem Arzt hergestellt wird. Psychotherapie im engeren Sinn heißt Behandlung seelischer Störungen mit seelischen Mitteln.
In der Kommunikation zwischen Patient und Arzt werden Probleme angesprochen, diskutiert und Lösungen zu ihrer Bewältigung gesucht. Der Arzt ist und bleibt in einer solchen Situation immer nur Helfer zur Selbsthilfe, denn letztlich ist es der Patient, der in seinem Leben das zu ertragen oder zu verändern hat, was in psychotherapeutischen Gesprächen thematisiert worden ist. Ziel der Psychotherapie ist die Reduzierung subjektiven und objektiven Leidens. Der Weg dorthin kann über verschiedene Bahnen (psychotherapeutische Verfahren, s.u.) verlaufen.
Bei älteren Menschen müssen die aktuelle psychische Situation, die Komplexität der individuellen Vorerfahrungen, die daraus resultierenden Haltungen und Verhaltensweisen, die Beurteilung der aktuellen Gegebenheiten, konkrete Meinungen oder Vorurteile gesehen und anerkannt werden. Die lange Lebensstrecke, die hinter einem älteren Menschen liegt, führt zu einer individuell höchst variablen Vielfalt seelischer Haltungen und Verhaltensweisen.
Das setzt in gleichem Maße Offenheit, Toleranz und Variabilität des Psychotherapeuten voraus. Wie ein psychotherapeutisch geprägter Umgang oder eine Psychotherapie mit dem älteren, seelisch gestörten Menschen verläuft, hängt in beträchtlichem Maß auch von der Einstellung des Arztes zu den von dem älteren Menschen beschriebenen Problemen ab, seiner Offenheit und seinem Verständnis für diese, seinem Einfühlungsvermögen und seiner Be-

fähigung, mit den vorgetragenen Sorgen und Problemen in kontrolliert-distanzierter Weise umzugehen. Nur dann, wenn der Therapeut einen Kompromiß zwischen Mitleid, unbedingtem Helfenwollen und sachlich-kühler, möglicherweise abwehrender und verleugnender Einstellung zu den Problemen eines älteren Menschen gefunden hat, wird er erfolgreich psychotherapeutisch arbeiten können.

Bei einem älteren Menschen sind folgende „Vorgaben" zu berücksichtigen: Er steht in einer psychobiologischen Streßsituation, die überwiegend durch mit dem Alterungsprozeß verbundene Verluste geprägt ist. Das Selbstwertgefühl ist reduziert, der Sinn des Lebens, das weitgehend hinter ihm liegt, wird in Frage gestellt. „Große" Ziele sind nicht mehr zu erkennen. Verlusterfahrungen können sein:

- Verlust der Rolle in der Familie durch Auszug der Kinder (mit nachfolgenden Beziehungsproblemen der Ehepartner),
- Verlust des beruflichen Status,
- Reduzierung finanzieller Möglichkeiten,
- Nachlassen der eigenen körperlichen und seelischen Leistungsfähigkeit einschließlich sexueller Potenz,
- Tod von Familienangehörigen und nahestehenden Personen,
- Verlust eigener Gesundheit,
- Verlust einer positiven, längerfristigen Zukunftsperspektive angesichts des nahenden eigenen Todeszeitpunktes.

Durch diese imaginären oder konkreten Verlusterfahrungen kommt es zu einem Schwinden des Ich-Empfindens, zu Erfahrungen des persönlichen Scheiterns, zu Gefühlen von Resignation und Sinnlosigkeit gegenüber einer Zukunftsperspektive. Selbstachtung und Selbstwertgefühl lassen nach und führen zu einem Gefühl emotionaler Erschöpfung. Zunehmend kommt es zu einem negativen Selbstbild und mangelndem Selbstvertrauen.

Jeder ältere Mensch versucht, mit den im Alter gegebenen Verlusterfahrungen in der ihm möglichen Weise umzugehen, sie in sein Leben zu integrieren und trotzdem noch sein Dasein zu bewältigen und positiv zu erfahren.

Ob und wie er das schafft, hängt weitgehend von seinen in vorangegangenen Jahrzehnten erworbenen Fähigkeiten zur Problembewältigung ab. Er entwickelt Handlungsstrategien, die - in einem positiven Sinn für ihn selbst - zu einem Leben mit diesen Gegebenheiten führen können. Häufig aber bewirken seine Haltung und seine Reaktionen auf die negativen Erfahrungen des Alterns, daß es zu schon krankhaften, für den Patienten abträglichen Empfindungen und Verhaltensweisen kommt.

Dieses einzusehen, ist für den älteren Menschen außerordentlich schwer. Er sieht die Beschwerden als typische Phänomene des Älterwerdens und in gewisser Weise auch als Bestätigung für eigene Vorurteile.
Ein weiterer Schritt in eine therapeutisch positive Richtung ist die Akzeptanz fremder Hilfe. Oft werden vordergründig Argumente der Ablehnung (psycho-)therapeutischer Hilfe angeführt, z.B. zu hohe Kosten, zu lange Wege und Wartezeiten, aber auch Vorurteile gegenüber Ärzten, Psychotherapeuten oder Pflegepersonal.
Wege in eine gezielte und erfolgreiche Psychotherapie werden aber auch von Familienangehörigen (allgemeine Vorurteile gegenüber psychischen Erkrankungen, idealisiertes Bild der Familie und des Patienten, Ambivalenz gegenüber kranken Familienmitgliedern u.a.) oder von Ärzten (negative Einstellung gegenüber älteren Menschen, Frustration und therapeutischer Nihilismus angesichts chronischer Krankheit, Siechtum und Tod, traditionelle biologisch-medizinische Orientierung und Perspektiven für psychosoziale Aspekte des Alterns, Unfähigkeit zur Akzeptanz zwischenmenschlicher Beziehungen, die über das biologisch-medizinische Niveau hinausgehen u.a.) verhindert.
Die psychotherapeutische Beziehung zum Patienten muß durch beträchtliche Flexibilität des Arztes bei der Wahl und der Anwendung verschiedener Behandlungsmethoden geprägt sein. Bedingt durch die therapeutischen Bedürfnisse, die wegen der Multimorbidität eines älteren Menschen bestehen, muß er verschiedene Rollen übernehmen können: die des alles überblickenden Hausarztes, des Fachmannes für Psycho- und Pharmakotherapie, des Familienarztes und des Mitgliedes in einem Ärzteteam, das wohlkoordiniert die ärztliche Versorgung des Patienten garantiert.
Beginnt der Patient sein Gespräch mit der Schilderung von Sorgen über seine körperliche Gesundheit, sollte zu Anfang speziell auf diese Probleme eingegangen werden. Im weiteren Verlauf der Gespräche kann dann vorsichtig auf seelische Probleme des Patienten übergegangen werden. Er erfährt dadurch, daß er mit seinen Sorgen, Ängsten und seinen konkret von ihm erfahrenen körperlichen und seelischen Beschwerden angenommen wird und umfassende Hilfe erfahren kann.
Ziele der Psychotherapie: Mehr als bei Patienten in jüngeren Lebensjahren sind bei älteren Menschen umschriebene Therapieziele zu definieren. Sie sollten mit dem Patienten (und den Angehörigen) besprochen werden. Es sollte sich um Naheliegendes handeln: die Verbesserung der zwischenmenschlichen Beziehungen und der Zufriedenheit mit der aktuellen Situation, die Stärkung des Selbstwertgefühls angesichts altersbedingter Defizite und Abhängigkei-

Tab. 14: Die am häufigsten angewendeten Psychotherapieverfahren (Auswahl)

Tiefenpsychologische Therapien
- Psychoanalyse im Standardverfahren (Freud)
- psychoanalytisch orientierte Psychotherapie
- dynamische Psychotherapie (Dührssen)
- psychoanalytische Kurz- und Fokaltherpaie (Malan, Wolberg u.a.)
- individualpsychologische Methode (Adler)

Philosophisch-anthropologisch orientierte Richtungen
- daseinsanalytische Therapie (Binswanger, Boss)
- anthropologisch-integrative Methode (v. Gebsattel)
- Logotherapie (Frankl)

Direktiv-persuasive Methoden
- rationelle Psychotherapie (Dubois)
- rational-emotive Therapie (Ellis)

Sog. humanistische Therapien
- klientenzentrierte Gesprächstherapie (Rogers)
- Gestalttherapie (Perls)
- Transaktionsanalyse (Berne)
- Psychodrama (Moreno)

Bewegungs- und Körpertherapien
- konzentrative Bewegungstherapie (Gindler)
- funktionelle Entspannung (Fuchs)
- Bioenergetik (Lowen)

Imaginationsverfahren
- imaginative und meditative Verfahren (katathymes Bilderleben von Leuner, Oberstufe des autogenen Trainings, Meditation u.a.)

Verhaltensorientierte Therapien
- Verhaltenstherapie (mit verschiedenen Techniken)
- kognitive Psychotherapie (Beck)

Hypnoseverfahren, Hypnotherapien, Suggestionsverfahren
- autosuggestive, übende und entspannende Verfahren (autogenes Training von Schulz)
- Hypnosetherapie

Relaxationsverfahren
- progressive Relaxation (Jacobson u.a.)

ten, die Versöhnung mit negativen Aspekten aus der Vergangenheit und die Erleichterung von Ängsten im Zusammenhang mit der Konfrontation mit Sterben und Tod u.a. Die Gespräche können zu Hause, in der Praxis, in Heimen oder Krankenhäusern allein oder in Gruppen (s. Kap. A. 4.3.2.7) durchgeführt werden.
Die einfachste Form der Bearbeitung derartiger Fragen kann im Rahmen des psychotherapeutisch orientierten ärztlichen Gesprächs (s. Kap. A. 4.3.2.1) geschehen. Intensivere Psychotherapieverfahren, z.B. tiefenpsychologisch orientierte Therapien, kognitive Therapien einzeln oder in Gruppen oder Familientherapien, könnten indiziert sein, müssen aber von fachlich in den einzelnen Behandlungsverfahren ausgebildeten Therapeuten durchgeführt werden.
Tab. 14 gibt eine Übersicht über die am häufigsten angewendeten Psychotherapieverfahren. Die wichtigsten werden im nachfolgenden Kapitel kurz erläutert.

Literatur:

Lazarus LW, Sadavoy J. Psychotherapie bei Älteren. In: Lazarus LW, Hrsg. Grundzüge der Psychogeriatrie. Deutscher Ärzte-Verlag: Köln 1992.
Radebold H. Psychodynamik und Psychotherapie Älterer. Springer: Berlin- Heidelberg-New York u.a. 1992.
Radebold H. Psychotherapie. In: Kisker KP, Lauter H, Meyer J-E, Müller C, Strömgren E, Hrsg. Alterspsychiatrie. Psychiatrie der Gegenwart 8. 3. Aufl. Springer: Berlin-Heidelberg-New York u.a. 1989.

A. 4.3.2. Spezielle Psychotherapieverfahren (Auswahl)

A. 4.3.2.1 Das ärztliche (psychotherapeutische) Gespräch

Im Zentrum des Umgangs mit psychisch kranken älteren Menschen steht das Gespräch. Nur so kann sich der Patient, auch wenn er über körperliche Beschwerden klagt, in der ersten Begegnung und in den sich anschließenden Gesprächen als lebendige Einheit erleben. Krankheit wird als dynamischer Prozeß verstanden, beeinflußt von somatischen, persönlichkeitsbedingten, situativen und psychosozialen Faktoren.

Voraussetzungen von seiten des Arztes:
Eine spezielle psychotherapeutische Ausbildung ist keinesfalls unbedingt erforderlich, dafür aber die Fähigkeit und die Bereitschaft zuzuhören und sich auf die Belange des Patienten einzulassen (s. u.).
Voraussetzungen von seiten des Patienten:
Kommunikationsfähigkeit und -bereitschaft oder zumindest Reste davon sind erforderlich, außerdem eine noch hinreichend gesunde und stabile Persönlichkeitsstruktur. Intelligenz, Bildungsniveau oder gar ein jüngeres Lebensalter sind für ein psychotherapeutisches Gespräch nicht Voraussetzung.
Die Grenzen für ein ärztliches Gespräch als psychotherapeutische Maßnahme sind dann gegeben, wenn es sich bei der Störung des Patienten um schwere Persönlichkeitsstörungen, schwere Neurosen oder Psychosen handelt.
Ist während der üblichen Sprechstunde nicht die notwendige Zeit gegeben, sollte die Einbestellung des Patienten zu einem Zeitpunkt erfolgen, zu dem der Arzt weniger belastet ist. Das Gespräch kann auf eine Dauer von 15 - 20 Minuten begrenzt sein, was dem Patienten mitgeteilt werden sollte.
Während der Gesprächszeit sollte die Aufmerksamkeit des Arztes ungeteilt auf den Patienten gerichtet sein.
Man sollte den Kranken zuerst spontan berichten lassen, später durch Zwischenfragen den Gesprächsverlauf strukturieren.
Grundlagen für den therapeutischen Erfolg sind natürlich die positive Arzt-Patienten-Beziehung, das Gefühl des Patienten, Zuwendung zu erhalten, verstanden und akzeptiert zu werden. Natürlich sollte der Patient noch in der Lage sein, persönliche Reaktionsweisen und spezifische Konfliktmuster bei sich zu erfassen. Wenn möglich, sollte der Patient das Gefühl haben, selbst die Lösungen für seine Probleme zu finden.
Gefährdend kann sich eine vorschnelle Intervention des Arztes mit oft als unerbeten empfundenen, oberflächlichen Ratschlägen auswirken. Ebenso risikoreich für den Behandlungserfolg sind Mißdeutungen von Übertragungsphänomenen.
Hilfen für den Arzt zur grundsätzlichen Verbesserung seiner Gesprächsführung können Balint-Seminare sein sowie eine Beschäftigung mit den Grundfragen der Psychotherapie. Er schärft dadurch seinen Blick für die Grenzen seiner therapeutischen Fähigkeiten und kann die Behandlung nötigenfalls an einen psychotherapeutisch besser ausgebildeten Kollegen übergeben.

Literatur:

MEERWEIN F. Das ärztliche Gespräch. Grundlagen und Anwendungen. 3. Aufl. Huber: Bern-Stuttgart-Toronto 1986.

A. 4.3.2.2 Stützende und führende Psychotherapie auf längere und lange Sicht (supportive Psychotherapie)

Sehr häufig brauchen ältere Menschen zur Absicherung gegenüber Ängsten und Verunsicherungen einen längerfristigen psychotherapeutischen Kontakt. Ziel dieser als führende und stützende Psychotherapie auf längere und lange Sicht bezeichneten Behandlungsmethode (KIND, 1982) ist die langfristige Unterstützung und Hilfe, die dem Patienten trotz Beschwerden und Symptomen ein befriedigendes Leben ermöglicht.
Indiziert ist diese Art der Psychotherapie bei allen chronischen seelischen Störungen und bei seelischen Folgeerscheinungen durch körperliche Erkrankungen. Das gilt in gleicher Weise auch für Patienten mit organisch bedingten Einbußen der Hirnleistungsfähigkeit.
Diese Psychotherapie basiert auf der Herstellung und langfristigen Erhaltung einer tragfähigen Arzt-Patienten-Beziehung und besteht in dem stets praktizierten therapeutischen Umgang des Arztes mit seinem Patienten, einem Umgang, der den Kranken als Person und nicht als Symptomträger versteht. Man geht an den Bedürfnissen des Patienten orientiert im Gespräch vor, je nach Situation direkt-persuasiv, nichtdirektiv oder konfliktbearbeitend. Die Frequenz der Arztkontakte und die Dauer der Sitzungen müssen den jeweiligen Umständen angepaßt werden.

Literatur:

KIND H. Psychotherapie und Psychotherapeuten. Methoden und Praxis. Thieme: Stuttgart-New York 1982.

A. 4.3.2.3 Erinnerungs- oder Lebensrückblicktherapie

In den USA hat sich eine besonders für ältere Menschen geeignete Psychotherapieform bewährt, bei der im Gespräch ein Lebensrückblick, ein

Erinnern an konkrete Begebenheiten und Erfahrungen aus dem bisher gelebten Leben und daraus resultierend anschließend ein Gespräch über die Zukunftsperspektive und ein Nachdenken über den Tod gesucht wird.
Gleichzeitig damit wird das Erinnerungsvermögen verbessert und dieses bewußter und freier gemacht, alte, noch in den Gedanken schwebende Probleme werden evtl. bewältigt, die Toleranz gegenüber Konflikten wird erhöht, Schuldgefühle und Ängste werden vermindert, und Kreativität und Großzügigkeit bei dem Erkrankten werden in der aktuellen Situation verstärkt, so daß die augenblickliche Lebenssituation besser akzeptiert werden kann.
Der Einstieg in eine derartige Gesprächsführung kann durch Gespräche über die Biographie, angenehme und unangenehme Erfahrungen an verschiedenen Orten und in bestimmten Lebensphasen, Erzählungen über die zwischenmenschlichen Begegnungen in zurückliegenden Jahren, einzelne Erinnerungsstücke (Notizbücher, Fotoalben u.a.) oder über die Darstellung des Lebenswerkes eines Menschen erfolgen.
Diese Form der Psychotherapie im Gespräch sollte stets auch die Bewältigungs- und Kompensationsfähigkeit des Patienten im Auge haben. Sie kann an Grenzen tatsächlicher Schuld und schwerer Verfehlungen im zurückliegenden Leben stoßen und dann kontraindiziert sein. Gerade in dieser Hinsicht sollte der Psychotherapeut bei seinem älteren Patienten besondere Vorsicht walten lassen.

Literatur:

FUCHS T. Erinnerungstherapie im Alter. Psychother Psychosom Med Psychol 1992; 42: 308-314.

LEWIS MI, BUTTLER RN. Life-Review Therapy: Putting memories to work in individual and group psychotherapy. Geriatrics 1974; 29: 165-173.

LAZARUS LW, SADAVOY J. Psychotherapie bei Älteren. In: LAZARUS LW, Hrsg. Grundzüge der Psychogeriatrie. Deutscher Ärzte-Verlag: Köln 1992.

A. 4.3.2.4 Tiefenpsychologisch fundierte Psychotherapie

Diese ist darauf ausgerichtet, ins Unbewußte verdrängte Erlebnisse von Versagen und Enttäuschungen in das aktuelle Bewußtsein zurückzuführen und einer adäquaten Bearbeitung zugänglich zu machen. Der Widerstand des Patienten, die Übertragungsdynamik zwischen Therapeuten und Patienten und

die aufdeckende Deutung umschreibbarer Zusammenhangskonstellationen aus dem aktuellen Verhalten sind schwer zu interpretierende Phänomene bzw. höchst differenziert zu handhabende Behandlungsschritte. Eine Behandlung, die sich falsch entwickelt, kann dem Patienten (und dem Therapeuten) schaden. Sie sollte daher nur von Personen durchgeführt werden, die dieses Verfahren systematisch erlernt haben. Es sind nicht nur Kenntnisse der psychoanalytischen Theorie, sondern auch Fertigkeiten in der therapeutischen Praxis erforderlich.
Bei älteren Menschen werden in der Regel nicht die aufwendigen Standardmethoden einzusetzen sein, sondern psychoanalytische Kurztherapien, die, bedingt durch die Reduzierung von Abhängigkeitsängsten, eine klarere Umschreibung therapeutischer Ziele, reduzierte Kosten und die Erwartung, daß Probleme auch gelöst werden können, erfolgversprechender sind.

Literatur:

LAZARUS LW, SADAVOY J. Psychotherapie bei Älteren. In: LAZARUS LW, Hrsg. Grundzüge der Psychogeriatrie. Deutscher Ärzte-Verlag: Köln 1992.

RADEBOLD H. Psychodynamik und Psychotherapie Älterer. Springer: Berlin- Heidelberg-New York u.a. 1992.

RADEBOLD H. Psychotherapie. In: KISKER KP, LAUTER H, MEYER J-E, MÜLLER C, STRÖMGREN E, Hrsg. Alterspsychiatrie. Psychiatrie der Gegenwart 8. 3. Aufl. Springer: Berlin-Heidelberg-New York u.a. 1989.

A. 4.3.2.5 Verhaltenstherapie

Die Verhaltenstherapie geht von lerntheoretischen Hypothesen aus. Es wird angenommen, daß störende oder pathologische Verhaltensweisen im Laufe des Lebens „erlernt“ worden sind. Durch Anwendung gezielter verhaltenstherapeutischer Techniken (z.B. Förderung von Aktivitäten, Aufbau sozialer Fertigkeiten u.a.) sollen diese fehlerhaften, als Krankheitssymptome zu erkennenden Verhaltensweisen zurückgebildet werden. Es gibt zahlreiche unterschiedliche Techniken, die speziell ausgebildete Verhaltenstherapeuten anwenden können.

Literatur:

HAND I. Verhaltenstherapie und kognitive Therapie in der Psychiatrie. In: KISKER KP, LAUTER H, MEYER J-E, MÜLLER C, STRÖMGREN E, Hrsg. Neurosen, psychosomatische Erkrankungen, Psychotherapie. Psychiatrie der Gegenwart 1. 3. Aufl. Springer: Berlin-Heidelberg-New York u.a. 1986.

RADEBOLD H. Psychotherapie. In: KISKER KP, LAUTER H, MEYER J-E, MÜLLER C, STRÖMGREN E, Hrsg. Alterspsychiatrie. Psychiatrie der Gegenwart 8. 3. Aufl. Springer: Berlin-Heidelberg-New York u.a. 1989.

A. 4.3.2.6 Kognitive Psychotherapie

Diese nimmt eine Mittelstellung zwischen der psychoanalytischen Therapie und der Verhaltenstherapie ein und wird seit kurzem auch in Deutschland praktiziert. Es wird versucht, den Erkrankten aktiv in die Behandlung einzubeziehen und ihn durch kleine Lernschritte dem Ziel einer Gesundung näherzubringen.

Nach dem kognitionstheoretischen Modell von A.T. BECK gelten als Auslöser für affektive Störungen (depressive Verstimmungen und Angstzustände) neben inadäquaten Verhaltensmustern auch gestörte Kognitionen. Das Denken ist durch logische Fehler wie selektive Wahrnehmung, willkürliche Schlußfolgerungen, Übertreibungen usw. gekennzeichnet. Diese Art zu denken entsteht durch negative, streßbesetzte Erfahrungen im Laufe der lebensgeschichtlichen Entwicklung, insbesondere durch Verlusttraumata, und verfestigt sich in Formen sogenannter kognitiver Schemata, die durch belastende Situationen oder Erfahrungen, überhöhten eigenen Ansprüchen nicht genügen zu können, aktiviert werden. In solchen Situationen neigt der Erkrankte dazu, sich selbst, seine Umwelt und seine Zukunft negativ zu sehen. Die kognitive Psychotherapie setzt sich mit den Schemata und Überzeugungen des Patienten auseinander, sucht automatische, unbewußt ablaufende Gedanken aufzuspüren und ggf. zu verändern. Grundeinstellungen, die das Verhalten, Empfinden und Denken prägen, werden herausgearbeitet und hinterfragt. Erwartungsmuster, Normen, Handlungsziele und das Selbstkonzept des Patienten werden überprüft. Aus den gemeinsam mit dem Patienten erarbeiteten Schlußfolgerungen werden neue Verhaltenskonzepte und Entwicklungsmöglichkeiten in der Lebenspraxis überprüft.

Literatur:

Beck AT, Rush AJ, Shaw BF, Emery G. Kognitive Therapie der Depression. 2. Aufl. Urban & Schwarzenberg: München-Wien-Baltimore 1986.
Hautzinger M, Stark W, Treiber R. Kognitive Verhaltenstherapie bei Depressionen. 2. Aufl. Psychologie Verlags-Union: München-Weinheim 1992.

A. 4.3.2.7 Gruppentherapien

Die bis hierher geschilderten Therapieformen werden in der Regel einzeln durchgeführt, doch setzen sich Gruppentherapien auch wegen der größeren Effektivität zunehmend durch. Solche Gruppen können von ambulanten Patienten gebildet werden, doch ist eine Gruppentherapie fraglos auch in einer Institution (Heim oder Krankenhaus) sinnvoll und möglich. Ziel ist eine Verbesserung der Sozialisierung, eine Veränderung negativer Verhaltensmuster, wobei die Persönlichkeitsentwicklung, aktuelles Lernen durch Verhaltensmodifikation und Realitätsorientierung sowie ein emotionales Ausleben in der aktuellen Situation unter kontrollierten therapeutischen Bedingungen möglich ist. Dadurch können zahlreiche aktuelle Probleme gelöst werden. Die Gruppe sollte im Idealfall etwa 10 Personen umfassen.
Über die Methoden der bereits beschriebenen Psychotherapieformen hinaus können im Rahmen von gruppenpsychotherapeutischen Sitzungen weitere Medien eingesetzt werden: Musik, Tanz, Bewegung, Kunst, Drama, Schreiben, Märchen oder Meditation u.a.

Literatur:

Lazarus LW, Sadavoy J. Psychotherapie bei Älteren. In: Lazarus LW, Hrsg. Grundzüge der Psychogeriatrie. Deutscher Ärzte-Verlag: Köln 1992.
Radebold H. Psychodynamik und Psychotherapie Älterer. Springer: Berlin- Heidelberg-New York u.a. 1992.
Radebold H. Psychotherapie. In: Kisker KP, Lauter H, Meyer J-E, Müller C, Strömgren E, Hrsg. Alterspsychiatrie. Psychiatrie der Gegenwart 8. 3. Aufl. Springer: Berlin-Heidelberg-New York u.a. 1989.

A. 4.3.2.8 Familientherapie

Obwohl familientherapeutische Verfahren in der Behandlung jüngerer Menschen erfolgreich genutzt werden konnten, hat sich diese Behandlung bei älteren Menschen bisher kaum durchgesetzt. Es sollte aber bedacht werden, daß auch ein älterer Mensch, ähnlich wie ein Kind, Symptomträger eines Familienkonfliktes sein kann. Seelische Spannungen bei Familienmitgliedern und älteren Menschen können zu starken Belastungen und zu Störungen der Kommunikation führen.
Ziel der Familientherapie ist ein möglichst realitätsgerechtes, „entspanntes" Umgehen der Familienmitglieder miteinander, und das in einer Situation, in der Schuldgefühle und Ambivalenz gegenüber der Verpflichtung, die Älteren versorgen zu müssen, ggf. Schuldgefühle wegen einer Pflegeheimeinweisung, wegen zu hoher Erwartungen der Eltern gegenüber den Kindern u.a.m. eine negative Rolle spielen können.
Die Familientherapie kann in Anwesenheit aller Familienmitglieder durchgeführt werden oder aber nur im Beisein einzelner Untergruppen, z.B. nur der Kinder oder nur einzelner Familienmitglieder in der jeweiligen Therapiesitzung.
Der Therapeut muß, und das ist eine sehr schwierige Aufgabe, ein ausgewogenes Verhältnis zu allen Mitgliedern haben und diesen mit dem Ziel einer ausgewogenen und realitätsgerechten Beziehung untereinander zur Verfügung zu stehen.

Literatur:

LAZARUS LW, SADAVOY J. Psychotherapie bei Älteren. In: LAZARUS LW, Hrsg. Grundzüge der Psychogeriatrie. Deutscher Ärzte-Verlag: Köln 1992.

RADEBOLD H. Psychodynamik und Psychotherapie Älterer. Springer: Berlin-Heidelberg-New York u.a. 1992.

RADEBOLD H. Psychotherapie. In: KISKER KP, LAUTER H, MEYER J-E, MÜLLER C, STRÖMGREN E, Hrsg. Alterspsychiatrie. Psychiatrie der Gegenwart 8. 3. Aufl. Springer: Berlin-Heidelberg-New York u.a. 1989.

WEAKLAND JH, HERR JJ. Beratung älterer Menschen und ihrer Familien. Die Praxis der angewandten Gerontologie. 2. Aufl. Huber: Bern-Stuttgart-Toronto 1988.

A. 4.4 *Soziotherapeutische Möglichkeiten*

Von den verschiedenen Methoden der Psychotherapie (s. Kap. A. 4.3) unterscheidet sich die Soziotherapie insofern, als sie sich mit der äußeren Realität eines älteren Menschen auseinandersetzt, während die Psychotherapie um die Bearbeitung innerseelischer Probleme bemüht ist. Diese beiden Arbeitsbereiche überlappen sich jedoch häufig, so daß ihre Grenzen in der Praxis verwischt sein können.
Die Soziotherapie bemüht sich darum, gemeinsam mit dem Patienten die zwischenmenschlichen Beziehungen zu ordnen, Probleme im sozialen Umfeld aufzugreifen und zu lösen. Sie soll korrigierend und prophylaktisch wirksam sein. Im weiteren Sinne gehören dazu auch die Beschäftigungstherapie (Ergotherapie), die Milieutherapie (im Krankenhaus) und alle Verfahren, die die soziale Integration des älteren Menschen fördern. In Zusammenarbeit von Patient, Arzt und Sozialarbeiter werden Behördenangelegenheiten, Wohnprobleme, evtl. Heimunterbringung und anderes bearbeitet, Familien besucht und beraten, Freizeitbetätigungen vermittelt usw.
Bei den Freizeitbeschäftigungen muß das Leistungsvermögens des älteren Menschen berücksichtigt werden, der durch zu große Aktivitäten oft überfordert ist.
Soziotherapie in einem weitergefaßten Sinne kann aber auch durch Sozialtraining durchgeführt werden. Für diese soziotherapeutischen Aktivitäten können Gruppen eine geeignete Therapieform darstellen. Sie führen zur Ablenkung von Kränkungen und Konflikten, können den älteren Menschen an früher gekonnte und später verschüttete Fähigkeiten wieder anknüpfen lassen, aktivieren die Erlebnisfähigkeit, stellen über gemeinsame Aktivitäten in einer Gruppe Kontakte her, lassen das Austragen von Konflikten erlernen und können das Gefühl persönlicher Kompetenz verstärken.

A. 4.5 *Ergotherapie (Beschäftigungstherapie)*

Die Ergotherapie im Sinne der Beschäftigungstherapie ist weniger auf Leistung und die Herstellung eines bestimmten Produktes als auf eine sinnvolle Betätigung gerichtet. Sie kann als Gestaltungstherapie mehr kreativ-schöpferisch oder als Werktherapie mehr handwerklich orientiert sein.
Die Betätigungen reichen konkret von leichten Handarbeiten, Basteln, Kochen

usw. über kunstgewerbliche Tätigkeiten bis zu künstlerischer Gestaltung (Kunst-, Musik- und Maltherapie).
Primäres Ziel der Beschäftigung ist es, den erkrankten älteren Menschen von den Symptomen und seinem krankheitsbedingten reduzierten Verhalten wieder zu einem einigermaßen alltäglichen Umgang mit seiner Umwelt zu führen. Therapieziele sind die Wiedergewinnung der Freude an eigener Tätigkeit, systematische Beschäftigung mit einer Sache oder einem Gegenstand, Förderung von Konzentration und Aufmerksamkeit, Entwicklung eigener, evtl. verlorengegangener kreativer Impulse und Initiativen, Förderung und Erleichterung von Kommunikation über die Beschäftigung mit einem Gegenstand hinaus oder in einer Arbeitsgruppe.

Literatur:

JENTSCHURA G, JANZ H-W, Hrsg. Beschäftigungstherapie. Grundlagen und Praxis. 2 Bde. Thieme: Stuttgart 1979.
LEMPKE G. Beschäftigungstherapie in der Psychiatrie. Thieme: Stuttgart- New York 1989.

A. 4.6 *Pharmakotherapie*

Im Kontext der Somatotherapie sind Psychopharmaka in einem weitgefaßten Sinn alle Medikamente, die zu einer meßbaren Verbesserung pathologischer geistig-seelischer Funktionen führen können. Psychopharmaka gehören zu den im Alter am häufigsten verordneten Medikamenten. In angemessener Weise eingesetzt, können sie eine herausragend positive Rolle bei der Behandlung psychogeriatrischer Erkrankungen spielen. Oft jedoch werden sie unüberlegt und unnötigerweise verordnet.
Bevor eine Behandlung mit Psychopharmaka begonnen wird, sollten folgende Überlegungen angestellt werden:
Eine Reihe allgemeinmedizinischer und neurologischer Erkrankungen kann mit psychischen Störungen einhergehen und umgekehrt. Es muß also immer eine adäquate, umfassende allgemein-körperliche und neurologische Untersuchung (s. Kap. A. 3.3) durchgeführt werden.
Weiterhin sollte bekannt sein, daß Psychopharmaka hochwirksame Medikamente mit einem beträchtlichen Nebenwirkungspotential sind. Unerwünschte Arzneimittelwirkungen treten beim älteren Menschen auch bei für das

Erwachsenenalter durchaus üblichen Dosierungen auf. Es muß also eine Nutzen-Risiko-Abwägung erfolgen, die das mögliche Auftreten von Nebenwirkungen oder Interaktionen mit anderen Arzneimitteln dem erhofften Behandlungseffekt gegenüberstellt.

Dabei ist vor allem an die alterstypischen pharmakokinetischen und pharmakodynamischen Prozesse zu denken. Die Prinzipien der allgemeinen Pharmakologie müssen für das Alter modifiziert werden, doch sind grundlegende Regeln dafür erst ansatzweise definiert.

Die Variabilität der Arzneimitteleffekte nimmt mit steigendem Alter zu.

Wegen der aus verschiedenen Gründen evtl. notwendigen Pharmakotherapie bei multimorbiden Patienten ergeben sich aus den möglichen Interaktionen zwischen diesen Medikamenten und den Psychopharmaka weitere Risiken.

Ausschlaggebend für den größten Teil der individuell unterschiedlichen Arzneimitteleffekte sind die veränderte Pharmakokinetik und Pharmakodynamik:

Absorption: verringerter gastrischer pH-Wert, reduzierte Mobilität, Verringerung der intestinalen Resorptionsfläche und des Blutflusses.

Metabolismus: verringerter hepatischer Blutfluß, reduzierte Enzymaktivität, verringerter First-Pass-Effekt.

Verteilung: häufig Verringerung des Körpergewichtes, dabei relative Zunahme des Fettgewebes auf Kosten des aktiven Parenchyms und Muskelgewebes. Reduzierung des Körperwassers, Abnahme des Plasma-Albumins.

Exkretion: Reduzierung der renalen Ausscheidungsfunktion (glomeruläre Filtrationsrate, renaler Plasmafluß).

Bezogen auf verschiedene Organsysteme zeigt Abb. 3 eindrucksvoll, in welchem Ausmaß mit Funktionsabnahmen zu rechnen ist.

Daraus folgt, daß zum einen der Funktionszustand der Organsysteme untersucht werden muß, zum anderen aber auch, daß bei einem sonst körperlich gesunden älteren Menschen, der einer Pharmakotherapie bedarf, hinsichtlich des Arzneimitteleffektes der sogenannte Altersfaktor zu berücksichtigen ist. Dabei ist zusätzlich zu beachten, daß sich nicht alle altersphysiologischen Organveränderungen intraindividuell in jeder Lebensphase gleichzeitig und gleichartig auswirken. Arzneimitteleffekte sind daher bei älteren Menschen im Einzelfall sehr schwer vorauszusehen. Dennoch kann eine differenzierte Psychopharmakotherapie ein Segen für den älteren Menschen sein.

Für einen therapeutischen Nihilismus gibt es keinen Grund. Zu warnen ist nur

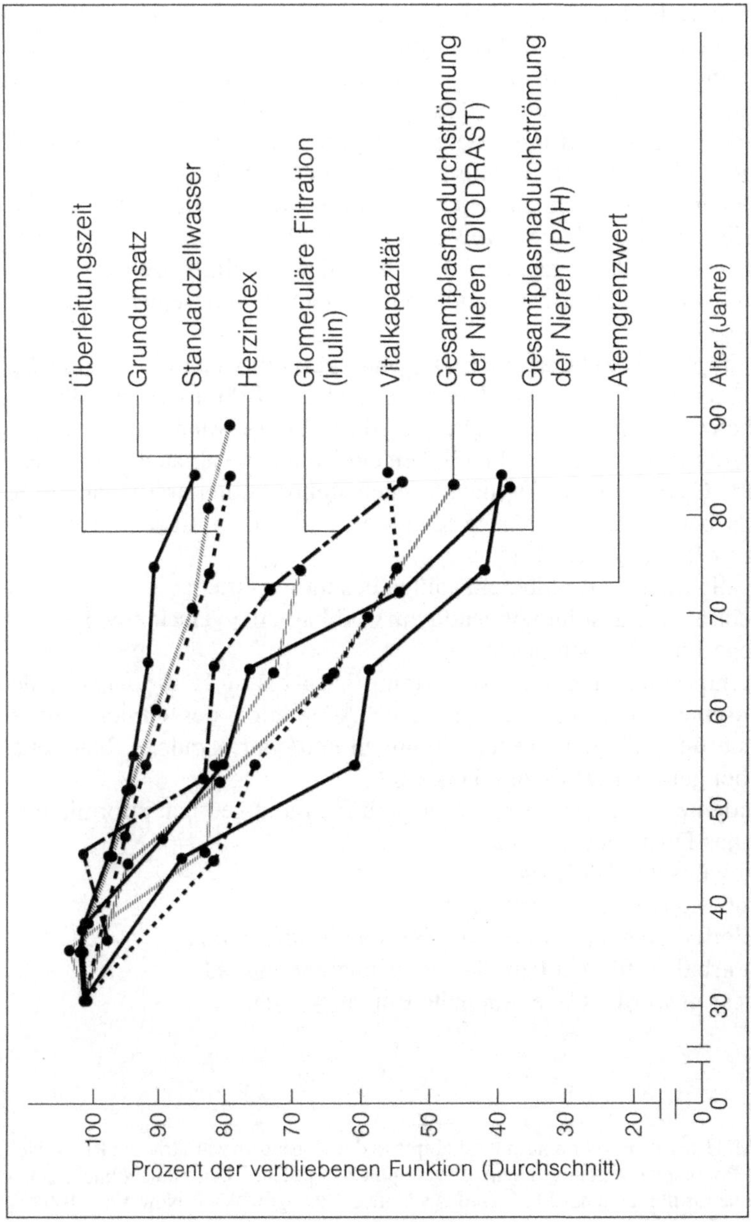

Abb. 3: **Alterung und Funktionsabnahme verschiedener Organsysteme mit zunehmendem Alter**
Nach: Strehler BL. Origin and comparison of the effects of time and high-energy radiations on living systems.
Q Rev Biol 1959; 34: 117.

vor einer leichtfertigen Polypragmasie. Dazu gehört auch die vielfach zu beobachtende Einstellung des Arztes, ohne über andere Hilfen nachzudenken jedes Symptom mit einem dazu vermeintlich passenden Medikament zu behandeln, z.B. Angst mit einem Tranquilizer oder „Anxiolytikum“ (s. Kap. A. 4.6.2.3), Depressivität mit einem Antidepressivum (s. Kap. A. 4.6.2.2), Unruhe oder psychotische Erregung mit einem Neuroleptikum (s. Kap. A. 4.6.2.1). Kann es sich nicht auch um berechtigte Ängste oder Sorgen aus der aktuellen Situation, um depressive Verstimmung als Ausdruck eines Verlustes oder einer Trauerreaktion handeln? Welche evtl. ein Delir (s. Kap. A. 2.1.2.4) provozierenden Medikamente sind dem Patienten von seinem Arzt verschrieben worden?
Eine Psychopharmakotherapie ist nur dann sinnvoll, wenn die regelmäßige Einnahme der verordneten Medikamente durch den Erkrankten gesichert ist. Hinsichtlich der Compliance bestehen gerade bei älteren Menschen besondere Probleme, die sowohl die Regelmäßigkeit der Einnahme als auch die korrekte Dosierung (Cave: Überdosierungen wegen unkontrollierter Einnahme des Patienten!) betreffen. Angehörige sind wegen der kognitiven Defizite der Erkrankten oft eine große Hilfe.
Folgende allgemeine Grundregeln sollten beachtet werden:

- Nie mehr als die absolut notwendigen Medikamente verschreiben.
- Mögliche Interaktionen beachten.
- Mit einer möglichst niedrigen Dosis (ein Viertel bis zur Hälfte der normalen Erwachsenendosis) beginnen, um eine Adaptation des Organismus zu erreichen und mögliche Nebenwirkungen und/oder paradoxe Reaktionen schon bei geringer Dosis zu erkennen.
- Den Patienten und seine Angehörigen einfach und deutlich informieren:
  - über das Dosierungsschema,
  - die gewünschte Wirkung,
  - die möglichen Nebenwirkungen,
  - das Verhalten bei Auftreten von Nebenwirkungen und
  - das Verhalten für den Fall, daß die Einnahme einmal vergessen wurde (Cave: doppelte Einmaldosis!).

Literatur:

BERGENER M, HESSE C. Psychopharmakotherapie in der Gerontopsychiatrie. In: RIEDERER P, LAUX G, PÖLDINGER W, Hrsg. Neuro-Psychopharmaka. Ein Therapiehandbuch. Bd. 1. Allgemeine Grundlagen der Pharmakopsychiatrie. Springer: Wien-New York 1992.

JENIKE MA. Handbook of Geriatric Psychopharmacology. PSG Publishing Company: Littleton 1985.
KANOWSKI S. Somatotherapie. In: KISKER KP, LAUTER H, MEYER M-E, MÜLLER C, STRÖMGREN E, Hrsg. Alterspsychiatrie. Psychiatrie der Gegenwart 8. 3. Aufl. Springer: Berlin-Heidelberg-New York u.a. 1989.

A. 4.6.1 Nootropika

Als Nootropika werden in der modernen Pharmakologie Substanzen bezeichnet, die höhere noetische Hirnleistungen des Menschen wie Denken, Gedächtnis, Auffassung, Aufmerksamkeit, Konzentrations- und Lernfähigkeit, Orientierung und Urteilsvermögen sowie beeinträchtigte soziale Alltagsaktivitäten verbessern können. Es handelt sich bei diesen Substanzen um heterogene, pharmakologisch unterschiedlich definierte Stoffe, die auch unterschiedliche Wirkungsmechanismen haben.
Man vermutet, „daß die Nootropika noch funktionsfähige Nervenzellverbände zu optimaler Leistung anregen (Stabilisierung der adaptiven Kapazität) oder vor pathologischen Einflüssen (z.B. Störung des zerebralen, energetischen oder Transmittermetabolismus) schützen können (protektive Kapazität)" (BENKERT u. HIPPIUS, 1992). Dadurch kann bei Demenzsyndromen (s. Kap. A. 2.1.1) eine leichte Besserung und vielleicht auch eine Stabilisierung der Symptomatik auf dem durch die Therapie erreichten Niveau möglich sein, also die Progredienz eines Demenzsyndroms verlangsamt oder verhindert werden. Die Indikation für die Behandlung mit Nootropika richtet sich primär nach syndromalen Kriterien, da die meisten dieser Substanzen nach klinischer Erfahrung keine pathogenetische Spezifität besitzen.
Folgende Wirkungsmechanismen werden diskutiert: Modulation der zerebralen Neurotransmission, Aktivierung des neuronalen Energiestoffwechsels, Verbesserung der intrazellulären Ca-Homöostase, Verbesserung der zerebralen Durchblutung oder der Fließeigenschaften des Blutes.
In Tab. 15 sind die z. Z. als Nootropika angebotenen Substanzen aufgeführt. Die Beurteilung ihrer Wirksamkeit und damit eine Empfehlung zur Anwendung der einen oder anderen Substanz ist außerordentlich schwierig. Man stützt sich im allgemeinen auf die Ergebnisse klinischer Beobachtungen. Der Nachweis einer Wirksamkeit ist dann gegeben, wenn bei der Behandlung einer Demenz auf jeder der folgenden drei Beobachtungsebenen positive Veränderungen zu erkennen sind:

Tab. 15: Nootropika (Hirnstoffwechselpräparate, sog. vasoaktive Substanzen, Antihypoxidotika)

Generic name	Handelsnamen (Auswahl)
Bencyclan	Fludilat®
Buflomedil	Bufedil ®, Defluina peri ®
Cinnarizin	Giganten®, Stutgeron®, Cinnacet ®
Cyclandelat	Spasmocyclon®, Natil ®
Dextran 40	Rheomacrodex®, Onkovertin N®, Longasteril®, Rheofusin®
Dihydroergotoxin bzw. -cristin	Hydergin®, Circanol®, Dacoren®, DCCK®, Defluina®, Ergoplus®, Orphol®
Ginkgo-biloba	Tebonin®, Rökan®
Meclofenoxat (Centrophenoxin)	Helfergin®
Memantin	Akatinol®
Naftidrofuryl	Dusodril®, Naftilong®
Nicergolin	ergobel®, Memoq®, Sermion®
Nikotinsäure/-derivate	Complamin®, Ronicol®, Cosaldon®, Niconacid®
Nimodipin	Nimotop®
Organpräparate	Actihaemyl®, Actovegin®, Cerebrolysin®, Votil®
Piracetam	Normabrain®, Nootrop®
Pyritinol	Encephabol ®
Raubasin	Lamuran ®
Vincamin	Pervincamin®, Equipur®, Esberidin®, Vincapront®
Vinpocetin	Eusenium®
Viquidil	Desclidium®

1. psychopathologischer Befund,
2. objektivierende Leistungsverfahren (Testpsychologie),
3. Verhaltensänderungen im Rahmen der Alltagsaktivitäten.

Nicht alle nach diesen Kriterien überprüften Präparate zeigen positive Effekte. Das heißt, ihre Wirksamkeit ist in Frage zu stellen. Lediglich sechs Substanzen erfüllen (z. T. nur mit Einschränkungen) die o.g. Kriterien:

Im Rahmen der Nachzulassung von Arzneimitteln hat das Bundesgesundheitsamt (BGA) nur drei der Substanzen - Piracetam, Pyritinol und Dihydroergotoxin - bei Hirnleistungsstörungen als wirksam bewertet. Der neu für die Indikation zugelassene Ca-Antagonist Nimodipin zeigte in doppelblind kontrollierten Studien zumindest gleichwertige positive Behandlungsergebnisse wie die oben genannten Präparate. In den frühen 80er Jahren sind vom BGA Nicergolin und Ginkgo für die Behandlung der Hirnleistungsstörungen zugelassen worden.

Treten neben den Symptomen eines Demenzsyndroms (s. Kap. A. 2.1.1) weitere psychopathologische Symptome auf, z.B. depressive oder paranoide, kann der Patient auch ein Antidepressivum (s. Kap. A. 4.6.2.2) oder ein Neuroleptikum (s. Kap. A. 4.6.2.1) erhalten, da bisher nicht belegt ist, daß die Nootropika auch diese Symptome beeinflussen. Es sollten aber Präparate mit stärkerer anticholinerger (Neben-)Wirkung gemieden werden, da diese die kognitiven Funktionen zusätzlich verschlechtern können.

Die Behandlung mit Nootropika sollte in der Regel nicht als Monotherapie durchgeführt werden. Vielmehr wird eine optimale Behandlung der bei älteren Menschen häufig vorliegenden, überwiegend internistischen Grund- oder Begleiterkrankungen notwendig sein.

Gleichzeitig muß eine psychotherapeutische Führung (s. Kap. A. 4.3) des älteren Menschen im Sinne einer Mithilfe bei der Auseinandersetzung mit der Erkrankung und der Bewältigung von bewußt wahrgenommenen körperlichen und geistig-seelischen Defiziten erfolgen. Evtl. auftretende psychosoziale Probleme, z.B. in der Familie und/oder am Arbeitsplatz, müssen bearbeitet werden. Ebenso muß die Familie im oben genannten Sinne betreut werden.

Ist mit einem Präparat nach 4 - 6 Wochen konstanter Einnahme ein positiver Behandlungseffekt evident, rechtfertigt dieses bei der in der Regel chronisch-progredienten Verlaufsform der Erkrankung eine Langzeitbehandlung über Monate.

Zeigt ein Präparat nach längstens zwei Monaten keinen Effekt, sollte es abgesetzt und evtl. durch ein anderes Nootropikum ersetzt werden.

Literatur:

Benkert O, Hippius H. Psychiatrische Pharmakotherapie. 5. Aufl. Springer: Berlin-Heidelberg-New York u.a. 1992.

Krieglstein J. Hirnleistungsstörungen. Pharmakologie und Ansätze für die Therapie. Wissenschaftliche Verlagsgesellschaft: Stuttgart 1990.

Riederer P, Laux G, Pöldinger W, Hrsg. Neuro-Psychopharmaka. Ein Therapiehandbuch. Bd. 5. Parkinsonmittel und Nootropika. Springer: Wien-New York 1992.

Tab. 16: Indikationen für Neuroleptika in der Psychogeriatrie

Psychiatrische Erkrankungen	Zielsyndrome	Zielsymptome
1. Akute organische Psychosen	Delir, Amentia, Durchgangssyndrome	Psychomotorische Unruhe, Halluzination, Desorientiertheit, Angst, Dysphorie
2. Chronische organische Psychosen	Demenz, Korsakow-Syndrom, hirndiffuses und hirnlokales Psychosyndrom	Psychomotorische Unruhe, Desorientiertheit, Verstimmungen, Hostilität, Aggressivität
3. Schizophrenie und späte schizophrenieähnliche Psychosen, späte Paraphrenie	Paranoid-halluzinatorische Syndrome	Wahnsymptomatik, Halluzinationen, psychomotorische Unruhe, Hostilität, Aggressivität
4. Späte Manie	Manisches Syndrom	Antriebssteigerung, Denkzerfahrenheit, Dysphorie, extreme Euphorie
5. Depressive Psychosen	Agitiert-depressives Syndrom, wahnhaft-depressives Syndrom	Psychomotorische Getriebenheit, jammernde Klagsamkeit, hypochondrischer Wahn, Verarmungswahn, Schuld- und Versündigungswahn

Aus: Kanowski S. Somatotherapie. In: Kisker KP, Lauter H, Meyer J-E, Müller C, Strömgren E, Hrsg. Alterspsychiatrie. Psychiatrie der Gegenwart 8. 3. Aufl. Springer: Berlin-Heidelberg-New York u.a. 1989.

A. 4.6.2 Psychopharmaka

A. 4.6.2.1 Neuroleptika

Neuroleptika (s. Anhang C. 2.1) sind Psychopharmaka, die seit Jahrzehnten zur Behandlung psychotischer Erkrankungen eingesetzt werden. Es handelt sich um chemisch unterschiedliche Substanzgruppen, die zwar alle antipsychotisch wirken, jedoch hinsichtlich einzelner Merkmale und Nebenwirkungen ein unterschiedliches Wirkungsprofil zeigen.
In der Psychogeriatrie steht die Behandlung akuter und chronischer organischer Psychosen im Vordergrund. Es sollen psychomotorische Unruhe- und Erregungszustände, oft verbunden mit Orientierungsstörungen, Angst und Gereiztheit, sowie Wahnsymptome und Halluzinationen positiv beeinflußt werden.

Tab. 17: Wirkungs-Nebenwirkungs-Relation verschiedener Neuroleptika

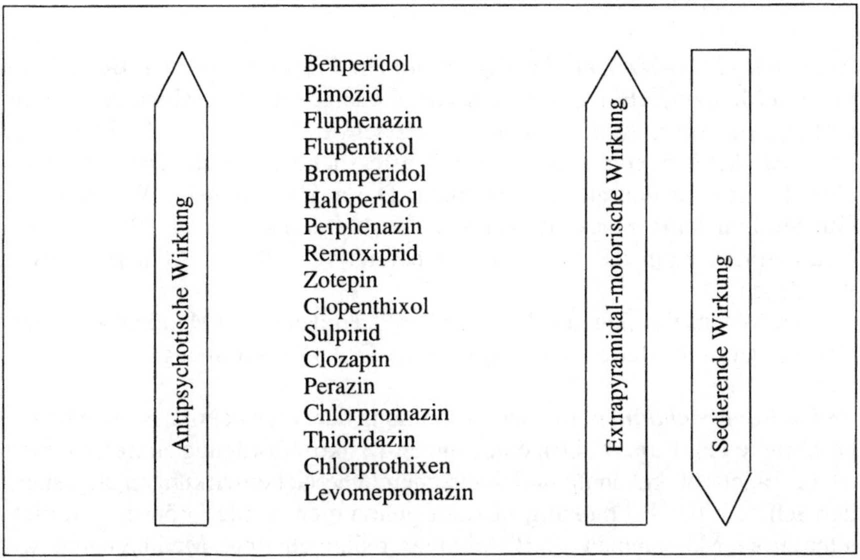

Aus: Gaebel W. Experimentelle und klinische Pharmakologie. In: Riederer P, Laux G, Pöldinger W, Hrsg. Neuro-Psychopharmaka. Ein Therapiehandbuch. Bd. 4. Neuroleptika.Springer: Wien-New York 1992.

Die wesentlichen Indikationen für Neuroleptika in der Psychogeriatrie sind in Tab. 16 zusammengestellt.
Die antipsychotische Wirkung ist bei den Neuroleptika unterschiedlich ausgeprägt (s. Tab. 17). Zwischen dieser und der psychomotorisch beruhigenden, sedierenden, schlafanstoßenden und vegetativ dämpfenden Wirkung besteht insofern eine Beziehung, als stark antipsychotisch wirkende Neuroleptika kaum direkt psychomotorisch beruhigend oder sedierend sind, während die schwach antipsychotisch wirksamen Substanzen dieses in besonderem Maße tun. Auf die Delirprovokation der sedierenden, stark anticholinerg wirkenden Substanzen ist ebenso zu achten wie auf die zusätzlich negative Wirkung auf die kognitiven Funktionen der in diesem Bereich bereits beeinträchtigten Menschen. Sulpirid als schwach bis mittelstark wirkendes Neuroleptikum bildet insofern eine Ausnahme, als es nicht sedierend und nicht anticholinerg wirkt.
Neuroleptika mit stark antipsychotischer Wirksamkeit lassen eher akute extrapyramidal-motorische Symptome, Parkinsonoid, Akathisie und Spätdyskinesien entstehen. Eine Übersicht über mögliche Nebenwirkungen der Neuroleptika und deren Behandlung gibt Tab. 18.

Arzneimittelinteraktionen: Häufig verordnete Präparate aus dem Bereich der inneren Medizin, z.B. Digitoxin, das bei gleichzeitiger Einnahme von Neuroleptika verstärkt resorbiert werden kann, oder Insulin und orale Antidiabetika, deren Effekt verringert wird, zeigen offensichtliche Interaktionen mit gefährlichen Folgen für den älteren Patienten. Die antihypertensive Wirkung von Guanethidin kann blockiert werden. Die blutdrucksenkende Wirkung der Neuroleptika kann die Wirkung der bereits verordneten Antihypertensiva verstärken.
Weitere Wechselwirkungen der Neuroleptika mit anderen Medikamenten und Nahrungsmitteln sind im Anhang (s. Kap. C. 3.1) zusammengestellt.

Behandlungsrichtlinien: Bei der Verordnung der Neuroleptika ist, wie bereits beschrieben (s. Kap. A. 4.6), eine Nutzen-Risiko-Abwägung zu treffen. Stets ist zu fragen, ob bekannte und wahrscheinliche Nebenwirkungen angesichts der Schwere der Erkrankung in Kauf genommen werden können, ob nicht alternative Maßnahmen, (z.B. weniger risikobehaftete Medikamente wie Benzodiazepine (s. Kap. A. 4.6.2.3)) ausreichen oder nichtmedikamentöse (z.B. milieutherapeutische oder psycho-soziotherapeutische) Maßnahmen ebenfalls hilfreich sein können.

Tab. 18: Unerwünschte Begleitwirkungen der Neuroleptika und ihre Behandlung

Störung	Gegenmaßnahme
Extrapyramidale Störungen:	
• Frühdyskinesien	Anticholinergika, z. B. 5 mg Biperiden i. m. oder langsam i. v.; ggf. Dosis wiederholen,
• Parkinsonoid	Anticholinergika, z. B. 3 x 4 mg Biperiden oral p. d.; ggf. Reduktion der Neuroleptikadosis bzw. Umsteigen auf ein niederpotentes Neuroleptikum.
• Akathisie	Reduktion der Neuroleptikadosis bzw. Umsetzen auf ein niederpotentes Neuroleptikum.
• Spätdyskinesien	Wenn möglich, Absetzen aller Neuroleptika; Versuch mit Tiaprid; ggf. sedierende Neuroleptika.
• Malignes neuroleptisches Syndrom	Absetzen der Neuroleptika; Versuch mit Anticholinergika; Versuch mit Dantrolen.
Zerebrale Krampfanfälle	Reduktion oder Absetzen der Neuroleptika; falls nicht möglich, Kombination mit Antiepileptikum.
Pharmakogenes Delir	Absetzen von stark anticholinergen Trizyklika; Umsetzen auf Butyrophenone; bei schwerem Delir 2 mg Physostigmin i. m.
Hypotone Kreislaufdysregulation	Dihydroergotamin; ggf. Umsetzen auf Neuroleptika mit weniger ausgeprägten vegetativen Begleitwirkungen.
Sedierung	Falls unerwünscht, Reduktion der Neuroleptikadosis oder Umsetzen auf weniger sedierende Neuroleptika.
Pharmakogene Depression	Reduktion der Neuroleptikadosis; Versuch mit Anticholinergika; Antidepressiva.
EKG-Veränderungen/ Herzrhythmusstörungen	Bei gravierenden Herzrhythmusstörungen Umsetzen auf Butyrophenone bzw. Absetzen der Neuroleptika.
Anticholinerge vegetative Effekte: Mundtrockenheit, Störungen der Blasenfunktion, Pylorospasmus, Verstopfung, Akkommodationsstörungen, Glaukom	Bei schwereren Nebenwirkungen ggf. Umsetzen auf Butyrophenone oder Absetzen der Neuroleptika; bei Blasenfunktionsstörungen Carbachol.

Aus: Möller u.a., 1989.

Fortsetzung Tab. 18:

Störung	Gegenmaßnahme
Störungen der Leberfunktion: passagere Erhöhung leberspezifischer Enzyme; cholestatischer Ikterus, toxische Hepatose	Mäßige Erhöhung der Leberwerte klinisch ohne Konsequenzen; bei Ikterus oder Hepatose Absetzen der Neuroleptika.
Blutbildveränderungen: passagere Leukozytose, Eosinophilie, Lymphozytose, Leukopenie bzw. Agranulozytose	Leukozytose, Eosinophilie, Lymphozytose klinisch ohne Konsequenzen; bei Leukozytenwerten unter 4 000 Absetzen trizyklischer Neuroleptika oder Umsetzen auf Butyrophenone; ggf. internistische Therapie.
Hyperprolaktinämie, Gynäkomastie, Galaktorrhoe	Bei Gynäkomastie und Galaktorrhoe Reduktion der Neuroleptika.
Sexuelle Störungen: Erektionsstörungen, Libidostörungen, Orgasmusstörungen u. a.	Ggf. Dosisreduktion.
Dermatologische Störungen: Hautallergien, Photosensibilisierung	Bei Hautallergien, wenn möglich, Absetzen der Neuroleptika; dermatologische Therapie.
Ophthalmologische Störungen: Linsen- und Hornhauttrübungen, Pigmenteinlagerung in der Retina	Umsetzen auf Butyrophenone.
Störungen des Glukosestoffwechsels und des Eßverhaltens: verminderte Glukosetoleranz; vermehrte Eßlust	Ggf. Dosisreduktion.

Neuroleptika sollten in der Psychogeriatrie grundsätzlich zurückhaltend eingesetzt werden. Indiziert sind sie primär bei akuten und chronischen exogenen Psychosen und den anderen in Tab. 15 (s. S. 92) aufgeführten Erkrankungen, nicht jedoch bei psychogenen, neurotischen oder Persönlichkeitsstörungen.
Die Auswahl des Präparates (s. Anhang C. 2.1) orientiert sich an den Kontraindikationen (s. Tab. 19), die sich aus dem Gesundheitszustand des Patienten ergeben, sowie aus den auftretenden Nebenwirkungen. Die Wahl des Präparates muß also individuell orientiert geschehen und im Behandlungsverlauf überprüft werden.
Um Risiken zu erkennen und abzuwenden, sollten die in Tab. 20 dargestellten Routineuntersuchungen regelmäßig durchgeführt werden.
Die Behandlung muß mit niedriger Dosis beginnen, sie kann ggf. langsam

Tab. 19: Kontraindikationen für Neuroleptika

Absolute Kontraindikationen
Vorliegen von Komplikationen von seiten des **hämatopoetischen** Systems
Relative Kontraindikationen
anticholinerge Wirkkomponente bei:
Glaukomgefahr
Prostatahypertrophie
Stenosen im Gastrointestinalbereich
hirnorganischer Vorschädigung
sympatholytische Wirkkomponente bei:
Hypotension
Herzrhythmusstörungen
antidopaminerge Wirkkomponente bei:
Morbus Parkinson
Epilepsie
Senkung der **Krampfschwelle**
allergische Reaktionen

Aus: Hinterhuber H, Haring C. Unerwünschte Wirkungen, Kontraindikationen, Überdosierungen, Intoxikationen. In: Riederer P, Laux G, Pöldinger W, Hrsg. Neuropsychopharmaka. 4.Neuroleptika. Springer: Wien-New York 1992.

gesteigert werden. In der Regel ist die Gabe der Hälfte der für das normale Erwachsenenalter empfohlenen Dosis ausreichend.
Es gilt die Regel: So viele Medikamente wie notwendig und so wenige wie möglich.
Stets ist zu überprüfen, ob das Neuroleptikum grundsätzlich noch und in der verordneten Dosis indiziert ist.

Literatur: s. S. 112.

A. 4.6.2.2 Antidepressiva

Depressive Syndrome treten im höheren Alter besonders häufig auf und werden im Bereich der Psychogeriatrie deshalb wie in der Psychiatrie der jüngeren Lebensphasen auch medikamentös mit Antidepressiva (s. Anhang C. 2.2) behandelt. Ihre Wirksamkeit ist durch das Alter des Patienten offenbar nicht beeinträchtigt.

Die Hauptindikation für die medikamentöse Therapie mit Antidepressiva besteht bei sogenannten endogenen Depressionen. Antidepressiva können aber auch bei schweren reaktiven und neurotischen und bei organisch bedingten Depressionen angewendet werden, z.B. im Rahmen von Demenzsyndromen (s. Kap. A. 2.1.1).
Die ätiologisch orientierte Verordnung von Antidepressiva wird mit steigendem Alter des Patienten immer schwieriger, weil die Differenzierung nach Ursachen depressiver Erkrankungen des höheren Lebensalters wegen der Multimorbidität und der zahlreichen psychosozialen Probleme älterer Men-

Tab. 20: Empfehlungen für Routineuntersuchungen unter Neuroleptika (X = Anzahl der Kontrollen)

		Monate						monatlich	vierteljährlich
	vorher	1	2	3	4	5	6		
Blutbild (trizyklische Neuroleptika)	X	XX	XX	XX	XX	X	X		X
Blutbild (Clozapin)	X	XXXX	XXXX	XXXX	XXXX	XX	X	X[c]	
Blutbild (andere Neuroleptika)	X	X	X	X	X	X	X		X
RR/Puls	X	XX	XX	XX	X	X	X		X
Harnstoff, Kreatinin	X			X			X		X
GOT, GPT, γ-GT	X	X	X	X			X		X
EKG	X			X[a]			X[a]		X[a]
EEG	X			X[b]			X[b]		X[a]

[a] Bei Patienten über 50 Jahre und bei kardiovaskulären Störungen.
[b] Bei Patienten mit hirnorganischen Störungen bzw. bei abnormem/pathologischem EEG-Ausgangsbefund.
[c] In den USA werden auch über die 18. Woche hinaus wöchentliche Kontrollen des Differentialblutbildes durchgeführt.

Aus: Benkert O, Hippius H. 1992.

schen kaum noch möglich ist. Zwar wird man z. T. auch noch eine ätiologisch orientierte Depressionsdiagnose (z.B. sogenannte endogene Depression, neurotisch-reaktive Depression, organisch bedingte Depression) erheben können, doch sind bei der überwiegenden Zahl der Patienten die möglichen ätiologischen Faktoren im Sinne einer multifaktoriellen Genese der Erkrankung so heterogen, daß letztlich auf eine ätiologisch orientierte Diagnose verzichtet werden muß. Es ist davon auszugehen, daß neben sogenannten endogenen Faktoren (besonders bei älteren Menschen) auch psychoreaktive, situationsbedingte Entstehungsbedingungen eine ursächliche Rolle spielen, zumindest als Auslöser oder konstanter Faktor für das Fortbestehen der Erkrankung.

Inwieweit bei einem leichten, in der Anfangsphase der Entwicklung stehenden Demenzsyndrom reaktive und hirnorganische ätiologische Faktoren im Vordergrund stehen, muß von Patient zu Patient entschieden werden und ist wissenschaftlich bis heute nicht ausreichend untersucht worden.

Die Antidepressiva werden nach ihrer chemischen Struktur in tri- und tetrazyklische Substanzen, solche mit „anderer chemischer Struktur" und MAO-Hemmer unterteilt.

Die tri- und tetrazyklischen Antidepressiva können neben ihrer Wirkung auf die depressiven Symptome auch sedierende und anxiolytische Wirkungen haben (s. Tab. 21a). Je stärker die sedierende Wirkung, desto intensiver ist auch die anticholinerge Wirkung. Tab. 21b bietet eine Übersicht über den biochemischen Wirkungsmechanismus und das klinische Wirkspektrum gebräuchlicher Antidepressiva. In Tab. 22 sind die Nebenwirkungen dieser Substanzgruppe nach Organbereichen geordnet zusammengefaßt. Ein großer Teil dieser Nebenwirkungen schließt ältere, vor allem multimorbide Patienten von einer Behandlung letztlich aus bzw. läßt das Behandlungsrisiko (s. Tab. 23) sehr hoch erscheinen. Das heißt, diese Substanzen dürfen nur nach strengster Indikationsstellung verordnet werden.

Mit den neuen, sogenannten selektiven Serotonin-Reuptake-Inhibitoren (Fluoxetin, Fluvoxamin und Paroxetin) und dem neuen reversiblen MAO-Hemmer Moclobemid ist das Risiko anticholinerg bedingter Nebenwirkungen deutlich reduziert. Auch die allgemeine und die Kardiotoxizität sind geringer. Negative Einflüsse auf den Blutdruck (Orthostasesyndrom), auf Prostata und Augen (Glaukom) sind kaum zu erwarten. Diese Substanzen zeichnen sich offensichtlich durch sehr gute Verträglichkeit aus, haben keine sedierenden Eigenschaften, die manchmal jedoch erwünscht sind, und können zu Anfang Übelkeit, leichte ängstliche Unruhe, Kopfdruck und eventuell auch Schlaf-

Tab. 21a: Übersicht über die empfohlenen Tagesdosen der wichtigsten antidepressiv wirkenden Psychopharmaka (nach Roter Liste 1992)

Wirkstoffgruppe Handelsname/ Wirkstoff	**biochemischer Wirkmechanismus** Aufnahmehemmung von Serotonin	Noradrenalin	Dopamin	**klinisches Wirkspektrum** anxiolytisch	psychomotorisch dämpfend	antidepressiv stimmungsaufhellend	**Indikationsschwerpunkte** vital-traurig gehemmt	ängstlich-agitiert
trizyklische Antidepressiva								
Anafranil®/ Clomipramin[1]	+++	+ (+)		+ (+)	+	++	+	
Aponal®/ Doxepin	++	+		+++	+++	++ (+)		++
Gamonil®/ Lofepramin[2]	+	+ (+)		+	(+)	++	+	
Nortrilen®/ Nortriptylin	+	++		+		++ (+)	+ (+)	
Noveril®/ Dibenzepin	+	++		+	(+)	++	+	
Pertofran®/ Desipramin	+	+++		(+)		++	+ (+)	
Saroten®/ Amitriptylin[1]	++	+ (+)		++	++	+++	+	++
Tofranil®/ Imipramin[1]	+ (+)	+		+	(+)	++ (+)	++	(+)
tetrazyklische Antidepressiva								
Ludiomil®/ Maprotilin	–	+		++	++	++ (+)	+	+ (+)
Tolvin®/ Mianserin[4]	–	+		++	++	+	+	+
weder tri- noch tetrazyklische Antidepressiva								
Thromban®/ Trazodon[3]	++	–		++	++	(+)		(+)
Vivalan®/ Viloxazin	+	++		(+)		+ (+)	+ (+)	
Fluctin®/ Fluoxetin	+++	(+)		+		++	++	
Fevarin®/ Fluvoxamin	+++	(+)		+		++	++	
Seroxat®/ Tagonis®/ Paroxetin	+++	(+)		+		++	++	
neogama®/ Sulpirid	–	–	++	+		+ (+)	+	

[1] Wird im Organismus zum Desmethylanalogon umgewandelt; dieses hemmt die NA-Aufnahme stärker

[2] Selbst nicht wirksam, wird im Organismus zu Desipramin umgewandelt

[3] Hat deutlichen (++) DA-Agonismus

[4] Steigert akut die NA-Synthese; erhöht Freisetzung über Blockade präsynaptischer α_2-Rezeptoren

+ bis +++ = leichte bis starke Wirkung

[Nach: SIEBERNS S. Antidepressiva. Klinik-Pharmakokinetik-Interaktionen. Therapiewoche 1985; 35: 5804–5815.]

NA = Noradrenalin
DA = Dopamin

Tab. 21b: Übersicht über den biochemischen Wirkmechanismus und das klinische Wirkspektrum gebräuchlicher Antidepressiva (Auswahl)

Wirkstoffgruppe Handelsname/ Wirkstoff	**biochemischer Wirkmechanismus** Aufnahmehemmung von			**klinisches Wirkspektrum**			**Indikationsschwerpunkte**	
	Serotonin	Noradrenalin	Dopamin	anxiolytisch	psychomotorisch dämpfend	antidepressiv stimmungsaufhellend	vital-traurig gehemmt	ängstlich-agitiert
trizyklische Antidepressiva								
Anafranil®/ Clomipramin[1]	+++	+ (+)		+ (+)	+	++	+	
Aponal®/ Doxepin	++	+		+++	+++	++ (+)		++
Gamonil®/ Lofepramin[2]	+	+ (+)		+	(+)	++	+	
Nortrilen®/ Nortriptylin	+	++		+		++ (+)	+ (+)	
Noveril®/ Dibenzepin	+	++		+	(+)	++	+	
Pertofran®/ Desipramin	+	+++		(+)		++	+ (+)	
Saroten®/ Amitriptylin[1]	++	+ (+)		++	++	+++	+	++
Tofranil®/ Imipramin[1]	+ (+)	+		+	(+)	++ (+)	++	(+)
tetrazyklische Antidepressiva								
Ludiomil®/ Maprotilin	–	+		++	++	++ (+)	+	+ (+)
Tolvin®/ Mianserin[4]	–	+		++	++	+	+	+
weder tri- noch tetrazyklische Antidepressiva								
Thromban®/ Trazodon[3]	++	–		++	++	(+)		(+)
Vivalan®/ Viloxazin	+	++		(+)		+ (+)	+ (+)	
Fluctin®/ Fluoxetin	+++	(+)		+		++	++	
Fevarin®/ Fluvoxamin	+++	(+)		+		++	++	
Seroxat®/ Tagonis®/ Paroxetin	+++	(+)		+		++	++	
neogama®/ Sulpirid	–	–	++	+		+ (+)	+	

[1] Wird im Organismus zum Desmethylanalogon umgewandelt; dieses hemmt die NA-Aufnahme stärker

[2] Selbst nicht wirksam, wird im Organismus zu Desipramin umgewandelt

[3] Hat deutlichen (++) DA-Agonismus

[4] Steigert akut die NA-Synthese; erhöht Freisetzung über Blockade präsynaptischer α_2-Rezeptoren

\+ bis +++ = leichte bis starke Wirkung

[Nach: SIEBERNS S. Antidepressiva. Klinik-Pharmakokinetik-Interaktionen. Therapiewoche 1985; 35: 5804–5815.]

NA = Noradrenalin
DA = Dopamin

störungen hervorrufen. Hinsichtlich letzterer ist zu fragen, ob diese nicht Symptome der depressiven Erkrankung selbst sind. In klinischen Studien bildeten sich die Schlafstörungen mit dem Zurücktreten der Depressionssymptomatik gleichzeitig zurück. Gegebenenfalls muß zu Anfang der Behandlung parallel ein Hypnotikum (tagsüber ein Tranquilizer) verordnet werden (s. Kap. A. 4.6.2.3).
Die Indikation für die im oberen Teil der Tab. 21a aufgeführten Neuroleptika ist in einer adjuvanten Gabe dieser Substanzen bei stark unruhigen oder agitierten Patienten zu sehen. Auch diese Substanzen haben eine deutlich anticholinerge Wirkung. Das Sulpirid dagegen wirkt nicht sedierend, hat keine anticholinergen Wirkungen mit negativen Effekten auf Darm, Prostata oder Augen und kann zusätzlich bestehende Schwindelerscheinungen in der Regel positiv beeinflussen. Herz- und Kreislauffunktionen werden nicht verändert.
Bei stark ängstlich agitierten Depressiven bleiben jedoch die sedierenden trizyklischen Antidepressiva Medikamente der ersten Wahl. Bei wahngeprägten Depressionen empfiehlt sich zu Anfang die Behandlung mit einem Neuroleptikum (s. Kap. A. 4.6.2.1.) oder mit einer Kombination von Antidepressiva und Neuroleptika, wobei darauf zu achten ist, daß sich die anticholinergen Nebenwirkungen nicht noch verstärken (Cave: Delirprovokation!).

Arzneimittelinteraktionen: Es ist bekannt, daß der ältere MAO-Hemmer Tranylcypromin in Kombination mit trizyklischen Antidepressiva und tyraminhaltiger Nahrung zu hypertonen Blutdruckkrisen führen kann. Das ist mit Moclobemid praktisch nicht mehr der Fall. Andere Arzneimittelinteraktionen sind im Anhang (C. 3.2) zusammengestellt.

Behandlungsrichtlinien: Bei der Verordnung der Antidepressiva ist, wie bereits beschrieben (s. Kap. A. 4.6), eine Nutzen-Risiko-Abwägung zu treffen. Immer muß gefragt werden, ob bekannte oder wahrscheinliche Nebenwirkungen angesichts der Schwere der Erkrankung in Kauf genommen werden können, ob nicht alternative, z.B. nichtmedikamentöse (milieutherapeutische oder psycho-soziotherapeutische) Maßnahmen, ausreichend sind.
Antidepressiva sollten in der Psychogeriatrie wie alle pharmakologisch potenten Substanzen grundsätzlich zurückhaltend und nach strenger Indikationsstellung verordnet werden.

Tab. 22: Unerwünschte Begleiterscheinungen der Therapie mit (älteren tri- und tetrazyklischen) Antidepressiva (geordnet nach Organbereichen)

Organbereiche	Symptome	Evtl. Zusatzmedikation
Herz-Kreislauf-System:	Orthostatische Dysregulation Reduzierung der Herzleistung EKG-Veränderungen: Reizleitungsstörungen Repolarisierungsstörungen Rhythmusstörungen (Tachykardie, Extrasystolie, Arrhythmien)	Dihydroergotamin
Exokrine Drüsen und Haut:	Minderung des Speichelflusses Minderung der Tränensekretion Trockenheit der Schleimhäute (Nase, Bronchien, Vagina) vermehrtes Schwitzen, lokalisierte Hyperhidrosis, Ödeme, Photodermatosen	Dihydroergotamin, Anetholtrithion
Darm-, Harntrakt und Leber:	Obstipation (→ Ileus) Gewichtszunahme Minderung der Magensaftsekretion Magendruck, Übelkeit (Erbrechen) (alkalische Phosphatase↑, Cholestase) Hypotonie (Atonie) der Blase	Dihydroergotamin Dihydroergotamin
Endokrine Drüsen:	Hypothyreose Amenorrhoe Reduzierung von Libido und Potenz (Galaktorrhoe)	Schilddrüsenhormon
Blut:	Eosinophilie Thrombozyten ↓ (→ Thrombozytopenie) Leukozyten ↓ (→ Leukozytopenie) ((→ Agranulozytose)) (Thrombosen) (Embolien)	

Organbereiche	Symptome	Evtl. Zusatzmedikation
Neurologische Symptome:	Akkommodationsstörungen Schwindel Tremor Mydriasis Erniedrigung der Krampfschwelle (extrapyramidal-motorische Symptome) (Myoklonien)	 Beta-Rezeptorenblocker
Psychische Symptome:	Müdigkeit Unruhe (→ delirante Zustände) produktiv-psychotische Syndrome Hypomanie (?) Schlafstörungen	

Modifiziert nach: PAIONI u. a. In: LANGER G, HEIMANN H, Hrsg. Psychopharmaka. Springer: Wien-New York 1983.

Die Auswahl des jeweiligen Präparates hat sich an den Zielsymptomen (Agitiertheit, Gehemmtheit, Wahnsymptomatik u.a., s. Tab. 21b), am Nebenwirkungsprofil und an anderen Kontraindikationen zu orientieren. Das heißt, die Wahl des Präparates muß individuell orientiert geschehen und im Behandlungsverlauf überprüft werden.

Um Risiken zu erkennen und abzuwehren, sollten die in Tab. 20 (s. S. 100) dargestellten Routineuntersuchungen regelmäßig durchgeführt werden.

Da bei älteren Menschen in der Regel ein Drittel bis die Hälfte der üblichen Dosierung für den therapeutischen Effekt genügen, sind die Antidepressiva in der Psychogeriatrie niedriger zu dosieren. Ggf. kann die Dosis bei hinreichender Verträglichkeit individuell orientiert erhöht werden.

Es gilt die Regel: Soviel an Medikamenten wie notwendig, aber so wenig wie möglich.

Da der antidepressive Wirkungseintritt bereits bei jüngeren Menschen erst nach 10 - 14 Tagen zu erwarten ist, muß bei älteren Menschen mit einer noch längeren Zeitspanne bis zum Eintritt einer Besserung der Depression gerechnet werden. Das heißt, es sollten mindestens drei Wochen systematischer Behandlung erfolgen, bis über die Effektivität einer antidepressiven Therapie geurteilt

Tab. 23: Besondere Therapierisiken der (älteren tri- und tetrazyklischen) Antidepressiva bei verschiedenen Krankheiten

Erkrankung	Risiko	Vermeidbar durch
Glaukom	Erhöhung des Augeninnendruckes bei Substanzen mit anticholinerger Wirkung	Messung des Augeninnendruckes; ggf. Verwendung von Substanzen ohne anticholinerge Wirkung
Prostatahypertrophie	Miktionsstörungen bis zur Harnsperre bei Substanzen mit anticholinerger Wirkung	Ausscheidungskontrolle; Verwendung von Substanzen ohne anticholinerge Eigenschaften
Obstipation	Verstärkung bis zum Ileus bei Substanzen mit anticholinerger Wirkung	Ausscheidungskontrolle bzw. Verordnung von Substanzen ohne anticholinergen Effekt
Orthostatische Hypotonie	Verstärkter Blutdruckabfall	Blutdruckmessung und Dosisanpassung oder Verwendung kreislaufneutraler Substanzen
Herzinsuffizienz	Verschlechterung der Kreislaufsituation	Verordnung kreislaufneutraler Substanzen
Reizbildungs- oder Reizleitungsstörungen	Eventuell Verstärkung	EKG-Kontrolle; ggf. Verordnung kreislaufneutraler Substanzen
Epilepsie	Herabsetzung der Krampfschwelle	Dosisanpassung der antiepileptischen Basismedikation
Hohes Alter	Erhöhte Delirgefahr zusätzlich zu den oben genannten altersbedingten Störungen	Verwendung von Substanzen ohne anticholinerge Effekte oder sehr genaue Dosisanpassung

Aus: Matussek N, Hippius H. Tabulae Psychiatriae et Psychopharmacologicae. Aesopus: Wiesbaden 1984.

wird. Vorzeitiges Absetzen und zu kurze Behandlungszeiten führen zu einer oft ungerechtfertigten Feststellung einer sogenannten Therapieresistenz. Nach Besserung der depressiven Symptomatik muß das Antidepressivum noch über Wochen in evtl. reduzierter Dosis weitergegeben werden. Es kann dann ausschleichend abgesetzt werden, wobei gerade in dieser Phase auf sich ankündigende Rezidive zu achten ist.

Literatur: s. S. 112.

A. 4.6.2.3 Tranquilizer (Sedativa), Hypnotika

Die Tranquilizer und Hypnotika (s. Anhang C. 2.3), in der Regel Benzodiazepine, gehören zu den meistverordneten Präparaten bei älteren Menschen. Sie werden als Anxiolytika, emotional entspannende, sedierende und schlafanstoßende Medikamente verordnet.
Indikationen in der Psychogeriatrie sind in Angst-, Spannungs- und Erregungszuständen sowie Gereiztheit usw. bei nichtpsychotischen Erkrankungen zu sehen. Bei chronischen organischen Psychosen können sie möglicherweise eine zusätzliche Hilfe sein. Eine Untergruppe der Benzodiazepintranquilizer repräsentieren die heute gebräuchlichsten Hypnotika (s. Anhang C. 2.3).
Neben den genannten Indikationen werden Benzodiazepine als Muskelrelaxantien und Antikonvulsiva eingesetzt.
Benzodiazepine sind in therapeutischen Dosen für den Patienten „angenehme", d.h. nebenwirkungsarme Medikamente. Absolute Kontraindikationen gibt es nicht.
Die Behandlung von abhängigkeitsgefährdeten Patienten mit Benzodiazepinen gilt als Kunstfehler.

Weitere Kontraindikationen: Akute Intoxikationen mit psychotropen Substanzen (Alkohol, Barbituraten, Opiaten u.a.), Myasthenia gravis, Ataxien.

Nebenwirkungen: Meistens zu Beginn der Behandlung (oft dosisabhängig und bei relativer Überdosierung): Müdigkeit, Schläfrigkeit, Einschränkung der Aufmerksamkeit, Konzentrationsschwäche, (nicht subjektiv empfundene) Beeinträchtigung der Reaktionsfähigkeit. Bei älteren Menschen können aber auch weitere Komplikationen auftreten (s. Tab. 24).

Tab. 24: Komplikationen, die im Zusammenhang mit Gaben von Benzodiazepinen in der Geriatrie auftreten

Paradoxreaktionen
- Erregungszustände
- Panikreaktionen durch Aktivierung von Angst
- Aggressive Durchbrüche
- Umkehr des Schlaf-Wach-Rhythmus
Psychiatrische Syndrome
- Generelle Verminderung der Bewußtseinslage
- Somnolenz
- Verwirrtheitszustände
- Delirien
- Pseudoorganische Psychosyndrome
Somatische Störfaktoren
- Vertigo
- Synkopen
- Ataxie
- Gangstörungen
- Unfälle durch Sturz (z. B. Oberschenkelhalsfraktur, Schädelprellung etc.)

Tab. 25: Symptomatik der chronischen Benzodiazepinintoxikation

Indifferente bis euphorische Grundstimmung Indifferenz gegenüber Belastungs- und Konfliktsituationen: „Wurstigkeit“ Fehlen von planendem, vorausdenkendem Handeln: „Hineinleben in den Tag“	
Zeitweise Somnolenz im Rahmen verstärkter Vigilanzstörungen Konzentrationsstörungen Vergeßlichkeit Schwindelerscheinungen bis zu präkollaptischen Störungen Kurzfristige, eher gedämpfte Erregung	Hirnorganisches Psychosyndrom
Ataktische Störungen Artikulationsschwierigkeiten Uncharakteristische Sehstörungen (Unscharfsehen bis flüchtige Doppelbilder) Muskelschwäche	

Tab. 24 u. 25. Aus: BERZEWSKI H. Risiken und Komplikationen bei der Behandlung des alten Menschen. In: HIPPIUS H u.a., Hrsg. Benzodiazepine. Rückblick und Ausblick. Springer: Berlin-Heidelberg-New York-Tokyo 1986.

Das größte Problem ist die Abhängigkeitsentwicklung, die auch bei älteren Menschen gleiche Aufmerksamkeit erfordern sollte wie bei jüngeren Patienten.
Nicht selten jedoch wird gerade bei älteren Menschen eine sogenannte Niedrig-Dosis-Abhängigkeit gesehen. Bei diesen Patienten wird keine Steigerung der ursprünglichen Dosierung beobachtet, die Wirkung des in der Regel als Schlafmittel verordneten Tranquilizers hält aber an. Es liegt somit ein zurückhaltender und kritischer Gebrauch des Pharmakons durch den Patienten vor. In diesen Fällen erscheint eine therapeutische Intervention mit dem Ziel, das Medikament abzusetzen, nicht sinnvoll, da durch die kontrollierte, niedrig dosierte Einnahme die Lebensqualität im Alter erhalten bleibt.
Gefährlich ist dagegen die chronische Benzodiazepinabhängigkeit, in deren Verlauf es zu erheblichen Dosissteigerungen und Kombinationen mit anderen psychotropen Substanzen kommt (z.B. Alkohol, Barbituraten, sedierenden OTC-Präparaten u.a.). Die Symptomatik der chronischen Benzodiazepinintoxikation ist in Tab. 25 zusammengestellt.
Die Benzodiazepine haben unterschiedlich lange Eliminationshalbwertszeiten (s. Tab. 26).
In der psychogeriatrischen Pharmakotherapie sind Präparate mit kurzer Eliminationshalbwertszeit zu empfehlen, insbesondere dann, wenn sie als Schlafmittel verordnet werden und eine Tagessedierung nicht gewünscht ist. Zudem muß bedacht werden, daß die Elimination altersbedingt verzögert ist (s. Kap. A. 4.6), so daß es bei regelmäßiger Einnahme zu Kumulationseffekten kommen kann, die einer Überdosierung gleichen. Eine erhöhte Komplikationsrate (s. Tab. 24) und Intoxikationserscheinungen (s. Tab. 25) sind dann nicht auszuschließen.
Bei abruptem Absetzen der Benzodiazepine kann es zu akuten Entzugssymptomen (Rebound-Phänomenen) mit stärkerem Auftreten der primär behandelten Symptome kommen. Diese treten bei lang wirksamen Substanzen (s. Tab. 26) oft erst nach Tagen auf. Daher ist „ausschleichendes" Absetzen nach längerer Benzodiazepinbehandlung unbedingt notwendig.

*Arzneimittelinteraktion*en: Die Kombination mit Cimetidin (H_2-Rezeptorantagonist) kann zu erhöhten Plasmaspiegeln und verzögerter Elimination der Benzodiazepine führen. Phenytoinspiegel können erhöht oder gesenkt werden. Weiterhin sind Interaktionen zwischen Antidepressiva (Erhöhung des Plasmaspiegels) und additive Effekte der Sedierung beschrieben worden. Gleiches gilt für Neuroleptika.

Tab. 26: Eliminationshalbwertszeit von Benzodiazepinen (Auswahl)

	chemische Kurzbezeichnung	Präparat
ultrakurz wirkend $T_{1/2} \approx 5$ Std.	Clotiazepam	Trecalmo®
	Triazolam	Halcion®
	Brotizolam	Lendormin®
	Midazolam	Dormicum®
kurz bis mittellang wirkend $T_{1/2}$ 5 - 24 Std.	Alprazolam	Tafil®
	Bromazepam	Lexotanil®
	Flunitrazepam	Rohypnol®
	Ketazolam	Contamex®
	Lorazepam	Tavor®
	Lormetazepam	Noctamid®
	Nitrazepam	Mogadan®, Imeson®
	Oxazepam	Adumbran®, Praxiten®
	Clonazepam	Rivotril®
lang wirkend $T_{1/2} > 24$ Std.	Chlordiazepoxid	Librium®
	Clobazam	Frisium®
	Diazepam	Valium®
	Dikaliumchlorazepat	Tranxilium®
	Flurazepam	Dalmadorm®
	Medazepam	Nobrium®
	Oxazolam	Tranquit®
	Prazepam	

Tab. 27: Alternativen zu den Benzodiazepintranquilizern und -hypnotika (Auswahl häufig gebrauchter Substanzen)

- Phytotherapeutika
  (z. B. Baldrian-, Hopfenpräparate)
- Nicht-Benzodiazepintranquilizer
  (z. B. Buspiron, Hydroxyzin, Opipramol)
- Chloralhydrat
- Antihistaminika
  (z. B. Diphenhydramin, Promethazin)
- Antidepressiva
  (z. B. Amitriptylin, Doxepin, Trimipramin)
- Neuroleptika
  (z. B. Chlorprothixen, Levomepromazin, Melperon, Pipamperon, Perazin, Sulpirid, Thioridazin)

Behandlungsrichtlinien: Von einer Behandlung mit Benzodiazepinen sollten suchtgefährdete Patienten (s.o.) ausgeschlossen werden.
Alternativen zu den Benzodiazepinen können die in Tab. 27 zusammengestellten Medikamente sein. Auch deren Behandlungsrisiken sind zu beachten.
Da es sich bei kurzzeitiger Behandlung um gut verträgliche Substanzen mit wenig negativen pharmakologischen Wirkungen handelt, ist die Auswahl des Präparates nach den oben dargestellten Kriterien individuell angepaßt durchzuführen. Wichtig sind auch hier Nutzen-Risiko-Abwägungen, Überlegungen zu alternativen nichtmedikamentösen Therapieformen sowie Überwachung und Kontrolle der verordneten Benzodiazepinmenge.
Kurz zusammengefaßt, können therapeutische, vor allem Abhängigkeitsprobleme vermieden werden, wenn man die sogenannte 4-K-Regel (nach Engfer und Borbely) beachtet:

klare Indikationsstellung,
kleinste Dosis,
kürzeste Behandlungszeit,
keinesfalls abrupt absetzen.

Literatur:

Benkert O, Hippius H. Psychiatrische Pharmakotherapie. 5. Aufl. Springer: Berlin-Heidelberg-New York u.a. 1992.

Kanowski S. Somatotherapie. In: Kisker KP, Lauter H, Meyer J-E, Müller C, Strömgren E, Hrsg. Alterspsychiatrie. Psychiatrie der Gegenwart 8. 3. Aufl. Springer: Berlin-Heidelberg-New York u.a. 1989.

Laux G. Pharmakopsychiatrie. Fischer: Stuttgart-Jena 1992.

Möller HJ, Kissling W, Stoll KD, Wendt G. Psychopharmakotherapie. Ein Leitfaden für die Praxis. Kohlhammer: Stuttgart-Berlin-Köln 1989.

Riederer P, Laux G, Pöldinger W, Hrsg. Neuro-Psychopharmaka. Ein Therapie-Handbuch in 6 Bänden. Springer: Wien-New York 1991 - 1993.

A. 4.7 *Physikalische Therapie (Physiotherapie)*

Der ältere Mensch neigt sehr häufig dazu, körperlich passiv zu sein, seinen Körper zu schonen, ihn nicht zu überlasten, weil er schon nach kurzer Zeit bemerkt, daß er erschöpft und müde wird. Dennoch erscheint ein individuell dosiertes körperliches Training sinnvoll, denn die weitgehende Schonung der

Körperfunktionen führt zu einer noch größeren Reduktion der physischen Leistungsfähigkeit.
Zielsetzung der Physiotherapie ist die körperliche Aktivierung und Erholung, vegetative Regulierung, psychosomatische Roborierung, Förderung der Selbstwahrnehmung des eigenen Organismus, Selbstbestätigung durch körperliche Leistungen, Ermutigung zur Betätigung in Gruppen, Regulierung der Lebensweise usw.
Als Methoden können Kneippsche Anwendungen, medizinische Bäder, Massagen, altersangepaßter Sport und Gymnastik (einzeln und in Gruppen), Mototherapie, Wandern, Radfahren und vieles mehr eingesetzt werden.
Nicht die exakte Übung sollte im Vordergrund der physikalischen Therapie psychisch kranker alter Menschen stehen, vorrangiges Ziel sollte vielmehr sein, die Patienten ihren Körper neu spüren zu lassen und sie zu lehren, sich anderen (in der Gruppe) zuzuwenden.

Literatur:

MAURER Y. Physikalische Therapien in der Psychiatrie: Ein Weg zur psychischen Gesundheit. Huber: Bern-Stuttgart-Toronto 1979.

A. 4.8 *Die integrierte psychogeriatrische Versorgung*

Im letzten Jahrzehnt ist es fast überall zu einer erkennbaren Verbesserung der psychogeriatrischen Versorgung älterer Menschen gekommen. Einerseits haben sich die diagnostischen Aspekte und therapeutischen Möglichkeiten bei psychogeriatrischem Kranksein wesentlich differenziert. Die Psychogeriatrie ist zu einem umfassenden und sehr komplexen Teilgebiet der Psychiatrie herangewachsen, das aus der Perspektive des Arztes in der Basisversorgung unübersichtlich zu werden droht. Andererseits aber hat man sich gleichzeitig auch darum bemüht, alle pflegerischen und therapeutischen Möglichkeiten zu koordinieren und das sich daraus entwickelnde Versorgungssystem für psychogeriatrisch erkrankte Patienten so zu optimieren, daß eine flächen- und bedarfsdeckende Hilfe für eine Region entsteht.
In einem so definierten Versorgungssystem werden Formen ambulanter, teilstationärer und stationärer Arbeit und Behandlung zusammengefaßt. Träger der ambulanten Hilfen, Behörden, Ambulanzen, Krankenhäuser und

Abb. 4: Psychogeriatrisches Versorgungsgebiet

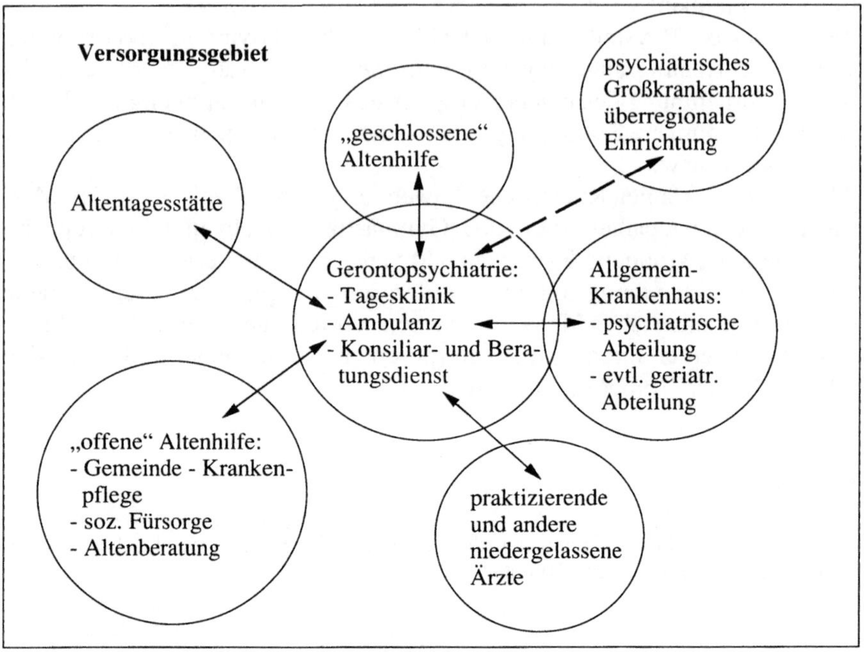

Aus: Gössling u. a. 1989.

Fachkliniken sowie Allgemein- und Fachärzte sprechen regelmäßig miteinander und versuchen, die Betreuung älterer Menschen zu koordinieren. Im Vordergrund stehen Überlegungen zu „Gemeindenähe" und Erreichbarkeit der angebotenen Dienste. Im Idealfall sieht die Struktur eines Versorgungsgebietes so aus, wie es in Abb. 4 dargestellt ist. Es sollte eine Bevölkerungszahl von 200 000 bis 250 000 Einwohnern umfassen.

Literatur:

Gössling S, Oesterreich K, Cooper B. Versorgungsaufgaben bei alten Menschen und ihre Institutionen. In: Kisker KP, Lauter H, Meyer J-E, Müller C, Strömgren E, Hrsg. Alterspsychiatrie. Psychiatrie der Gegenwart 8. 3. Aufl. Springer: Berlin-Heidelberg-New York u.a. 1989.

A. 5 Rechtsfragen bei psychogeriatrisch Kranken

A. 5.1 *Betreuung (Betreuungsgesetz-BtG, früher: Pflegschaft und Vormundschaft)*

Nach dem am 1.1.1992 in Kraft getretenen „Gesetz zur Reform des Rechts der Vormundschaft und Pflegschaft für Volljährige (Betreuungsgesetz-BtG)" vom 12.09.1990 wurden die bisher geltenden Gesetzesvorschriften über Pflegschaft und Entmündigung abgeschafft und durch neue Vorschriften ersetzt. Im Bürgerlichen Gesetzbuch (BGB) mußten zahlreiche Veränderungen vorgenommen werden. Die wesentlichen neuen Gesetzesvorschriften finden sich in den Paragraphen 1896 ff. BGB.
Danach bestellt das Vormundschaftsgericht auf Antrag oder von Amts wegen einen Betreuer für einen Volljährigen, wenn dieser unter einer psychischen Krankheit oder einer körperlichen, geistigen oder seelischen Behinderung leidet, seine Angelegenheiten ganz oder teilweise nicht zu besorgen vermag und die Erforderlichkeit der Betreuung gegeben ist. Gleichzeitig bestimmt es den Aufgabenbereich, für den der Betreuer zuständig sein soll.
Die Anordnung der Betreuung hat grundsätzlich keinen Einfluß auf die Geschäftsfähigkeit des Betreuten. Diese ist nach Inkrafttreten des BtG völlig unabhängig nach Paragraph 104, 2 BGB zu beurteilen.
Auch nach dem neuen Recht ist in bestimmten Fällen eine Beschränkung der Geschäftsfähigkeit des Betreuten möglich, und zwar durch einen sogenannten Einwilligungsvorbehalt (Paragraph 1903,1 BGB).
Danach ist eine Beschränkung der Geschäftsfähigkeit des Betreuten möglich, „soweit dies zur Abwendung einer erheblichen Gefahr für die Person oder das Vermögen des Betreuten erforderlich ist". Das Vormundschaftsgericht ordnet dann an, daß der Betreute zu einer Willenserklärung, die den Aufgabenbereich des Betreuers betrifft, dessen Einwilligung benötigt.

Literatur:

BERGMANN EE. Das Betreuungsgesetz: Persönliche Betreuung statt Entmündigung. Dtsch Ärztebl 1991; 88: 1124-1126.

VON OEFELE K. Forensisch-psychiatrische Gesichtspunkte des neuen Betreuungsrechts (mit vollständigem Gesetzestext). Tilia-Verlag: Klingenmünster 1992.

A. 5.2 *Behördlich-richterliche Unterbringung*

Gemäß Artikel 2 des Grundgesetzes für die BRD ist die Freiheit der Person garantiert. Ihre Einschränkung ist nur aufgrund eines förmlichen Gesetzes unter Einschaltung des Richters gestattet (Art. 104,2 GG).
Die Unterbringung gefährdeter oder gefährlicher psychisch Kranker wird nicht bundeseinheitlich, sondern nach Ländergesetzen geregelt. In den wesentlichen Punkten stimmen die jeweiligen Landesgesetze jedoch überein:
Bei dem Unterzubringenden muß sowohl eine Krankheit als auch eine ernsthafte Gefahr für den Kranken selbst oder für die Allgemeinheit gegeben sein. Eine Unterbringung in einer geschlossenen Anstalt darf nur erfolgen, wenn keine andere Behandlungsmöglichkeit besteht. Gemeinlästigkeit ist kein Einweisungsgrund!
In der Praxis sollte durch ärztlichen Einsatz, durch Mitwirkung der Angehörigen und anderer Vertrauenspersonen, durch eventuelle Einschaltung von sozialpsychiatrischen Diensten und nach vorheriger Rücksprache mit dem aufnehmenden Krankenhaus die Situation so gestaltet werden, daß der Patient sich letztlich doch zu einer Behandlung auf freiwilliger Basis entschließen kann.
Grundsätzlich ist jeder approbierte Arzt verpflichtet, den Einweisungsvorgang durch ein Kurzgutachten einzuleiten, wenn die Situation dieses erfordert.
Bei unmittelbarer Gefahr kann die sofortige Einweisung in eine sogenannte geschlossene Station durch den Arzt (und die Ordnungsbehörde) erfolgen, noch bevor ein Richter den Unterbringungsbeschluß erstellt hat.
Ist die behördlich-richterliche Unterbringung nicht zu umgehen, ist in groben Zügen folgendermaßen zu verfahren:

- Dem Antrag auf Unterbringung muß ein ärztliches (Kurz-)Gutachten oder Zeugnis beigefügt werden (Beispiel siehe Tab. 28).
- Das Gutachten muß für den speziellen Zweck der behördlich- richterlichen Unterbringung erstellt sein.
- Die Art und das Ausmaß der Störungen müssen deutlich erkennbar sein (Verhaltensauffälligkeiten, körperlicher und psychischer Befund).
- Es müssen die Gründe für die Annahme einer Eigen- und/oder Fremdgefährdung sowie das Ausmaß der naheliegenden Gefahr genannt werden.

Daran anschließend wird von einem Richter ggf. die Unterbringung angeordnet, wenn dieser sich von dem Vorliegen der Voraussetzung für die Unterbringung überzeugt hat.

Tab. 28: Muster eines ärztlichen Zeugnisses für die stationäre Einweisung eines Patienten im Rahmen der behördlich-richterlichen Unterbringung

(Abdruck des Arztstempels) 4400 Münster, den

Ärztliches Zeugnis

für die Unterbringung in einer geschlossenen Anstalt gemäß den Bestimmungen des Gesetzes über Hilfen und Schutzmaßnahmen bei psychischen Krankheiten (PsychKG) vom 2.12.1969 (GV. NW. S 872/SGV. NW. 2128)

Aufgrund meiner Untersuchung vom - und eigener vorausgegangener Behandlung seit dem (ggf. diesen Zwischensatz streichen) - wird festgestellt, daß

geboren am: in:
wohnhaft in:
Familienstand: Krankenkasse:
an psychischen Störungen von Krankheitswert erkrankt ist. Es handelt sich um:

Nach medizinischen Gesichtspunkten liegt eine Psychose - eine psychische Störung, die in ihrer Auswirkung einer Psychose gleichkommt - eine Suchtkrankheit - Schwachsinn vor (nicht Zutreffendes bitte streichen!).
Aus den nachfolgend genannten Gründen ist durch das krankheitsbedingte Verhalten des/der Untersuchten gegen sich bzw. andere eine gegenwärtige Gefahr für die öffentliche Ordnung und Sicherheit gegeben, die nicht anders abgewendet werden kann (bitte kurz die Gründe schildern):

Zur Abwendung der vorstehend beschriebenen, durch die vorgenannten psychischen Störungen bedingte Gefahr ist die Unterbringung in einer geschlossenen psychiatrischen Fachabteilung erforderlich. Die Unterbringung muß sofort erfolgen (diesen Satz bitte ggf. streichen).

Als nächster Angehöriger ist bekannt:

(Unterschrift des Arztes)

(Je eine Ausfertigung ist bestimmt für das Städt. Ordnungsamt, für das Amtsgericht, für den Arzt der geschlossenen psychiatrischen Fachabteilung und für den ausstellenden Arzt zum Verbleib bei dessen Krankenakten.)

An die
Stadtverwaltung Münster (Westf.)
als örtliche Ordnungsbehörde
32. 2. 28

Eine routinemäßige Anwendung der gesetzlichen Unterbringungsmöglichkeiten ist obsolet.
Gehört zum Aufgabenbereich eines Betreuers im Sinne des Betreuungsgesetzes-BtG (s. Kap. A. 5.1) auch das Aufenthaltsbestimmungsrecht für den Betreuten, so wird dieser die Unterbringung des Patienten in einer geschlossenen Abteilung nach Rücksprache und mit Zustimmung des zuständigen Gerichtes veranlassen.

Literatur:

Bauer M, Berger H. Rechtsprobleme bei der Einweisung und Behandlung von akut Kranken mit einem Anhang zu Pflegschaft und Entmündigung. In: Kisker KP, Lauter H, Meyer J-E, Müller C, Strömgren E, Hrsg. Krisenintervention, Suizid, Konsiliarpsychiatrie. Psychiatrie der Gegenwart 2. 3. Aufl. Springer: Berlin-Heidelberg-New York u.a. 1986.

Faure H, Heinz G. Noteinweisung in das psychiatrische Krankenhaus. Rechtliche Folgen der geschlossen-stationären Unterbringung aus ärztlicher Sicht. Dtsch Ärztebl 1988; 85: 2084-2086.

A. 5.3 *Geschäfts- und Testierfähigkeit*

Die Privatautonomie eines Menschen, d.h. ob, mit wem und mit welchem Inhalt er Verträge abschließt, ist durch Artikel 2, Abs. 1 GG garantiert. Geschäfts- und Testierfähigkeit sind vom Gesetz (BGB) nicht definiert. Dagegen regelt das BGB, wann Geschäfts- und Testierfähigkeit *nicht* vorliegen.
Paragraph 104 BGB:
„Geschäftsunfähig ist:
1. Wer nicht das siebente Lebensjahr vollendet hat;
2. wer sich in einem die freie Willensbestimmung ausschließenden Zustand krankhafter Störung der Geistestätigkeit befindet, sofern nicht der Zustand seiner Natur nach ein vorübergehender ist.“

Paragraph 105 BGB:
„1. Die Willenserklärung eines Geschäftsunfähigen ist nichtig.
2. Nichtig ist auch eine Willenserklärung, die im Zustand der Bewußtlosigkeit oder vorübergehenden Störung der Geistestätigkeit abgegeben wird.“

Paragraph 2229,4 BGB:
„Wer wegen krankhafter Störung der Geistestätigkeit, wegen Geistesschwäche oder wegen Bewußtseinsstörungen nicht in der Lage ist, die Bedeutung einer von ihm abgegebenen Willenserklärung einzusehen und nach dieser Einsicht zu handeln, kann ein Testament nicht errichten."
Dazu ist wichtig zu beachten, daß Äußerungen zur Geschäfts- und Testierfähigkeit nur in einem ausführlichen (psychiatrischen) Gutachten abgegeben werden sollten.
Zuerst ist durch persönliche Untersuchung zu prüfen, ob eine krankhafte Störung der Geistestätigkeit, eine Geistesschwäche oder eine Bewußtseinsstörung zum Zeitpunkt des Abschlusses eines Rechtsgeschäftes oder der Erstellung eines Testamentes vorliegen und welches Ausmaß sie haben. Dieses ist eine schwierige und verantwortungsvolle Aufgabe.
Nur wenn die „normale Bestimmbarkeit durch vernünftige Erwägungen" zweifelsfrei nicht gegeben ist oder war und das als erwiesen gelten kann, darf von Geschäfts- und/oder Testierunfähigkeit ausgegangen werden.
Zweifel an der Geschäfts- und Testierunfähigkeit oder nur die Wahrscheinlichkeit des Vorliegens von Geschäfts- und Testierunfähigkeit reichen nicht aus. Fühlt sich der zur Geschäfts- und Testierunfähigkeit befragte Arzt unsicher, sollte er einen erfahrenen Kollegen zur Erstellung eines Gutachtens veranlassen. Nur eine fachlich kompetente Aussage zur geistig-seelischen Verfassung des Untersuchten zum Zeitpunkt des Abschlusses eines Geschäftes oder einer Testamentserstellung kann verhindern, daß es im nachhinein zu unangenehmen und langfristigen gerichtlichen Auseinandersetzungen zwischen Geschäftsparteien kommt.

Literatur:

Diederichsen U, Rose KH. Zivilrecht: Juristische Voraussetzungen. Psychiatrische Begutachtung im Zivilrecht. In: Venzlaff U, Hrsg. Psychiatrische Begutachtung. Fischer: Stuttgart-New York 1986.

A. 5.4 *Schuldfähigkeit*

Mit Gutachten zu Fragen der Schuldfähigkeit werden in der Regel nur psychiatrische Sachverständige beauftragt, die in diesem Bereich zwischen

klinischer Psychiatrie und Rechtssprechung (forensische Psychiatrie) besondere Erfahrungen haben.
Relativ selten, aber nicht ausgeschlossen ist die Situation, daß ältere Menschen wegen strafbarer Handlungen zur Verantwortung gezogen werden müssen. Es gelten dann im wesentlichen folgende Gesetzesbestimmungen:
Paragraph 20 StGB: „Schuldunfähigkeit wegen seelischer Störungen. Ohne Schuld handelt, wer bei Begehung der Tat wegen einer krankhaften seelischen Störung, wegen einer tiefgreifenden Bewußtseinsstörung und wegen Schwachsinns oder einer schweren anderen seelischen Abartigkeit unfähig ist, das Unrecht der Tat einzusehen und nach dieser Einsicht zu handeln".
Paragraph 21 StGB: „Ist die Fähigkeit des Täters, das Unrecht der Tat einzusehen oder nach dieser Einsicht zu handeln, aus einem der in Paragraph 20 bezeichneten Gründe bei Begehung der Tat erheblich vermindert, so kann die Strafe nach Paragraph 49 Abs. 1 gemindert werden."

Literatur:

RASCH W. Forensische Psychiatrie. Kohlhammer: Stuttgart-Berlin-Köln-Mainz 1986.
VENZLAFF U, Hrsg. Psychiatrische Begutachtung. Fischer: Stuttgart-New York 1986.

A. 5.5 *Die Eignung zum Führen von Kraftfahrzeugen*

Grundsätzlich wird davon ausgegangen, daß die Eignung zum Führen von Kraftfahrzeugen bei einem Menschen bis zum Beweis des Gegenteils vorliegt. Nicht die Eignung, sondern die *Nicht*eignung zum Führen eines Kraftfahrzeuges muß nachgewiesen werden.
Von den Straßenverkehrsbehörden werden Gutachten zu dieser Frage angefordert, wenn erhebliche Zweifel an der Fahreignung bestehen. Als Beweismittel gelten Gutachten des Technischen Überwachungsvereines (TÜV), von Amts- und Fachärzten. Die Grundlagen der Begutachtung sind in der StVZO geregelt. Wenn einem behandelnden Arzt von seinem älteren Patienten (oder dessen Angehörigen) die Frage gestellt wird, ob bei diesem trotz seines hohen Alters oder trotz Erkrankung und/oder Behandlung Fahrtüchtigkeit gegeben ist, wird er seinen Patienten in der Regel informell beraten, ohne daß sogleich behördliche Maßnahmen notwendig werden. Die Erfahrung zeigt, daß sich die meisten Patienten an die Ratschläge ihres Arztes halten.

Es kann aber im Rahmen eines sogenannten Demenzsyndroms (oder organischen Psychosyndroms) oder einer anderen seelischen Erkrankung vorkommen, daß der Arzt von sich aus Bedenken hinsichtlich der Fahrtüchtigkeit eines Patienten hat und annehmen muß, daß der Patient trotz Erkrankung und/oder Behandlung weiter mit einem Kraftfahrzeug fährt.

In dieser Situation ist dringend die Aufklärung und Belehrung des Patienten angezeigt. Das gilt insbesondere dann, wenn nicht nur die berechtigten Belange des Patienten, sondern auch die Gefährdung der allgemeinen Verkehrssicherheit zu berücksichtigen sind.

Ist der Erkrankte trotz intensiven ärztlichen Bemühens unbelehrbar und uneinsichtig, wird der Arzt letztlich gezwungen sein, behördliche Maßnahmen zu veranlassen.

Die Frage der Verkehrstauglichkeit kann in Zweifelsfällen durch eine eingehende psychiatrische Untersuchung geklärt werden. Psychopathologische Symptome, Verlaufseigenheiten einer Erkrankung und medikamentenbedingte Nebenwirkungen müssen berücksichtigt werden.

Es müssen der psychopathologische, allgemein-körperliche und neurologische Befund (s. Kap. A. 3) erhoben werden. Auch testpsychologische Untersuchungen sind insbesondere dann indiziert, wenn, wie beim älteren Menschen häufig, Wahrnehmungsfunktionen und sensomotorische Reaktionen reduziert sind.

Ergibt die sorgfältige Untersuchung, daß erhebliche Einschränkungen in den genannten Bereichen vorliegen, muß von Fahruntüchtigkeit ausgegangen werden.

Literatur:

BARBAY J. Verkehrspsychiatrie. In: VENZLAFF U, Hrsg. Psychiatrische Begutachtung. Fischer: Stuttgart-New York 1986.

KRANKHEIT UND KRAFTVERKEHR. Gutachten des Gemeinsamen Beirats für Verkehrsmedizin beim Bundesminister für Verkehr und beim Bundesminister für Gesundheit. Bearbeitet von H. LEWRENZ und B. FRIEDEL. Bonn 1992.

RUDOLF GAE. Psychiatrische Aspekte bei der Betreuung des älteren Kraftfahrers. In: BUNDESÄRZTEKAMMER, Hrsg. Fortschritte und Fortbildung in der Medizin. Bd. 15 (1991/92) Deutscher Ärzte-Verlag: Köln 1991.

A. 5.6 *Sozialrechtliche Fragen*

Der ältere psychisch kranke Patient steht nicht mehr im Arbeitsleben, erhält also Rente, Pension oder eine andere Altersversorgung, lebt allein oder wird von seinen Angehörigen betreut. Diese Betreuung geht teilweise bis an die Grenzen des Möglichen, an die Grenzen körperlicher und seelischer Belastbarkeit der betreuenden Personen.
Bei der Inanspruchnahme fremder Hilfen stoßen Familien in der Regel auch an die Grenzen ihrer finanziellen Belastbarkeit. Hier aber gibt es Möglichkeiten, die dieses Problem lösen helfen.
Pflege und Betreuung älterer Menschen wird von den Krankenkassen unterstützt. So soll die Gewährung häuslicher Krankenpflege Krankenhausaufenthalte vermeiden oder verkürzen.
Eine entsprechende Verordnung kann der Hausarzt oder Krankenhausarzt ausstellen. Nach Prüfung durch die Krankenkasse kann häusliche Krankenpflege durch eine Pflegekraft bezahlt werden. Zum Leistungsumfang gehören: Grundpflege, Behandlungspflege und hauswirtschaftliche Versorgung. Hierüber sind Auskünfte bei den Krankenkassen zu erhalten.
Die Kosten für Pflegehilfsmittel (z.B. Inkontinenzartikel) können bei ärztlicher Verordnung und im Zusammenhang mit einer Erkrankung von der Krankenkasse übernommen werden.
Bei Urlaub oder Verhinderung der Pflegeperson kann eine häusliche Pflegehilfe beansprucht werden. Es muß Schwerpflegebedürftigkeit vorliegen, d.h. der Patient muß für die gewöhnlichen, wiederkehrenden Verrichtungen des täglichen Lebens einer ständigen Hilfe bedürfen und sich in seinem Alltag nahezu in allen Bereichen nicht versorgen können. Er muß auf ständige, intensive Pflege und hauswirtschaftliche Versorgung durch andere angewiesen sein.
Die Genehmigung einer Pflegehilfe erfolgt auf Antrag des Hausarztes nach Überprüfung durch den medizinischen Dienst der Krankenkasse. Ein Hausbesuch ist wahrscheinlich.
Es können auch Beschäftigungstherapie und Krankengymnastik beantragt werden.
Bei nicht mehr möglicher Betreuung eines älteren psychisch Kranken in der Familie muß die Betreuung in einem Heim erfolgen. Reicht zur Deckung der Kosten das eigene Einkommen oder Vermögen nicht aus, wird der Differenzbetrag vom Sozialamt getragen. Dieses geschieht unter Berücksichtigung möglicher Unterhaltsverpflichtungen durch Angehörige.

B Spezieller Teil

In diesem Teil werden konkrete Vorschläge für die Diagnostik und Therapie der im höheren Alter am häufigsten auftretenden Syndrome und Erkrankungen unterbreitet. Es handelt sich daher nur um eine Auswahl aller möglichen seelischen Erkrankungen. Da psychische Erkrankungen älterer Menschen sich nicht grundsätzlich von denen in jüngeren Lebensjahren unterscheiden, lediglich der „Altersfaktor" des zu behandelnden älteren Menschen zu berücksichtigen ist, gelten die allgemeinen klinisch-psychiatrischen Therapierichtlinien, wie sie in den „Therapieschemata Psychiatrie" (Rudolf, 1992) zusammengestellt wurden.

Literatur:

Rudolf GAE. Therapieschemata Psychiatrie. 2. Aufl. Urban und Scharzenberg: München-Wien-Baltimore 1992.

B. 1 Akute Notfallsituationen

B. 1.1 *Der verwirrte (delirante) Patient*

Bei deliranten Zuständen (Verwirrtheitszuständen) handelt es sich um reversible psychotische Störungen mit Desorientiertheit, Bewußtseinsstörungen, oft psychomotorischer Unruhe und/oder Erregung, gelegentlich illusionärer Verkennung der Umgebung und akustischen und/oder haptischen Halluzinationen.

In stark ausgeprägten Verwirrtheitszuständen (s. Kap. A. 2.1.2.4) zeigen sich allgemeine Unsicherheit, Fahrigkeit und Ratlosigkeit. Das Auffassungsvermögen und der Gedankengang erscheinen verlangsamt. Verwirrte wirken oft innerlich gespannt, reagieren gereizt oder aggressiv. Ungesteuerte, abrupte, erregte und wutartige psychomotorische Reaktionen sind möglich, wobei oft der erkennbare Anlaß fehlt. Praktisch jedes Ereignis, das die physiologische Homöostase der Körperfunktionen negativ beeinflußt, kann bei älteren Menschen akute (oder sich schleichend entwickelnde) Verwirrtheitszustände verursachen. Bei älteren Menschen ist häufig eine abendliche und nächtliche Akzentuierung der Verwirrtheit zu beobachten, wahrscheinlich durch zirkadiane Schwankungen des intrazerebralen Blutdrucks und/oder Verlust der sensorischen Reize in der Dunkelheit verursacht. Häufig besteht gleichzeitig ein hirnorganisches Psychosyndrom (Demenzsyndrom, s. Kap. A. 2.1.1).

Häufigste Ursachen (s. Tab. 7, S. 43): Internistische Erkrankung (z.B. akute Infektionen, Diabetes mellitus, Herzinsuffizienz, Anämien, Hypo- und Hyperthyreosen, Urämie, Elektrolytstörungen), neurologisch-psychiatrische Störungen (z.B. zerebrovaskuläre Insuffizienz, Meningitis, Enzephalitis, Schädel-Hirntrauma, subdurales Hämatom), Entzug von Alkohol, Sedativa und Hypnotika, Medikamententoxizität (z.B. durch Diuretika, „paradoxe Effekte" durch Sedativa und Hypnotika, Antihypertensiva, Antiparkinsonmittel, Digitalis).

Differentialdiagnostisch ist an chronische Verwirrtheit im Rahmen eines Demenzsyndroms zu denken (s. Kap. A. 2.1.1, s. Tab. 8, S. 46) oder akute funktionelle psychische Erkrankungen (z.B. schizophrene und affektive Psychosen, s. Kap. A. 2.2)

Diagnostische Maßnahmen:
Fremdanamnese, Erhebung des psychopathologischen Befundes, allgemeinkörperliche und neurologische Untersuchung, labortechnische Untersuchungen (s. Kap. A. 3).

Therapeutische Maßnahmen:
Bei leichteren, gelegentlich auftretenden Verwirrtheitszuständen:
Belassen des Patienten in einer ihm bekannten konstanten Umgebung (evtl. nachts schwache Beleuchtung des Raumes).
Verbesserung der Herz-Kreislauf-Situation, ggf. durch Digitalisierung und andere kreislaufstabilisierende Maßnahmen.

Behandlung evtl. zugrundeliegender allgemeiner Erkrankungen und metabolischer Störungen.
Überprüfung der laufenden medikamentösen Therapie (zu beachten sind z.B. Arzneimittelinterferenzen (s. Anh. C. 3), relative Überdosierungen, individuelle Arzneimittelunverträglichkeit, paradoxe Effekte bei Sedativaanwendung).
Bei stärkerer Unruhe:
Gabe von Haloperidol®, 1 - 2 mg, p. o. oder i. m., oder Eunerpan®, 25 - 50 mg, p. o. als Einzeldosis.

Vorsicht:
Keine Gabe von blutdrucksenkenden Hypnotika und/oder anderen Psychopharmaka (z.B. sedierend wirkenden, schwach antipsychotisch wirksamen Neuroleptika oder sedierend wirkenden Antidepressiva)!

Bei Ineffektivität der genannten Maßnahmen sollte die Einweisung in stationäre psychiatrische Behandlung erfolgen.
Bei schweren akuten Verwirrtheitszuständen:
Sofortige Einweisung in die intensiv überwachte Station eines psychiatrischen Krankenhauses.
Initial sollten keine Psychopharmaka in höherer Dosierung gegeben werden, allenfalls zur Dämpfung von Angst und/oder Erregung Haloperidol®, 1 - 2 mg, p. o. oder i. m. oder Eunerpan® 25 - 50 mg p. o. als einmalige Dosis.
Nach gründlicher körperlicher Diagnostik:
Behandlung der Grunderkrankung.
Nötigenfalls Behandlung mit Psychopharmaka (z.B. Haloperidol® oder Eunerpan® unter Beachtung von Nebenwirkungen und Kontraindikationen in höherer Dosierung).

B. 1.2 *Der bewußtseinsgestörte Patient*

Benommenheit ist eine leichte Bewußtseinstrübung mit oft geringer Verlangsamung des Denkens und erschwerter Auffassung. Bei Somnolenz (Bewußtseinstrübung) sind die Aufmerksamkeit herabgesetzt, die Auffassung und die Orientierung in Raum und Zeit erschwert, Denkvorgänge verlangsamt. Sopor ist die stärkste Form der Somnolenz. Der Kranke kann sich auf Anruf für kurze Zeit zu orientieren versuchen, wehrt Schmerzreize gezielt ab, zeigt aber

keine spontanen Aktionen. Im Koma herrscht tiefe Bewußtlosigkeit. Der Kranke reagiert nicht auf Anruf, auf starke Schmerzreize diffus oder gar nicht.
Sogenannte Synkopen sind kurzdauernde Bewußtlosigkeiten. Im Dämmerzustand ist das Bewußtsein verändert (eingeengt, getrübt), die Handlungsfähigkeit erhalten. Ein derartiger Zustand ist zeitlich scharf abgrenzbar, es besteht eine Amnesie für die Zeit des Dämmerzustandes.

Mögliche Ursachen:
Intoxikationen, z.B. durch Alkohol, Psychopharmaka (s. Kap. 4.6.2), hirnorganische Abbauprozesse mit Vigilanzstörungen und organischen Psychosen (s. Kap. A. 2.1), intrakranielle Blutungen, Hirninfarkt, Hirntumor, Schädel-Hirntrauma, Narkolepsie, aber auch starker Affektdruck und hysterisch-neurotische Zustände.

Diagnostische Maßnahmen:
Fremdanamnese, Erhebung des psychischen Befundes, allgemein-körperliche und neurologische Untersuchung, labortechnische Untersuchungen (s. Kap. A. 3).

Differentialdiagnostisch muß unter psychogeriatrischen Aspekten aber auch an Bewußtlosigkeit infolge schwerer allgemein-körperlicher Erkrankungen, z.B. Hypo- oder Hyperglykämie, komatöser Zustände oder anderer organisch bedingter Störungen gedacht werden.

Therapie:
Sofortmaßnahmen: Kontrolle und Stabilisierung der Vitalfunktionen und je nach Schweregrad der Störung Überweisung in klinische oder intensivmedizinische Behandlung.
Nach Abklärung der Ursachen und abgeschlossener intensivmedizinischer Behandlung sollte in einer entsprechenden Fachklinik weiterbehandelt werden.

B. 1.3 *Der psychomotorisch erregte Patient*

In der Erregung sind die psychischen und motorischen Funktionen gesteigert und z. T. unkontrolliert. Erregung ist Symptom oder Begleiterscheinung vieler seelischer Erkrankungen. Im Erregungszustand ist die Ursache dafür primär nicht erkennbar. Gleichzeitig ist oft Angst vorhanden. Der motorisch erregte Patient kann zornig wirken, aggressiv sein, zeigt sich in seinem Verhalten ungesteuert und manchmal auch für Fremde gefährlich. Ursachen von Erregungszuständen bei älteren Menschen können einerseits unmotiviert überschießende Erregung, Persönlichkeitsstörungen, Hirnleistungsstörungen, akute psychotische Syndrome, aber auch pharmakogen bedingte psychotische Zustände sein.

Diagnostische Maßnahmen:
Erhebung der (Fremd-)Anamnese, Versuche eines diagnostischen Gespräches und Erhebung des psychischen Befundes, allgemein-körperliche und neurologische Untersuchung, die im akuten Erregungszustand allerdings oft nicht möglich ist (s. Kap. A. 3).

Erstmaßnahmen:
Es sollte versucht werden, die Selbstkontrolle des Patienten durch verbale Zuwendung wieder herzustellen, indem man sich ruhig und sachlich verhält und Verständnis signalisiert. Gleichzeitig sollten deutliche Grenzen gesetzt werden, ohne daß der Patient diese als „Gegengewalt" ansehen muß. Alle diese Maßnahmen sollten in einer Umgebung erfolgen, in der keine die Erregung noch zusätzlich steigernde Personen zugegen sind, z.B. ebenfalls erregte Familienangehörige.
Dem Erregten sollten medikamentöse Hilfen angeboten werden.
Wenn die genannten Maßnahmen nicht wirken und zudem eine akute Gefährdung des Erkrankten gegeben ist, müssen restriktive Behandlungsschritte unternommen werden. Möglicherweise muß eine Injektion mit einem sedierend-anxiolytischen Benzodiazepin (z.B. 5 mg Valium® i. m. oder i. v.) oder einem erregungsdämpfenden Neurolepikum (z.B. Haldol® 5 mg i. m. oder i. v.) verabreicht werden.
Besteht danach der extreme, akut gefährdende psychomotorische Erregungszustand weiter, ist eine mechanische Fixierung mit gepolsterten Ledergurten häufig unumgänglich. Diese darf jedoch nur für die absolut notwendige Zeit erfolgen. Nach Eintritt der Medikamentenwirkung ist die Fixierung sofort zu lösen. Evtl. muß eine erneute sedierend-anxiolytische oder erregungsdämpfende Medikation gegeben werden.
Patienten mit schweren psychomotorischen Erregungszuständen müssen immer stationär behandelt werden. Die Behandlung muß bei fehlender

Krankheitseinsicht auch gegen den Willen des Patienten mit Hilfe einer behördlich-richterlichen Einweisung (s. Kap. A. 5.2) erfolgen.

B. 1.4 *Der suizidale Patient*

Allgemeine Suizidalität bedeutet Lebensgefahr. Pro Jahr sterben etwa 15 000 Menschen durch Suizid. Mehr als die zehnfache Zahl dieser Menschen begeht Suizidversuche. Dabei ist die Dunkelziffer äußerst groß. Es scheint, daß die Suizidalität mit steigendem Alter zunimmt.
Suizidalität ist ein Syndrom, dem körperliche und/oder seelische Erkrankungen zugrunde liegen können. Häufig entwickelt sich Suizidalität auch bei an sich gesunden Menschen, wenn diese glauben, sich durch Schicksalsschläge oder akute Konflikte in einer ausweglos erscheinenden Situation zu befinden. Daher ist nicht jeder suizidgefährdete Mensch im medizinischen Sinne krank. Jeder Suizidale muß jedoch wegen der akuten Lebensgefahr behandelt werden, auch wenn der Wille und das Verhalten des Suizidalen dem ärztlichen Handeln entgegenstehen.
Suizidalität ist sehr schwer zu erkennen, weil der Suizidale kaum über seine Absichten spricht und seine Pläne systematisch vor der Umgebung zu verbergen versucht.
Daher ist es wichtig, daß der Arzt
- an ein mögliches Suizidrisiko denkt und
- sich ggf. Zeit für ein ruhiges Gespräch nimmt, das er mit dem Patienten unter vier Augen im Hinblick auf die Suizidproblematik führt.

Symptomatik:
Äußerungen über Gefühle von Hoffnungs- und Ausweglosigkeit, Enttäuschung, Resignation und Verbitterung, depressive Verstimmtheit, Lebensangst, Furcht vor Schuld, Verarmung, Ausbruch und Folgen einer Erkrankung, vor Prestigeverlust oder Abwertung gegenüber anderen, Gedanken über eigenes Versagen und Wertlosigkeit.

Die Dynamik zur Entwicklung akuter Suizidalität ist vor Jahren von Ringel (1953) eindrucksvoll beschrieben worden. Das sogenannte „präsuizidale Syndrom" ist in Tab. 29 dargestellt.
Bei akuten und chronischen Konflikten zeigt sich gerade beim älteren Men-

Tab. 29: Das präsuizidale Syndrom

1. Zunehmende Einengung
   a) situative Einengung
   b) dynamische Einengung (einseitige Ausrichtung der Apperzeption, der Assoziationen, der Verhaltensmuster, der Affekte und Abwehrmechanismen)
   c) Einengung der zwischenmenschlichen Beziehung
   d) Einengung der Wertwelt

2. Aggressionsstauung und Wendung der Aggression gegen die eigene Person

3. Selbstmordphantasien
   (anfangs aktiv intendiert, später sich passiv aufdrängend)

Nach: Ringel E. Der Selbstmord: Abschluß einer krankhaften psychischen Entwicklung. Maudrich: Wien-Düsseldorf 1953.
Ringel E. Selbstmordverhütung. Huber: Bern-Stuttgart-Wien 1969.

Tab. 30: Risikofaktoren zur Abschätzung der Suizidalität (nach: Kielholz)

Suizidhinweise
- frühere Suizidversuche
- Selbstmorde in Familie oder Umgebung
- direkte oder indirekte Suiziddrohungen
- Äußerungen konkreter Vorstellungen über Vorbereitung oder Durchführung eines Suizids

Verstärkende Faktoren
- »unheimliche Ruhe« nach Unruhe und Suiziddrohungen
- ängstlich-agitiertes Verhalten
- Schuld- und Insuffizienzgefühle
- Affekt- und Aggressionsstauung
- quälende Insomnie
- Selbstvernichtungs-, Sturz- und Katastrophenträume

Kritische Situationen
- Beginn und Abklingen depressiver Phasen
- Versündigungs- und Krankheitswahn
- biologische Krisenzeiten (Pubertät, Gravidität, Puerperium, Klimakterium)
- Alkoholismus, Toxikomanie
- unheilbare Krankheiten

Umweltverhältnisse
- familiäre Zerrüttung in der Kindheit
- berufliche und finanzielle Schwierigkeiten
- kein Aufgabenbereich, kein Lebensziel
- Verlust oder primäres Fehlen mitmenschlicher Kontakte
- Liebesenttäuschungen, Ehescheidung, Vereinsamung
- keine tragfähige religiöse Bindung

Aus: Pöldinger W, Adams C. Tödliche Fehleinschätzungen bei depressiven und suizidalen Patienten. In: Kielholz P, Adams C. Vermeidbare Fehler in Diagnostik und Therapie der Depresssion. Deutscher ÄrzteVerlag: Köln 1984.

schen eine langsame, manchmal kaum erkennbare Entwicklung, die aufgrund sozialer Isolierung, Vereinsamung, wirtschaftlicher Probleme, körperlicher und seelischer Erkrankungen und Behinderungen einsetzt.
Im Rahmen depressiver Erkrankungen älterer Menschen können Suizidneigungen nach dem Tod von Angehörigen oder nach anderen Verlustereignissen auftreten. Aber auch die oben bereits erwähnten akuten und chronischen Konflikte sind ggf. Anlaß für Suizidreflektionen. Bei den Erkrankten zeigen sich dann häufig gedrückte Stimmung, Empfindung innerer Leere und Erstarrung der Gefühle, Entschluß- und Antriebslosigkeit, Desinteresse, psychomotorische Gehemmtheit oder Unruhe, vegetative Funktionsstörungen (Schlaflosigkeit, Schmerzzustände, allgemeine Abgeschlagenheit usw.).

Diagnostik:
Bei der Diagnostik sollte auf Risikofaktoren (s. Tab. 30) geachtet werden.
Oft kommt die Suizidhandlung für die Umgebung unvermittelt. Der Tote erschien unmittelbar zuvor unauffällig. Dennoch lehrt die Erfahrung, daß die Suizidhandlung sehr häufig direkt oder indirekt von dem Betroffenen angekündigt worden ist.
Es bereitet in der Regel keine großen Probleme, mit dem älteren Menschen über möglicherweise vorhandene Suizidtendenzen zu sprechen, wenn man ihn direkt und verständnisvoll fragt, ob er im Augenblick lebensverneinende Gedanken oder keinen Lebensmut mehr habe und wie groß die Verzweiflung über die gegenwärtige Verfassung sei. Sehr häufig ist der ältere Mensch durch diese Fragen entlastet und fühlt sich mit seinen Problemen verstanden und angenommen.
Ein offenes, verständnisvolles Gespräch kann von keinem Fragebogen ersetzt werden, der die Suizidgefahr abschätzen soll. Hilfreich kann jedoch ein Fragenkatalog sein, wie er in Tab. 31 zusammengestellt ist, der vom Untersucher (in gewisser Weise zur Kontrolle und zur Schärfung seines „diagnostischen Blickes“) benutzt werden kann.

Merke: Ein offenes Gespräch über möglicherweise vorhandene Suizidalität kann die beste Prophylaxe gegen Suizidhandlungen sein.

Weitere diagnostische Maßnahmen:
Erfassung des psychischen Befundes im Gespräch (evtl. schwierig, weil der Suizidale kaum offen über seine Absichten sprechen kann).

Tab. 31: Fragenkatalog zur Abschätzung der Suizidalität

Je mehr Fragen im Sinne der angegebenen Antwort beantwortet werden, desto höher muß das Suizidrisiko eingeschätzt werden.

1.	Haben Sie in letzter Zeit daran denken müssen, sich das Leben zu nehmen?	ja	
2.	Häufig?	ja	
3.	Haben Sie auch daran denken müssen, ohne es zu wollen? Haben sich Selbstmordgedanken aufgedrängt?	ja	
4.	Haben Sie konkrete Ideen, wie Sie es machen würden?	ja	
5.	Haben Sie Vorbereitungen getroffen?	ja	
6.	Haben Sie schon zu jemandem über Ihre Selbstmordabsichten gesprochen?	ja	
7.	Haben Sie einmal einen Selbstmordversuch unternommen?	ja	
8.	Hat sich in Ihrer Familie oder Ihrem Freundes- und Bekanntenkreis schon jemand das Leben genommen?	ja	
9.	Halten Sie Ihre Situation für aussichts- und hoffnungslos?	ja	
10.	Fällt es Ihnen schwer, an etwas anderes als an Ihre Probleme zu denken?	ja	
11.	Haben Sie in letzter Zeit weniger Kontakte zu Ihren Verwandten, Bekannten und Freunden?	ja	
12.	Haben Sie noch Interesse daran, was in Ihrem Beruf und in Ihrer Umgebung vorgeht? Interessieren Sie sich noch für Ihre Hobbies?		nein
13.	Haben Sie jemanden, mit dem Sie offen und vertraulich über Ihre Probleme sprechen können?		nein
14.	Wohnen Sie in Ihrer Wohnung, in einer Wohngemeinschaft mit Familienmitgliedern oder Bekannten?		nein
15.	Fühlen Sie sich unter starken familiären oder beruflichen Verpflichtungen stehend?		nein
16.	Fühlen Sie sich in einer religiösen bzw. weltanschaulichen Gemeinschaft verwurzelt?		nein

Anzahl entsprechend beantworteter Fragen
Endzahl = max. 16

Aus: PÖLDINGER W. Suizidprophylaxe bei depressiven Syndromen. Neuropsychiatr Clin 1982; 1: 87-92.

Merke: Vor mangelndem Ernstnehmen geringster Anzeichen für Suizidalität durch den Arzt und die Angehörigen ist zu warnen. Die Frage nach der Suizidalität induziert diese nicht. Sie entlastet eher und führt den Patienten aus der Notsituation heraus.

Therapie:
Sofortmaßnahmen: Vordringlich ist das ärztliche Gespräch (s. Kap. A. 4.3.2.1), möglichst unter vier Augen. Weiterhin müssen künftige Suizidhandlungen unter allen Umständen vermieden werden.
In der (diagnostischen) Gesprächssituation ist es wichtig, Mitgefühl (Empathie) zu zeigen. Die Haltung des Arztes sollte durch Offenheit, Verständnis, Hilfsbereitschaft, keinesfalls jedoch durch Moralisieren und den Versuch geprägt sein, dem Suizidalen seine Absicht dozierend auszureden. Ein derartiges Verhalten ist als therapiehemmend anzusehen.
In dem Gespräch sollte versucht werden, Informationen über die Zukunftsorientierung, über die soziale Situation, die Beziehung zu den Angehörigen usw. zu erhalten. Meistens wird aus der Befragung bereits ein den Patienten entlastendes Gespräch über die aktuellen Probleme mit der Folge, daß die akute Situation entspannt wird.
Weitere therapeutische Schritte sind von folgenden Faktoren abhängig:

- Intensität der Suizidabsichten, d.h. der Kraft, mit der ein Suizidaler seine Absichten möglicherweise in die Tat umzusetzen vermag.
- Möglichkeiten zur Kontrolle und Betreuung des Suizidalen durch Angehörige oder Bekannte. Achtung vor Überforderung des sozialen Umfeldes!
- Ergebnis der Abschätzung des Suizidrisikos unter Berücksichtigung aller genannten Faktoren durch den Arzt.

Nach diagnostischer Abklärung des Ausmaßes der Suizidalität sind konkrete Maßnahmen zu ergreifen, die eine Suizidhandlung verhindern können. Das sind:
Betreuung und/oder Überwachung durch Angehörige, Überweisung in ambulante psychiatrische Behandlung, Einweisung in eine psychiatrische (!) Klinik, nötigenfalls in eine geschlossene Station. Bei Krankheitsuneinsichtigkeit und akuter Selbstgefährdung muß ggf. auch gegen den Willen des Patienten mit Hilfe einer behördlich-richterlichen Einweisung (s. Kap. A. 5.2) gehandelt werden.

Bei nicht akut bedrohlicher Suizidalität kann der Patient in seine häusliche Umgebung zurückkehren. Es sollte ein aufklärendes Gespräch mit den Angehörigen geführt werden. Eine Wiedereinbestellung für den nächsten oder übernächsten Tag und ggf. die Vermittlung eines verbindlichen Termins bei einem Psychiater sind anzuraten.

Merke: Auch der nicht akut suizidale Patient braucht weitere psychotherapeutische Betreuung.

Bei körperlich schlechter Verfassung (z.B. durch die Folgen eines Suizidversuches oder einer anderen Erkrankung) erscheint eine Einweisung in ein Allgemeinkrankenhaus sinnvoll. Konsiliarisch sollte eine Betreuung durch den Psychiater erfolgen.
Bei Vorliegen seelischer Störungen und subakuter Suizidalität erscheint eine Einweisung mit Einwilligung des Patienten in eine offene psychiatrische Behandlung nützlich.
Bei akuter Suizidalität sollte der Patient stets in eine geschlossene Abteilung überwiesen werden. Fehlt es an Einsicht in die Notwendigkeit einer Behandlung, muß eine behördlich-richterliche Einweisung nach den geltenden Unterbringungsgesetzen (s. Kap. A. 5.2) zur Abwendung der akuten Gefahr für Leib und Leben erfolgen.
Grundsätzlich kann eine sedierend-anxiolytische Pharmakotherapie hilfreich sein. Am besten eignen sich in dieser Situation Benzodiazepine, z.B. Valium®, 5 - 10 mg p.o. oder i.m., zur Nacht ein Benzodiazepinschlafmittel.
Bei hochgradig erregten suizidalen Patienten ist eine niedrig dosierte Behandlung mit Haldol®, z.B. 5 mg i.m. oder i.v., indiziert.
Zur warnen ist vor stark sedierenden Neuroleptika, die beim älteren Menschen die Kreislaufsituation im Sinne eines Orthostasesyndroms gefährden könnten.
Sollte hinter der Suizidalität ein umschreibbares psychogeriatrisches Krankheitsbild (s. Kap. A. 2) erkennbar sein, ist dieses systematisch zu behandeln.
Mittelfristig erscheint zur Verhinderung weiterer Suizidhandlungen ein enger, psychotherapeutisch orientierter Kontakt mit dem Arzt zu fest vereinbarten Terminen notwendig. Ggf. Herstellung von Kontakten zu Beratungsstellen, z.B. zu Selbsthilfegruppen, Telefonseelsorge u.a. und/oder ambulant behandelnden Psychiatern bzw. Psychotherapeuten.
Kein Suizidaler oder Patient nach einem Suizidversuch sollte ohne

psychiatrische Untersuchung durch einen Nichtpsychiater weiterbehandelt werden.
Falls die genannten Sofortmaßnahmen nicht ausreichen und die Suizidalität über die akute Phase hinaus fortbesteht, sollte immer eine Einweisung in eine stationäre psychiatrische Behandlung erfolgen, auch gegen den Willen des Patienten (ggf. mit Hilfe der behördlich-richterlichen Unterbringung (s. Kap. A. 5.2)).

B. 1.5 *Der akut ängstliche Patient*

Angst ist ein Affektzustand, den ein Mensch subjektiv erleben und empfinden kann, wenn er feststellt, daß er von einer vermeintlichen oder realen Gefahr bedroht wird. Panik tritt (anfallsartig) dann auf, wenn akute, abrupt einsetzende Angst solche extremen Ausmaße erreicht, daß es zum Zusammenbruch des gesamten Denkens und Handelns kommt.
Der akut ängstliche Patient erscheint oft als sogenannter Notfall in der Sprechstunde. Häufig klagen solche Patienten über körperliche Beschwerden (Atemnot, Brustschmerzen usw.).
Der ängstliche Patient sucht die Nähe des Arztes, d.h. die von ihm stark empfundene Sicherheit durch den Arzt. Oft geht die akute Angst des Patienten bei Anwesenheit des Arztes bemerkenswert schnell zurück, anderenfalls kann die sofortige Gabe eines Anxiolytikums (Benzodiazepin (s. Kap. A. 4.6.2.3)) Beruhigung bringen.
Der „chronische Angstpatient" erscheint immer wieder mit akuten Angstzuständen in der Sprechstunde. Auch dann ist wie oben zu verfahren.

Diagnostik:
Erhebung des psychischen Befundes und der Anamnese, allgemein-körperliche und neurologische Untersuchung, labortechnische Untersuchungen (s. Kap. A. 3).

Merke: Bei jedem ängstlichen Patienten ist grundsätzlich eine systematische körperliche Untersuchung erforderlich, da sich hinter der Angstsymptomatik auch körperliche Erkrankungen als Ursache verbergen können (s.Tab. 9, S. 56).

Therapie:
Durch sicheres, beruhigend-entspannendes Auftreten und ruhige, sachliche Gesprächsführung des Arztes kann die Dramatik der akuten Angstsituation reduziert werden.
Beruhigung und Rückversicherung des Patienten, daß die akute Angst vorübergehen wird.

Medikamentöse Maßnahmen:
Sollten die bisher genannten Maßnahmen keine Wirkung zeigen, erscheint eine anxiolytische Behandlung mit 5 mg Valium® per os oder i. m. indiziert. Im Rahmen ängstlich-agitierter Depressionszustände kann mit einem sedierenden Antidepressivum (25 - 50 mg Aponal® oder 25 - 50 mg Stangyl® p.o.), behandelt werden. Bei akuten Angstzuständen im Rahmen körperlicher Erkrankungen erscheint die Verordnung von 5 mg Valium® per os oder i.m. sinnvoll.

B. 1.6 *Notfälle durch Psychopharmaka*

Wie alle Medikamente können auch Psychopharmaka (s. Kap. A. 4.6.2) unerwünschte Begleiteffekte hervorrufen. Dieses um so mehr, als sich der ältere Mensch, bedingt durch Besonderheiten der Aufnahme, Verstoffwechselung und Ausscheidung, von Menschen der jüngeren Lebensphasen auch auf pharmakologischer Ebene unterscheidet (s. Kap. A. 4.6).
In der Regel sind die Nebeneffekte geringgradig ausgeprägt und reversibel; sie können den älteren Menschen, der in seiner körperlichen und seelischen Verfassung irritierbar ist und wenig Anpassungsdynamik besitzt, jedoch in seiner Befindlichkeit stark beeinträchtigen, manchmal sogar konkret gefährden. Wird gleichzeitig die Menge der den älteren Menschen verordneten Psychopharmaka bedacht, erscheint das Auftreten von unerwünschten, aber harmlosen und reversiblen Nebenwirkungen, vor allem aber auch von akuten, auch lebensbedrohlichen Komplikationen sehr wahrscheinlich.
In Tab. 32 sind Symptome zusammengestellt, die bei relativen oder absoluten Überdosierungen oder bei Intoxikationen auftreten können.
Tab. 33 zeigt Notfallsyndrome im Rahmen der Psychopharmakotherapie, deren mögliche Ursachen, Differentialdiagnosen und Behandlung.

Tab. 32: Symptome, bei deren Auftreten an Überdosierungen oder Vergiftungen mit Psychopharmaka zu denken ist

zentralnervöse Störungen

- extrapyramidal-motorische Störungen
- Kopfschmerz, Schwindel
- Benommenheit, Bewußtlosigkeit, Koma
- Sprachstörungen (»lallende Sprache«)
- Euphorie, Agitiertheit, Aggressivität, delirante Symptome
- Miosis, Mydriasis, Anisokorie, Augenmuskellähmungen
- Hyper-, Hypo-, Areflexie
- spastische und schlaffe Lähmungen
- Hyper- oder Hypothermie
- Krampfanfälle

Störungen der Atmung

- Hyper- oder Hypoventilation
- Dyspnoe bis Apnoe, Lungenödem

kardiovaskuläre Störungen

- Bradykardie, Tachykardie
- Herzrhythmusstörungen
- Hypertonie, Hypotonie(Orthostasesyndrom)

gastrointestinale Störungen

- Hypersalivation, Mundtrockenheit
- Übelkeit, Erbrechen
- Abdominalkoliken, Diarrhoe
- Darmhypo- oder -atonie (Ileus)
- Harnverhalt

äußere Hinweise

- Druckmarken der Haut
- Fötor, Lidödem
- auffallende Gesichtsfarbe (Rötung, Zyanose)
- Injektionsstellen

Tab. 33: Übersicht über Notfälle infolge Psychopharmakotherapie

Symptomatik	Ursachen	Differentialdiagnose	Sofortmaßnahmen
extrapyramidale Dystonien	hochpotente Neuroleptika, fast nur in den ersten Behandlungstagen; selten auch Präparate, die als Zusatz Neuroleptika enthalten	selten andere Ursachen	1 Amp. Akineton® i. v. oder i. m., ggf. weiter 2 x 1 Tabl. Akineton®
Verwirrtheitszustände, Delir	Alkohol- und Schlafmittelmißbrauch (bevorzugt in der Entziehung); Neuroleptika und Antidepressiva (nach schneller Dosiserhöhung) oder Kombination mit Antiparkinsonmitteln; alle Medikamente mit anticholinerger Wirkungskomponente, Rauschmittel	symptomatische Psychosen infolge zahlreicher körperlicher Krankheiten	Pschopharmaka absetzen; oft wird klinische Behandlung notwendig, ggf. zur Sedierung 5 - 10 mg Valium® i. m.
Erregungszustände	Alkohol und Rauschmittel, sonst wie bei Verwirrtheitszuständen und Delir (s.o.)	Erregungszustände bei Schizophrenien, Manien, Epilepsien	Vorsicht mit Psychopharmaka; evtl. 5 - 10 mg Valium® p. o. oder i. m.; meist Krankenhauseinweisung
Benommenheit, Bewußtlosigkeit, Koma	meist Hypnotika und Sedativa, seltener andere Psychopharmaka; bei Überdosierung, Mißbrauch bzw. Suizidversuch	insbesondere Hirnkrankheiten und Koma bei Stoffwechselkrankheiten	stationäre Intensivbehandlung
pharmakogene Depression	Neuroleptika	Melancholie, depressive Zustände bei Schizophrenie	Anamnese, Untersuchung und ggf. Therapieänderung durch den Facharzt
orthostatischer Kollaps	Antidepressiva und manche Neuroleptika	kardiale Verursachungen	Dihydergot®-Tropfen
generalisierte Krampfanfälle	sehr selten: Antidepressiva und Neuroleptika	hirnorganische Erkrankungen, Anfallsleiden	Dosisreduktion, Medikamentenwechsel

Modifiziert nach: TÖLLE R. Notfälle infolge Psychopharmaka. In: TÖLLE R, Hrsg. Seelische Krankheiten und Psychosomatische Störungen. Urban & Schwarzenberg: München-Wien-Baltimore 1982.

Diagnostik:
(Fremd-)Anamnese, Medikamentenanamnese (!), Erhebung des psychischen Befundes, allgemein-körperliche und neurologische Untersuchung, Versuch der Analyse toxischer Substanzen (Medikamenten-Screening in Blut und Urin), weiterführende labortechnische Untersuchungen (s. Kap. A. 3).

Therapie:
Grundsätzlich muß jeder Patient mit Intoxikationssymptomen unter ärztlicher Überwachung unverzüglich in intensivmedizinische Behandlung gebracht werden.
Sofortige Kontrolle und Erhaltung der Vitalfunktionen:
- Atemwege freihalten, evtl. beatmen.
- Bei Herzstillstand Herzmassage, nötigenfalls Defibrillator einsetzen.
- Asservierung von Blut-, Urin- oder Magensaftproben zur qualitativen und quantitativen Bestimmung der toxischen Substanzen.
- EKG, Röntgen des Thorax, evtl. des Abdomens.
- Versuch der primären Giftelimination durch provoziertes Erbrechen oder Magenspülung.

Bei Auftreten von Krampfanfällen kann sofort Valium®, 5 mg langsam i.v. (1 - 2 mg/Minute) indiziert sein. Beachtung der Atmungsfunktionen (!), ggf. künstliche Beatmung.

Über weitere therapeutische Schritte muß von Fall zu Fall in der Klinik entschieden werden.

Beachte:
Häufig liegen sogenannte Mischintoxikationen vor. Durch die oft nicht bekannten Folgen von Arzneimittelinteraktionen (s. Anhang, C. 3) kann es immer wieder zu unerwarteten Komplikationen kommen.

B. 2 Krankheitsbilder und Syndrome

B. 2.1 *Der trauernde ältere Patient*

Verlusterfahrungen sind typische Phänomene des zunehmenden Lebensalters. Sie führen zu Trauer, einem akuten Zustand von Rat- und Hilflosigkeit, Verzweiflung, Einsamkeit und Hoffnungslosigkeit. Dieses Gefühl kann in der Regel im Laufe von Tagen und Wochen überwunden werden. Trauer gehört zu den „normalen“ Erlebnisreaktionen, die durch sogenannte Trauerarbeit (S. Freud) bewältigt werden können. Während der Trauer lassen das Interesse an den Ereignissen der äußeren Welt und die Fähigkeit, sich anderen zuwenden zu können, vorübergehend nach; alle Aktivitäten sind gehemmt.
Von krankhafter oder abnormer Trauer spricht man, wenn der Ablauf der normalen Trauer gestört ist, z.B. durch gesellschaftliche, das Ausleben der Trauer nicht gestattende Normen, durch neurotische Fehlhaltungen, durch Vorwürfe des Versagthabens, auch durch ambivalente Einstellung zum verlorenen „Objekt“ oder durch nicht eingestandene Aggressionsgefühle gegenüber dem Verstorbenen.
An die Stelle von Trauer treten dann innere Erstarrung, Apathie, Rückzug aus der sozialen Umgebung, Unzufriedenheit, Vorwürfe und Ressentiments gegen sich selbst und gegen die Mitmenschen, häufig begleitet von vegetativ-funktionellen Körperstörungen (z.B. körperliche Abgeschlagenheit, Erschöpfung, Schlafstörungen usw.).

Diagnostisch sollte ein Gespräch mit dem trauernden Patienten gesucht werden. Weiterhin sollten die Erhebung der Anamnese und des psychischen Befundes sowie bei körperlichen Beschwerden allgemein-körperliche und neurologische Untersuchungen erfolgen (s. Kap. A. 3).

Differentialdiagnostisch ist an reaktive oder neurotische Depressionszustände, depressive Phasen einer manisch-depressiven Erkrankung oder organisch bedingte depressive Syndrome zu denken.

Therapie:
Im Rahmen des ärztlichen Gespräches sollte dem Patienten die Möglichkeit gegeben werden, seiner Trauer in adäquater Weise Ausdruck zu verleihen (s. Kap. A. 4.3.2.1). Auch Gespräche über Erinnerungen und Phasen eines gemeinsamen Lebens mit dem verlorenen Menschen können im Sinne der

Erinnerungs- und Lebensrückblicktherapie (s. Kap. A. 4.3.2.3) Entlastung bringen.

Merke: Bei abnormen Trauerreaktionen sollte immer auch an die evtl. latent gegebene Suizidalität des Patienten gedacht und diese angesprochen werden.

Trotz verständnisvollen Eingehens auf den Patienten sollte von seiten des Arztes die reale Seite des aktuellen Daseins dargestellt werden.
Z.B. können evtl. vorhandene Idealisierungen des Verlorenen korrigiert und tatsächlich gegebene Möglichkeiten im Rahmen der für den Trauernden unüberschaubaren Situation dargestellt werden. Gleichzeitig können konkrete Ratschläge für ein Neuanknüpfen mitmenschlicher Beziehungen unterbreitet werden.
Hinsichtlich der evtl. von dem Patienten geschilderten körperlichen Beschwerden sollte diesem rückversichert werden, daß sie funktioneller, d.h. vorübergehender Natur sind und als normale Reaktionsweisen in der gegebenen Situation anzusehen sind.
Psychopharmaka, z.B. Tranquilizer (s. Kap. A. 4.6.2.3), sollten äußerst zurückhaltend verordnet werden. Es sind die gerade bei älteren Menschen möglichen Nebenwirkungen und Komplikationen zu beachten.
Bei Schlafstörungen erscheint die Gabe eines pflanzlichen Sedativums oder eines kurz wirkenden Benzodiazepinhypnotikums (z.B. Halcion® oder Stilnox®) gelegentlich indiziert.
Andere Psychopharmaka sind nur mit äußerster Vorsicht zu verordnen, da diese Medikamente toxisch sind und bei gegebener Suizidalität gefährlich werden können.
Die Patienten sollten zu weiteren Gesprächskontakten regelmäßig einbestellt werden. Es können auch Angehörige hinzugezogen werden.
Bei sehr protrahierter Trauerreaktion ist häufig ein neurotischer Konflikt als Ursache zu erkennen. Dann erscheint eine längere Psychotherapie (s. Kap. A. 4.3) sinnvoll.

Literatur:

SCHOENBERG B. Verlust und Trauer. In: FREEDMANN AM, KAPLAN HI, SADDOCK BJ, PETERS UH, Hrsg. Psychiatrie in Klinik und Praxis, Bd. 1. Schizophrenie, affektive Erkrankungen, Verlust und Trauer. Thieme: Stuttgart-New York 1984.

B. 2.2 *Der reaktiv verstimmte, körperlich kranke ältere Patient*

Wenn ein Mensch über etwas ihm Zugefügtes, Verlorenes oder Vorenthaltenes mehr als „normal" verstimmt ist, wird von einer depressiven Reaktion oder Verstimmung, einer reaktiven Depression oder depressiven Konfliktreaktion gesprochen. Im Querschnittsbild zeigt sich ein depressives Syndrom. Gerade beim älteren Menschen, der sowohl psychosozialen Konflikten als auch körperlichen Erkrankungen ausgesetzt ist, die häufig die bisher vorhandene Geborgenheit und Sicherheit der Lebenssituation beeinträchtigten, können solche depressiven Reaktionen auftreten. Krankheitserlebnisse und Selbstwertkrisen stehen im Hintergrund der Entwicklung dieses Syndroms. Nicht die äußeren Ereignisse an sich sind entscheidend für die Entstehung der depressiven Reaktion, sondern die Art und Weise, wie der Betroffene auf diese Erfahrungen reagiert und mit ihnen umgeht.

Diagnostisch sollte die Anamnese erhoben werden, ebenso ein psychischer Befund. Eine allgemein-körperliche und neurologische Untersuchung sollte nicht unterlassen werden.

Differentialdiagnostisch ist an eine Trauerreaktion (s. Kap. B. 2.1), an eine neurotische Depression, an eine depressive Phase einer manisch-depressiven Krankheit oder an eine organisch bedingte Depression zu denken (Kap. B. 2.3).

Therapie:
Ein ärztliches (psychotherapeutisches) Gespräch (s. Kap. A. 4.3.2.1), in dem Verständnis und Mitgefühl des Arztes deutlich werden, ist für die Therapie wichtig. In diesem Gespräch sollte die Konfliktsituation herausgearbeitet werden, wobei der Patient seine Gefühle frei artikulieren kann und selbst oder durch vorsichtige Gesprächsführung des Arztes an die Probleme, die ihm oft nicht bewußt sind, herangeführt wird.
Reicht diese psychotherapeutische Hilfestellung nicht aus, liegen tiefergehende (neurotische) Konflikte zugrunde. Dann sollte überlegt werden, ob eine intensivere Psychotherapie notwendig ist (s. Kap. A. 4.3).
Eine medikamentöse Therapie ist in der Regel nicht notwendig, gelegentlich aber doch indiziert. Dann sollten Antidepressiva (s. Kap. A. 4.6.2.2) verordnet werden, die nicht sedierend wirken, weil Sedierung sich auf das labile Kreislaufsystem negativ auswirken kann. Bei ausgeprägter ängstlicher

Symptomatik muß jedoch ein leicht sedierend-anxiolytisches Antidepressivum (z.B. Saroten® oder Stangyl®) verordnet werden.
Bei Schlafstörungen kann ein sedierend wirkendes Antidepressivum (z.B. Stangyl® oder Saroten®) als Einzeldosis am Abend verordnet werden.

Merke: Bei reaktiv depressiven Patienten sollte immer die evtl. latent gegebene Suizidalität angesprochen werden.

Soweit die körperliche Verfassung des Patienten es zuläßt, sollten Ablenkung und Aktivierung des Erkrankten durch Sport oder physikalische Therapie ermöglicht werden.
In schweren und/oder chronifizierten Fällen und bei akuter Suizidalität (s. Kap. B. 1.4) ist eine klinische psychiatrische Behandlung indiziert.

B. 2.3 *Der depressive ältere Patient*

Wie bereits in Kap. A. 2.2.1 eingehend dargestellt wurde, treten depressive Syndrome im höheren Lebensalter häufig auf. Mit der Anzahl älterer Menschen wird auch die Zahl älterer depressiver Patienten ansteigen. Depressive Erkrankungen im höheren Lebensalter sind ihrem Wesen nach die gleichen, die bei jüngeren Menschen aufzutreten pflegen. Zu berücksichtigen ist jedoch die Multimorbidität älterer Menschen. Dabei spielen alterstypische körperliche Erkrankungen eine zunehmend wichtige ätiologische Rolle. Ihren besonderen Charakter erhalten depressive Erkrankungen im hohen Lebensalter jedoch durch den nicht exakt zu definierenden somatisch, psychologisch, psychodynamisch und soziologisch zu umschreibenden „Altersfaktor".
Eine exakte diagnostische Zuordnung zu einzelnen ätiologisch orientierten Krankheitsgruppen wird mit zunehmendem Alter schwieriger. Trotz der großen Zahl organisch bedingter depressiver Syndrome ist die leichte bis mittelschwere reaktive Verstimmung (s. Kap. B. 2.2) mit großer Wahrscheinlichkeit die häufigste depressive Krankheitsform.

Diagnostische Maßnahmen:
Diagnostisches Gespräch mit Erhebung der (Fremd-)Anamnese und des psychischen Befundes. Allgemein-körperliche und neurologische Untersuchung einschließlich labortechnischer und apparativer Diagnostik (s. Kap. A. 3).

Differentialdiagnostisch ist an alle auch in jüngeren Jahren möglichen depressiven Krankheitsbilder zu denken.
Besondere Probleme bietet die differentialdiagnostische Abgrenzung von Demenzsyndromen (s. Kap. A. 2.1.1) und kognitiven Defiziten im Rahmen einer depressiven Erkrankung. Aller Erfahrung nach werden gerade bei älteren Menschen die im Rahmen einer depressiven Erkrankung auftretenden kognitiven Defizite häufig durch das Vorliegen eines hirnorganisch bedingten Demenzsyndroms erklärt. Während die therapeutischen Möglichkeiten bei einem Demenzsyndrom relativ gering sind, ist beim Vorliegen kognitiver Störungen im Rahmen einer depressiven Erkrankung eine erfolgreiche Behandlung oft möglich.
Differentialdiagnostische Abwägungen zur Differenzierung eines Demenzsyndroms von einer „depressiven Pseudodemenz" sind in Tab. 34 zusammengestellt.
Es ist von einer sogenannten somatogenen (organischen oder symptomatischen) Depression auszugehen, wenn ein depressives Syndrom in engem zeitlichen Zusammenhang mit einer oder mehreren körperlichen Erkrankungen auftritt, die direkt oder indirekt zu Störungen zerebraler Funktionen führen können. Da relativ wenig über die Ätiologie derartiger depressiver Syndrome bekannt ist, kann man auch einfach von einer „Begleitdepression" bei schweren körperlichen Erkrankungen sprechen. Nach der Konvention spricht man von einer organischen Depression, wenn eine organische Substratschädigung des Gehirns anzunehmen ist, von einer symptomatischen Depression, wenn eine körperliche (nichtzerebrale) Erkrankung offensichtlich zu einem depressiven Syndrom geführt hat.

Tab. 35 gibt eine grobe schematische Übersicht über Ursachen, erste therapeutische Maßnahmen und mögliche Nebenwirkungen der Behandlung bei den sogenannten somatogenen Depressionen.

Therapie:
In der ersten Begegnung mit dem depressiven Patienten sollte im Rahmen des ärztlichen (psychotherapeutisch orientierten) Gespräches (s. Kap. A. 4.3.2.1) kein Versuch unternommen werden, die evtl. vorgetragenen Probleme und Gedanken sowie alle Aktivitäten, die aus dem depressiven Denken oder dem möglicherweise vorliegenden depressiven Wahn entwickelt werden, zu bearbeiten. Keine argumentativen Auseinandersetzungen mit dem Patienten! Statt dessen sollte ein vorsichtiges Bemühen um Akzeptieren der gegenwärtigen

Tab. 34: Differentialdiagnostische Abgrenzung zwischen depressiver Pseudodemenz und Demenz

depressive Pseudodemenz	Demenz
- Angehörige erkennen Störungen	- Angehörige erkennen Störungen und ihr Ausmaß oft nicht
- Beginn kann recht genau festgelegt werden	- Datierung des Beginns nur vage
- relativ kurze Dauer der Symptome bis zum Arztkontakt	- normalerweise lange Symptomdauer vor Hilfesuche
- anfänglich schnelles Voranschreiten der Störungen	- schleichende Zunahme der Symptome über gesamte Krankheitsdauer
- anamnestisch evtl. ähnliche Krankheitsperioden	- psychiatrische Anamnese meist leer
- Patient klagt über kognitive Einschränkungen	- normalerweise keine Klagen über kognitive Einschränkungen
- Klagen über diese Einschränkungen sind detailliert	- wenn, dann nur sehr vage Klagen über die kognitiven Störungen
- starke subjektive Betonung des Unvermögens	- das Unvermögen wird eher vertuscht
- auch bei einfachen Aufgaben keine Bemühung	- Freude an der Bewältigung auch trivialer Aufgaben
- Patient versucht nicht, leistungsfähig zu bleiben	- versucht Defizite z. B. mit Erinnerungshilfen (Notizen) auszugleichen
- bedrückte oder gequälte Stimmung	- Stimmung oft gleichmütig
- Selbstabwertung	- eher Selbstüberschätzung (oft als Kompensation)
- Affektveränderung anhaltend	- Affekt schwankend und flach
- Verlust sozialer Aufgeschlossenheit oft früh und auffällig	- soziale Aufgeschlossenheit oft unbeeinträchtigt
- Verhalten stimmt nicht mit Ausmaß der kognitiven Einschränkung überein	- meist Übereinstimmung zwischen Verhaltensstörung und kognitiver Einschränkung
- nächtliche Zunahme der Störungen selten	- nächtliche Zunahme der Störungen häufig
- Aufmerksamkeit und Konzentration oft gut erhalten	- Aufmerksamkeit und Konzentration normalerweise gestört
- »ich weiß nicht«-Antworten typisch	- beinahe richtige Antworten häufig
- Erinnerungsschwäche für frische und weit zurückliegende Ereignisse gleich ausgeprägt	- Erinnerungsschwäche für frische Ereignisse ausgeprägter als für weit zurückliegende
- Erinnerungslücken für spezielle Zeiträume und Ereignisse häufig	- Erinnerungslücken für bestimmte Perioden und Ereignisse ungewöhnlich
- auffällige Leistungsschwankungen bei Aufgaben gleichen Schwierigkeitsgrades	- etwa gleichmäßige Leistungsminderung bei Aufgaben gleichen Schwierigkeitsgrades

Aus: Bruder J. Zur Differentialdiagnose von seniler Demenz und Depression. Sandorama 1987: 34-36.

Tab. 35: Grobe schematische Therapieorientierung für somatogene Depressionen. Differentialindikation für Antidepressiva
Nach: Kielholz, 1971.

Art der Erkrankung	erste therapeutische Maßnahmen	Antidepressivum	Neben-wirkungen
Herzinsuffizienz	Digitalisierung	meist nicht notwendig	
Hypertonie	Umsetzen auf reserpinfreies Antihypertensivum	sinnvoll, möglich	cave: Wechselwirkungen
Allgemeine Arteriosklerose	Digitalisierung, roborierende Maßnahmen; Verbesserung von Hirndurchblutung und/oder Metabolismus (?)	Antidepressiva mit geringer anticholinerger Wirkung	Delirgefahr
Pulmonale Erkrankungen	Behandlung des Grundleidens, Digitalisierung	sinnvoll, möglich	
Infektionskrankheiten	Behandlung des Grundleidens	nur bei Überdauern oder sehr starker Ausprägung	
Endokrine Erkrankungen	Behandlung des Grundleidens	meist nicht notwendig	
Erkrankungen des ZNS	Behandlung des Grundleidens	sinnvoll, möglich	
Pharmakogene Depression	wenn möglich, Absetzen, sonst Reduktion oder Umsetzen	sinnvoll, möglich	bei schizophrenen Psychosen Gefahr der Rezidivprovokation
Süchte	Entgiftung	möglichst nicht	Delirgefahr, Bahnung oder Fortführung süchtigen Verhaltens

Aus: Fähndrich E, Helmchen H. Somatogene (einschließlich pharmakogene) Depressionen. In: Krück F u. a., Hrsg. Therapie-Handbuch. Innere Medizin und Allgemeinmedizin. 3. Aufl. Urban & Schwarzenberg: München-Wien-Baltimore 1989; 1450.

Erkrankung durch den Patienten als zwar höchst schwierige und erdrückende Lebenssituation im Vordergrund stehen, die (mit Hilfe der vom Arzt vorgeschlagenen Maßnahmen) aber bewältigt werden kann.
Anzusprechen ist die nahezu ausnahmslos gegebene Suizidalität. Bei akuter Suizidgefährdung müssen suizidverhütende Maßnahmen (s. Kap. B. 1.4) ergriffen werden.
Unter Berücksichtigung der Kontraindikationen sollten neben dem Gespräch Antidepressiva (s. Kap. A. 4.6.2.2) eingesetzt werden.
Grundsätzlich ist an die Möglichkeit einer multifaktoriellen Genese der Erkrankung zu denken (s.o.), d.h. bei allen somato-, psycho- und soziotherapeutischen Maßnahmen sind die altersspezifischen Kontraindikationen zu beachten.
Die Behandlung älterer depressiver Patienten setzt Kenntnisse der geriatrischen Medizin voraus. Aus der Tatsache, daß der ältere Mensch anders reagiert als der jüngere im mittleren Lebensalter, lassen sich einerseits die Besonderheiten des psychotherapeutischen Umgangs (s. Kap. A. 4.3.1), aber auch des Umgangs mit Antidepressiva (s. Kap. A. 4.6.2.2) ableiten.
Für die Psychotherapie:
Aufdeckende Verfahren sind in der Regel nicht indiziert. Das psychotherapeutische Gespräch sollte persönlichkeitsorientiert und je nach Belastbarkeit und Schweregrad der Depression konfliktzentriert verlaufen, wobei organisch (involutiv) bedingte kognitive Defizite zu berücksichtigen sind.
Bei der Behandlung mit Antidepressiva:
Diese sollten ohne Hinzugabe weiterer psychotroper Substanzen verordnet werden. Die Wahl des Antidepressivums richtet sich nach der psychopathologischen Syndromgestaltung des depressiven Krankheitsbildes. Die Pharmakodynamik und -kinetik bei älteren Menschen ist verändert, d.h. es ist initial nur ein Drittel bis zur Hälfte der normalen Erwachsenendosis zu verordnen.
Mögliche Interaktionen mit anderen, notwendigerweise verordneten Medikamenten sollten beachtet werden (s. Kap. A. 4.6.2.2 und Anhang C. 3.2).
Es sollten einfache Einnahmeschemata vorgeschlagen werden (Compliance!).
Die regelmäßige Kontrolle der körperlichen Verfassung des Patienten ist unter antidepressiver Behandlung unabdingbar (Cave: größere Nebenwirkungsrate, paradoxe Effekte und empfindlicheres Reagieren des älteren Menschen auf Medikamente!).
Bei Schlafstörungen kann zuerst mit einem sedierenden Antidepressivum am

Abend begonnen werden. Bei nicht ausreichendem Effekt ist eine kurzfristige Gabe von kurz wirkenden Benzodiazepinhypnotika (Halcion®, Stilnox® oder Noctamid®) sinnvoll. Bei Hypnotika mit langer Halbwertszeit besteht Kumulationsgefahr, und es ist eine unerwünschte Sedierung am Folgetag zu erwarten. Alternativ kann auch ein sedierendes Neuroleptikum (z.B. Dipiperon® oder Eunerpan®) verordnet werden.
Bei Wahnsymptomen oder paranoid-halluzinatorischer Begleitsymptomatik sollte zu Beginn der Behandlung ein Neuroleptikum (z.B. Haldol®) gegeben werden. Nach Rückgang der Symptomatik ist ein Wechsel auf ein Antidepressivum, evtl. auch eine vorsichtige Kombination beider Psychopharmakatypen angezeigt.
Bei phasisch verlaufenden Depressionen im höheren Lebensalter sollte eine prophylaktische Langzeitbehandlung mit Lithiumsalzen erwogen werden, auch wenn das wegen gegebener Kontraindikationen oft nicht möglich ist. In diesen Fällen empfiehlt sich eine prophylaktische Gabe des in der Erkrankungsphase wirksamen Antidepressivums in niedriger, individuell angepaßter Dosierung.

Literatur:

BERGENER M, Hrsg. Depressive Syndrome im Alter. Theorie - Klinik - Praxis. Thieme: Stuttgart-New York 1989.

KANOWSKI S. Somatotherapie. In: KISKER KP, LAUTER H, MEYER J-E, MÜLLER C, STRÖMGREN E, Hrsg. Alterspsychiatrie. Psychiatrie der Gegenwart 8. 3. Aufl. Springer: Berlin-Heidelberg-New York u.a. 1989.

RUDOLF GAE. Der depressive Patient in der ärztlichen Sprechstunde. 3. Aufl. Vieweg: Braunschweig 1993.

B. 2.4 *Der manische ältere Patient*

Im Vordergrund stehen Antriebssteigerung, Unruhe, Erregung, Hochgefühl, Selbstüberschätzung, oft auch Gereiztheit und Aggressivität, häufig auch Verwahrlosung des Patienten (s. Kap. A. 2.2.2).

Diagnostisch sollte ein Gespräch mit Erhebung der (Fremd-)Anamnese und des psychischen Befundes erfolgen. Allgemein-körperliche und neurologische Untersuchungen (s. Kap. A. 3) sind durchzuführen.

Differentialdiagnostisch ist an hyperthyme, leicht erregbare Persönlichkeitsstörungen, schizophrene Erkrankungen, Enthemmung und Antriebssteigerung aufgrund von Intoxikationen und Alkoholpsychosen sowie hirnorganisch bedingte Demenzsyndrome (s. Kap. A. 2.1) zu denken.

Therapie:
In der Regel ist bei starker Erregung zu verfahren, wie in Kap. B. 1.3 vorgeschlagen wurde.
Häufig wird die Einleitung einer stationären psychiatrischen Behandlung (nötigenfalls auch gegen den Willen des Patienten durch behördlich-richterliche Einweisung, s. Kap. A. 5.2) notwendig.
Bei nicht zu stark ausgeprägtem manischen Syndrom kann die Behandlung auch ambulant erfolgen, wenn der Patient eine neuroleptisch-sedierende Medikation (s. Kap. A. 4.6.2.1) erhält und auch einnimmt und wenn Familienangehörige in der Lage sind, den Patienten zu überwachen.
Die neuroleptische Medikation sollte mit Haldol® erfolgen. Zu warnen ist vor stärker sedierenden Präparaten, da diese zu hypotonen Kreislaufreaktionen führen können, die gerade bei älteren Menschen zu erwarten sind.
Es kann auch ein Versuch der Behandlung des akuten manischen Syndroms mit Carbamazepin (z.B. Tegretal®) gemacht werden. Hier ist darauf zu achten, daß die Dosis für den Patienten individuell angepaßt wird.
Handelt es sich um periodisch auftretende manische Zustände, sollte wie bei periodisch auftretenden depressiven Krankheitsbildern an eine Lithiumprophylaxe gedacht werden. Auch hier ist jedoch zu bedenken, daß einer Langzeitbehandlung mit Lithiumsalzen bei älteren Menschen zahlreiche Kontraindikationen entgegenstehen.

B. 2.5 *Der Patient mit funktionell-körperlichen Beschwerden*

Zahlreiche ältere Menschen klagen häufig über ihre körperlichen Beschwerden, berichten über Schmerzzustände in verschiedensten Körperregionen, über Dysfunktionen des Magen-Darmtraktes, des Herz-Kreislauf-Systems usw. Es handelt sich dabei um höchst heterogene Syndrome, die vielerlei Ursachen haben können, z.B. allgemeine körperliche Erschöpfung, als deren Ursachen unphysiologische somatische und psychische Belastungen anzusehen sind. Andererseits können seelische Probleme, unerledigte Konflikte und

Spannungen, aber auch Akzentuierungen früherer Reaktionsmuster auf körperliche Beschwerden oder seelische Probleme als Ursachen erkannt werden.

Diagnostisches Vorgehen:
Ärztliches Gespräch mit Erhebung der (Fremd-)Anamnese und des psychischen Befundes, allgemein-körperliche und neurologische Untersuchung (s. Kap. A. 3).

Differentialdiagnostisch ist an das Vorliegen gravierender körperlicher Erkrankungen zu denken.

Therapie:
Grundsätzlich haben sich die therapeutischen Maßnahmen an den Ursachen zu orientieren, d.h. es hat die Behandlung der Grundstörungen zu erfolgen.
Die Lebensweise sollte der altersentsprechenden Leistungsfähigkeit angepaßt werden.
Es sollten psychotherapeutisch orientierte Gespräche (s. Kap. A. 4.3.2.1) geführt werden. Hilfreich ist eine langsam aufbauende physikalische Therapie (s. Kap. A. 4.7). Längerfristig erscheint eine führende und stützende Psychotherapie (s. Kap. 4.3.2.2) sinnvoll.
Es sollte gelernt werden, mit Belastungen und Konflikten in adäquater Weise umzugehen. Weiterhin helfen eine Strukturierung des Tagesablaufes und eine Rhythmisierung der Lebensweise. Für eine ausreichende körperliche Betätigung mit altersadäquaten Belastungen sollte gesorgt werden.
Treten die körperlichen Beschwerden in Zusammenhang mit depressiven Störungen (s. Kap. B. 2.3) auf, ist an eine antidepressive Therapie zu denken.
Vor der Verordnung von sedierenden Antidepressiva oder Neuroleptika sowie Tranquilizern ist wegen des hohen Komplikationsrisikos zu warnen. Bewährt hat sich dagegen gerade bei älteren Menschen mit funktionellen Körperbeschwerden die Gabe von 50 - 150 mg Sulpirid (Neogama®, Meresa®, Arminol®, Dogmatil®). Diese Medikation kann unter Kontrolle neben den Medikamenten zur Behandlung der Grundstörung durchgeführt werden.

B. 2.6 *Der wahnkranke oder psychotische ältere Patient*

Wahn ist ein Phänomen, das bei vielen psychischen Erkrankungen auftritt, im mittleren Lebensalter am häufigsten bei schizophrenen Psychosen, aber auch

im Rahmen einer Depression (s. Kap. B. 2.3). Nicht selten ist bei älteren Menschen ein isolierter Wahn ohne weitere psychotische Symptome zu beobachten (s. Kap. A. 2.2.3). Die Ursachen sind am häufigsten endogene Psychosen oder fortgeschrittene hirnorganisch bedingte Erkrankungen (s. Kap. A. 2.1).
Wahn ist definiert als „objektiv falsche, aus krankhafter Ursache entstehende Überzeugung, die ohne entsprechende Anregung von außen entsteht und trotz vernünftiger Gegengründe aufrechterhalten wird". Wahnthemen können sein: Beziehungswahn, Beeinträchtigungswahn, Verfolgungswahn, Liebeswahn, Eifersuchtswahn, Größenwahn, Versündigungswahn, Verarmungswahn, Kleinheitswahn u.a.

Diagnostik:
Diagnostisches Gespräch mit Erhebung der (Fremd-)Anamnese und des psychischen Befundes, allgemein-körperliche und neurologische Untersuchung (s. Kap. A. 3).

Differentialdiagnostisch muß an alle psychotischen und hirnorganischen Erkrankungen sowie an eine eigenständige Wahnentwicklung gedacht werden.

Therapie:
Für den Umgang mit Wahnkranken sollte beachtet werden, daß das primäre Gebot ein ruhiges Zuhören ist. Keinesfalls sollte korrigiert oder argumentiert werden. Der Erkrankte ist in der akuten Situation nicht von der Richtigkeit der vom Therapeuten vorgetragenen Gedanken zu überzeugen.
In der Gesprächssituation sollten die Probleme des Patienten , die durch das wahnbedingte veränderte Verhalten entstanden sind oder entstehen könnten, sachlich angesprochen werden. Aus dem Wahn abgeleitetes Handeln sollte abgewendet oder unterbunden werden.
Unter therapeutischen Aspekten erscheint eine „Betreuung" (s. Kap. A. 5.1) sinnvoll.
Treten mit oder ohne Wahn psychotische Symptome auf, sind diese möglicherweise auf schizophrene Vorerkrankungen oder organisch bedingte Demenzsyndrome zurückzuführen.
Ist die Diagnose einer Schizophrenie gesichert, sollte sie nach den Regeln der Schizophreniebehandlung unter Beachtung der alterstypischen Einschränkungen und Komplikationsmöglichkeiten therapiert werden.
Bei akut psychotischen Störungen im Rahmen eines Demenzsyndroms (Delir,

s. Kap. A. 2.1.2.4) kann niedrig dosiert ein Neuroleptikum (s. Kap. A. 4.6.2.1) verordnet werden. Zu warnen ist vor sedierenden Neuroleptika, die die Symptomatik noch verstärken und sich negativ auf die Herz-Kreislauf-Situation auswirken können.
Häufig ist beim Vorliegen einer akuten organischen Psychose eine stationäre psychiatrische Behandlung unumgänglich, ggf. auch gegen den Willen des Patienten mit Hilfe der behördlich-richterlichen Unterbringung (s. Kap. A. 5.2).
Neben der psychiatrischen Pharmakotherapie muß eine intensive Behandlung des jeweiligen Grundleidens erfolgen (Hinzuziehung eines Konsiliarius!).

Vorsicht: Die Toleranz für Psychopharmaka ist bei Patienten mit einer organischen Psychose häufig herabgesetzt. Daher: einschleichende und stets vorsichtig-zurückhaltende Dosierung.

Wenn irgend möglich, keine Kombination mit anderen zentral wirkenden Medikamenten!

Je nach Syndromgestaltung sind einzelne Behandlungsschritte in folgenden Kapiteln beschrieben:

Der verwirrte Patient (Kap. B. 1.1)
Der psychomotorisch erregte Patient (Kap. B. 1.3)

Literatur:

RUDOLF GAE. Der schizophrene Patient in der ärztlichen Sprechstunde. 2. Aufl. Vieweg: Braunschweig-Wiesbaden 1993.

B. 2.7 *Der Patient mit Hirnleistungsschwäche (Demenz)*

Ein Demenzsyndrom ist der Folgezustand einer Hirnschädigung, wobei das Gehirn meistens diffus in seiner Gesamtheit (und nur selten lokal akzentuiert) betroffen ist. Es handelt sich immer um einen Zustand nach Verlust von im früheren Leben erworbenen geistig-seelischen Fähigkeiten durch organische Hirnkrankheiten. Demenzsyndrome sind zum Teil reversibel, oft aber irreversibel, und bei Fortschreiten der schädigenden Faktoren progredient.

Morphologisch ist eine diffuse Hirnatrophie zu erkennen. Die Ursachen sind in Kap. A. 2.1 beschrieben.
Die Symptome beginnen meist schleichend, fast unmerklich mit quälender Müdigkeit, diffusen, dumpfen oder spannenden Kopfschmerzen, unsystematischem Schwindel, Gedächtnisstörungen, Verstimmung, Gereiztheit („reizbare Schwäche"), allgemeiner körperlicher und seelischer Erschöpfung bzw. schneller Erschöpfbarkeit. Im Laufe der Zeit kommt es zu Persönlichkeitsveränderungen, oft im Sinne einer Akzentuierung der Persönlichkeitszüge. Bei Fortschreiten der Erkrankung verstärken sich die Symptome bis zu völliger Desorientiertheit, Verwirrtheit, starker Apathie, motorischer Unruhe. Gelegentlich treten auch neurologische Ausfallserscheinungen auf.

Diagnostik:
Diagnostisches Gespräch mit Erhebung der (Fremd-)Anamnese und des psychischen Befundes, allgemeine-körperliche und neurologische Untersuchung. Zur weiteren diagnostischen Abklärung labortechnische und apparative Verfahren (EEG, CCT, MRT u.a.).

Differentialdiagnostisch muß an akute hirnorganische Erkrankungen, Residualzustände nach psychotischen Störungen, sogenannte depressive Pseudodemenz (s. Kap. B. 2.3) und Persönlichkeitsstörungen gedacht werden.

Therapie:
Vor jeglicher Therapie sollte eine möglichst exakte Abklärung der Ursache(n) erfolgen. Primär muß die Grunderkrankung behandelt werden! Diese Behandlung erfordert in der Regel eine internistische Basistherapie.
Eine gleichzeitige psychotherapeutische Führung (s. Kap. A. 4.3.2.1 und A. 4.3.2.2) soll im Sinne einer Mithilfe bei der Auseinandersetzung mit der Erkrankung und der Bewältigung von bewußt wahrgenommenen körperlichen und seelisch-geistigen Defiziten wirken. Eventuell auftretende psychosoziale Probleme, z.B. in der Familie oder im weiteren sozialen Umfeld, müssen psychotherapeutisch und soziotherapeutisch bearbeitet werden.
Gleichzeitig müssen die Angehörigen über die Art der Erkrankung und die Tatsache aufgeklärt werden, daß der Patient trotz besten Willens nicht mehr das zu leisten in der Lage ist, was man eventuell von ihm erwartet. Auf die Progredienz der Erkrankung und die Akzentuierung der Beschwerden und Defizite sollte hingewiesen werden.

Neben der internistischen Basistherapie können Nootropika eingesetzt werden (s. Kap. A. 4.6.1). Nootropika sind dabei Zusatztherapeutika und können bei einer heute noch nicht exakt zu definierenden Patientengruppe positive Effekte hervorrufen. Der Nachweis ihrer Wirkung ist zum Teil umstritten und außerordentlich schwierig.
Ist ein positiver therapeutischer Effekt nach einer Behandlungszeit von 4 - 6 Wochen evident, ist unter Berücksichtigung des in der Regel chronisch-progredienten Verlaufes der Erkrankung eine Langzeitbehandlung mit dem Medikament gerechtfertigt.
Zeigt ein Präparat nach einer Behandlungszeit von längstens zwei Monaten keinen Effekt, sollte es abgesetzt werden. Gegebenenfalls ist ein Wechsel auf ein anderes Präparat nötig, da das fehlende Reagieren auf ein Nootropikum die Wirkung eines anderen nicht grundsätzlich ausschließt.

C Anhang

C. 1 Internationale Klassifikation der psychiatrischen Krankheiten bzw. psychischer Störungen der WHO: ICD (= International Classification of Diseases)

C. 1.1 *Internationale Klassifikation psychiatrischer Krankheiten ICD-9 Kapitel V, Diagnosenschlüssel**

ICD-Nr. Diagnose

Psychosen 290 - 299

Organische Psychosen 290 - 294

290 Senile und präsenile organische Psychosen
- .0 Einfache senile Demenz
- .1 Präsenile Demenz
- .2 Senile Demenz mit depressivem oder paranoidem Erscheinungsbild
- .3 Senile Demenz mit akutem Verwirrtheitszustand
- .4 Arteriosklerotische Demenz
- .8 Andere senile und präsenile organische Psychosen

291 Alkoholpsychosen
- .0 Delirium tremens
- .1 Alkoholisches Korsakow-Syndrom (Korsakow-Psychose)

*Quelle: Degwitz R, Helmchen H, Kockott G, Mombour W,Hrsg. Diagnosenschlüssel und Glossar psychiatrischer Krankheiten. 5. Aufl. Springer: Berlin-Heidelberg-New York 1988.

.2 Andere Alkoholdemenz
.3 Alkohol-Halluzinose
.4 Pathologischer Rausch
.5 Alkoholischer Eifersuchtswahn
.8 Andere Alkoholpsychosen
.9 Nicht näher bezeichnete Alkoholpsychosen

292 Drogenpsychosen
.0 Drogenentzugssyndrom
.1 Drogeninduzierte paranoide und/oder halluzinatorische Zustandsbilder
.2 Pathologischer Drogenrausch
.8 Andere Drogenpsychosen
.9 Nicht näher bezeichnete Drogenpsychosen

293 Vorübergehende organische Psychosen
(akute exogene Reaktionstypen)
.0 Akuter „Verwirrtheitszustand"
.1 Subakuter „Verwirrtheitszustand"
.8 Andere vorübergehende organische Psychosen
.9 Nicht näher bezeichnete vorübergehende organische Psychosen

294 Andere (chronische) organische Psychosen
.0 (Nichtalkoholische) Korsakow-Psychose oder Korsakow-Syndrom
.1 Demenz bei an anderer Stelle klassifizierten Krankheitsbildern
.8 Andere (chronische) organische Psychosen
.9 Nicht nähere bezeichnete (chronische) organische Psychosen

Andere Psychosen 295 - 299

295 Schizophrene Psychosen
.0 Schizophrenia simplex
.1 Hebephrene Form
.2 Katatone Form
.3 Paranoide Form
.4 Akute schizophrene Episode

.5	Latente Schizophrenie
.6	Schizophrene Rest- und Defektzustände
.7	Schizoaffektive Psychose
.8	Andere Schizophrenieformen
.9	Nicht näher bezeichnete Schizophrenieformen

296	**Affektive Psychosen**
.0	Endogene Manie, bisher nur monopolar
.1	Endogene Depression, bisher nur monopolar
.2	Manie im Rahmen einer zirkulären Verlaufsform einer manisch-depressiven Psychose
.3	Depression im Rahmen einer zirkulären Verlaufsform einer manisch-depressiven Psychose
.4	Mischzustand im Rahmen einer zirkulären Verlaufsform einer manisch-depressiven Psychose
.5	Zirkuläre Verlaufsform einer manisch-depressiven Psychose ohne Angaben über das vorliegende Zustandsbild
.6	Andere und nicht näher bezeichnete manisch-depressive Psychosen
.8	Andere affektive Psychosen
.9	Nicht näher bezeichnete affektive Psychosen

297	**Paranoide Syndrome**
.0	Einfache paranoide Psychose
.1	Paranoia
.2	Paraphrenie
.3	Induzierte Psychose
.8	Andere paranoide Syndrome
.9	Nicht näher bezeichnete paranoide Syndrome

298	**Andere nichtorganische Psychosen**
.0	Reaktive depressive Psychose
.1	Reaktiver Erregungszustand
.2	Reaktiver Verwirrtheitszustand
.3	Akute paranoide Reaktion
.4	Psychogene Psychose mit paranoider Symptomatik
.8	Andere und nicht näher bezeichnete reaktive Psychosen
.9	Nicht näher bezeichnete Psychose

299 Typische Psychosen des Kindesalters
.0 Frühkindlicher Autismus
.1 Desintegrative Psychose
.8 Andere Psychosen des Kindesalters
.9 Nicht näher bezeichnete Psychosen des Kindesalters

Neurosen, Persönlichkeitsstörungen (Psychopathien) und andere nichtpsychotische psychische Störungen 300 - 316

300 Neurosen
.0 Angstneurose
.1 Hysterische Neurose
.2 Phobie
.3 Zwangsneurose
.4 Neurotische Depression
.5 Neurasthenie
.6 Neurotisches Depersonalisationssyndrom
.7 Hypochondrische Neurose
.8 Andere Neurosen
.9 Nicht näher bezeichnete Neurosen

301 Persönlichkeitsstörungen
(Psychopathien, Charakterneurosen)
.0 Paranoide Persönlichkeit
.1 Zyklothyme (thymopathische) Persönlichkeit
.2 Schizoide Persönlichkeit
.3 Erregbare Persönlichkeit
.4 Anankastische Persönlichkeit
.5 Hysterische Persönlichkeit
.6 Asthenische Persönlichkeit
.7 Persönlichkeitsstörung mit vorwiegend soziopathischem oder asozialem Verhalten
.8 Andere Persönlichkeitsstörungen
.9 Nicht näher bezeichnete Persönlichkeitsstörungen

302 Sexuelle Verhaltensabweichungen und Störungen
.0 Homosexualität

.1	Sodomie
.2	Pädophilie
.3	Transvestismus
.4	Exhibitionismus
.5	Transsexualität
.6	Störungen der psychosexuellen Identität
.7	Frigidität und Impotenz
.8	Andere sexuelle Verhaltensabweichungen und Störungen
.9	Nicht näher bezeichnete sexuelle Verhaltensabweichungen und Störungen
303	**Alkoholabhängigkeit**
304	**Medikamenten-/Drogenabhängigkeit**
.0	Morphintyp
.1	Barbiturattyp
.2	Kokain
.3	Cannabis
.4	Amphetamintyp und andere Psychostimulantien
.5	Halluzinogene
.6	Abhängigkeit von anderen Medikamenten/Drogen
.7	Polytoxikomanie einschließlich des Morphintyps
.8	Polytoxikomanie ohne Morphintyp
.9	Nicht näher bezeichnete Medikamenten-/Drogenabhängigkeit
305	**Drogen- und Medikamentenmißbrauch ohne Abhängigkeit**
.0	Alkoholmißbrauch
.1	Nikotinmißbrauch
.2	Cannabismißbrauch
.3	Halluzinogenmißbrauch
.4	Mißbrauch von Barbituraten und Tranquilizern
.5	Mißbrauch vom Morphintyp
.6	Mißbrauch vom Kokaintyp
.7	Mißbrauch vom Amphetamintyp
.8	Mißbrauch von Antidepressiva
.9	Anderer, kombinierter und nicht näher bezeichneter Medikamenten-/Drogenmißbrauch

306 Körperliche Funktionsstörungen psychischen Ursprungs

.0 Muskulatur und Skelettsystem
.1 Atmungsorgane
.2 Herz- und Kreislaufsystem
.3 Haut
.4 Magen-Darm-Trakt
.5 Urogenitalsystem
.6 Endokrines System
.7 Sinnesorgane
.8 Andere funktionelle Störungen psychischen Ursprungs
.9 Nicht näher bezeichnete funktionelle Störungen psychischen Ursprungs

307 Spezielle, nicht anderweitig klassifizierbare Symptome oder Syndrome

.0 Stammeln oder Stottern
.1 Anorexia nervosa
.2 Ticks
.3 Wiederholte stereotype Bewegungen
.4 Spezifische Schlafstörungen
.5 Andere und nicht näher bezeichnete Eßstörungen
.6 Enuresis
.7 Enkopresis
.8 Psychalgie
.9 Andere und nicht näher bezeichnete spezifische Symptome oder Syndrome, die nicht anderweitig klassifiziert werden können

308 Psychogene Reaktion (akute Belastungsreaktion)

.0 Akute Belastungsreaktion mit vorherrschender emotionaler Störung
.1 Akute Belastungsreaktion mit vorherrschender Bewußtseinsstörung
.2 Akute Belastungsreaktion mit vorherrschender psychomotorischer Störung
.3 Andere akute Belastungsreaktion
.4 Mischformen
.9 Nicht näher bezeichnete akute Belastungsreaktion

309 **Psychogene Reaktion** (Anpassungsstörung)
.0 Kurzdauernde depressive Reaktion
.1 Länger dauernde depressive Reaktion
.2 Anpassungsstörung mit vorwiegend emotionaler Symptomatik
.3 Anpassungsstörung vorwiegend im Sozialverhalten
.4 Anpassungsstörung im Sozialverhalten mit emotionaler Symptomatik
.8 Andere Anpassungsstörungen
.9 Nicht näher bezeichnete Anpassungsstörungen

310 **Spezifische nichtpsychotische Störungen nach Hirnschädigungen**
.0 Frontalhirnsyndrom
.1 Intelligenz- oder Persönlichkeitsveränderung anderer Typologie
.2 Postkontusionelles Syndrom
.8 Andere spezifische nichtpsychotische Störungen nach Hirnschädigungen
.9 Nicht näher bezeichnete spezifische, nichtpsychotische psychische Störungen nach Hirnschädigungen

311 **Anderweitig nicht klassifizierbare depressive Zustandsbilder**

312 **Anderweitig nicht klassifizierbare Störungen des Sozialverhaltens**
.0 Störungen des Sozialverhaltens mit Sozialisation (ohne Gruppe)
.1 Störungen des Sozialverhaltens mit Sozialisation (in Gruppe)
.2 Störungen des Sozialverhaltens mit Zwangscharakter
.3 Störungen des Sozialverhaltens mit emotionaler Symptomatik
.8 Andere Störungen des Sozialverhaltens
.9 Nicht näher bezeichnete Störungen des Sozialverhaltens

313 **Spezifische emotionale Störungen des Kindes- und Jugendalters**
.0 Mit Angst und Furchtsamkeit
.1 Mit Niedergeschlagenheit und Unglücklichsein
.2 Mit Empfindsamkeit, Scheu und Abkapselung
.3 Mit Beziehungsschwierigkeiten
.8 Andere oder Mischformen

.9	Nicht näher bezeichnete spezifische emotionale Störungen des Kindes- und Jugendalters
314	**Hyperkinetisches Syndrom des Kindesalters**
.0	Störung von Aktivität und Aufmerksamkeit
.1	Hyperkinetisches Syndrom mit Entwicklungsrückstand
.2	Hyperkinetisches Syndrom mit Störung des Sozialverhaltens
.8	Andere hyperkinetische Syndrome des Kindesalters
.9	Nicht näher bezeichnete hyperkinetische Syndrome des Kindesalters
315	**Umschriebene Entwicklungsrückstände**
.0	Umschriebene Lese-Rechtschreibschwäche
.1	Umschriebene Rechenschwäche
.2	Andere umschriebene Lernschwächen
.3	Umschriebener Rückstand in der Sprech- und Sprachentwicklung
.4	Umschriebener Rückstand in der motorischen Entwicklung
.5	Mischform
.8	Andere umschriebene Entwicklungsrückstände
.9	Nicht näher bezeichnete umschriebene Entwicklungsrückstände
316	**Anderweitig klassifizierte Erkrankungen, bei denen psychische Faktoren eine Rolle spielen** (psychosomatische Erkrankungen im engeren Sinne)

Oligophrenien 317 - 319

317	**Leichter Schwachsinn**
318	**Andere Ausprägungsgrade des Schwachsinns**
.0	Deutlicher Schwachsinn
.1	Schwerer Schwachsinn
.2	Hochgradiger Schwachsinn
319	**Nicht näher bezeichneter Schwachsinn**

C. 1.2 *Internationale Klassifikation psychischer Störungen ICD-10 Kapitel V (F), Übersicht**

Überblick über die zwei- bis fünfstelligen diagnostischen Kategorien:

F0 Organische, einschließlich symptomatischer psychischer Störungen

F00 Demenz bei Alzheimerscher Erkrankung

- F00.0 Demenz bei Alzheimerscher Erkrankung mit frühem Beginn (Typ 2)
- F00.1 Demenz bei Alzheimerscher Erkrankung mit spätem Beginn (Typ 1)
- F00.2 Demenz bei Alzheimerscher Erkrankung, atypische oder gemischte Form
- F00.9 nicht näher bezeichnete

F01 vaskuläre Demenz

- F01.0 vaskuläre Demenz mit akutem Beginn
- F01.1 Multiinfarktdemenz (vorwiegend kortikal)
- F01.2 subkortikale vaskuläre Demenz
- F01.3 gemischte (kortikale und subkortikale) vaskuläre Demenz
- F01.8 andere
- F01.9 nicht näher bezeichnete

F02 Demenz bei andernorts klassifizierten Erkrankungen

- F02.0 Demenz bei Pickscher Erkrankung
- F02.1 Demenz bei Creutzfeldt-Jacobscher Erkrankung
- F02.2 Demenz bei Huntingtonscher Erkrankung
- F02.3 Demenz bei Parkinsonscher Erkrankung
- F02.4 Demenz bei Erkrankung durch das Humane Immundefizienz Virus (HIV)
- F02.8 Demenz bei andernorts klassifizierten Krankheitsbildern

*Quelle: WELTGESUNDHEITSORGANISATION, Hrsg. Internationale Klassifikation psychischer Störungen. ICD-10 Kapitel V (F). Klinisch-diagnostische Leitlinien. Huber: Bern-Göttingen-Toronto 1991.

F03 nicht näher bezeichnete Demenz

Die fünfte Stelle beschreibt das klinische Erscheinungsbild einer Demenz (F00-F03) mit zusätzlichen Symptomen:

F0x.x0	ohne zusätzliche Symptome
F0x.x1	andere Symptome, vorwiegend wahnhaft
F0x.x2	andere Symptome, vorwiegend halluzinatorisch
F0x.x3	andere Symptome, vorwiegend depressiv
F0x.x4	andere gemischte Symptome

F04 organisches amnestisches Syndrom, nicht durch Alkohol oder psychotrope Substanzen bedingt

F05 Delir, nicht durch Alkohol oder psychotrope Substanzen bedingt

F05.0	Delir ohne Demenz
F05.1	Delir bei Demenz
F05.8	anderes
F05.9	nicht näher bezeichnetes

F06 andere psychische Störungen aufgrund einer Schädigung oder Funktionsstörung des Gehirns oder einer körperlichen Erkrankung

F06.0	organische Halluzinose
F06.1	organische katatone Störung
F06.2	organische wahnhafte (schizophreniforme) Störungen
F06.3	organische affektive Störungen
.30	organische manische Störung
.31	organische bipolare Störung
.32	organische depressive Störung
.33	organische gemischte affektive Störung
F06.4	organische Angststörung
F06.5	organische dissoziative Störung
F06.6	organische emotional labile (asthenische) Störung
F06.7	leichte kognitive Störung
F06.8	andere näher bezeichnete
F06.9	nicht näher bezeichnete

F07 Persönlichkeits- und Verhaltensstörungen aufgrund einer Erkrankung, Schädigung oder Funktionsstörung des Gehirns

F07.0 organische Persönlichkeitsstörung
F07.1 postenzephalitisches Syndrom
F07.2 organisches Psychosyndrom nach Schädelhirntrauma
F07.8 andere
F07.9 nicht näher bezeichnete

F09 nicht näher bezeichnete organische oder symptomatische psychische Störungen

F1 Psychische und Verhaltensstörungen durch psychotrope Substanzen

F10 Störungen durch Alkohol

F11 Störungen durch Opioide

F12 Störungen durch Cannabinoide

F13 Störungen durch Sedativa oder Hypnotika
F14 Störungen durch Kokain

F15 Störungen durch andere Stimulantien einschließlich Koffein

F16 Störungen durch Halluzinogene

F17 Störungen durch Tabak

F18 Störungen durch flüchtige Lösungsmittel

F19 Störungen durch multiplen Substanzgebrauch und Konsum anderer psychotroper Substanzen

Die vierte und fünfte Stelle beschreiben das klinische Erscheinungsbild:

F1x.0 akute Intoxikation
.00 ohne Komplikationen

.01	mit Verletzung oder anderer körperlicher Schädigung
.02	mit anderer medizinischer Komplikation
.03	mit Delir
.04	mit Wahrnehmungsstörungen
.05	mit Koma
.06	mit Krampfanfällen
.07	pathologischer Rausch
F1x.1	schädlicher Gebrauch
F1x.2	Abhängigkeitssyndrom
.20	gegenwärtig abstinent
.21	gegenwärtig abstinent, aber in beschützender Umgebung
.22	gegenwärtig Teilnahme an einem ärztlich überwachten Ersatzdrogenprogramm (z.B. Methadon)
.23	gegenwärtig abstinent, aber in Behandlung mit aversiven oder hemmenden Medikamenten (z.B. Naloxon oder Disulfiram)
.24	gegenwärtiger Substanzgebrauch
.25	ständiger Substanzgebrauch
.26	episodischer Substanzgebrauch
F1x.3	Entzugssyndrom
.30	ohne Komplikationen
.31	mit Krampfanfällen
F1x.4	Entzugssyndrom mit Delir
.40	ohne Krampfanfälle
.41	mit Krampfanfällen
F1x.5	psychotische Störung
.50	schizophreniform
.51	vorwiegend wahnhaft
.52	vorwiegend halluzinatorisch
.53	vorwiegend polymorph
.54	vorwiegend depressive Symptome
.55	vorwiegend manische Symptome
.56	gemischt

F1x.6	durch Alkohol oder psychotrope Substanzen bedingtes amnestisches Syndrom
F1x.7	durch Alkohol oder psychotrope Substanzen bedingter Restzustand und verzögert auftretende psychotische Störungen
.70	Nachhallzustände (flashbacks)
.71	Persönlichkeits- oder Verhaltensstörung
.72	affektives Zustandsbild
.73	Demenz
.74	andere anhaltende kognitive Beeinträchtigung
.75	verzögert auftretende psychotische Störung
F1x.8	andere durch Alkohol oder psychotrope Substanzen bedingte psychische oder Verhaltensstörungen
F1x.9	nicht näher bezeichnete durch Alkohol oder psychotrope Substanzen bedingte psychische oder Verhaltensstörung

F2 Schizophrenie, schizotype und wahnhafte Störungen

F20 Schizophrenie

F20.0	paranoide Schizophrenie
F20.1	hebephrene Schizophrenie
F20.2	katatone Schizophrenie
F20.3	undifferenzierte Schizophrenie
F20.4	postschizophrene Depression
F20.5	schizophrenes Residuum
F20.6	Schizophrenia simplex
F20.8	andere
F20.9	nicht näher bezeichnete

Verlaufsbilder:

F20.x0	kontinuierlich
F20.x1	episodisch, mit zunehmendem Residuum
F20.x2	episodisch, mit stabilem Residuum

	F20.x3	episodisch remittierend
	F20.x4	unvollständige Remission
	F20.x5	vollständige Remission
	F20.x8	andere
	F20.x9	Beobachtungszeitraum weniger als ein Jahr
F21	**schizotype Störungen**	
F22	**anhaltende wahnhafte Störungen**	
	F22.0	wahnhafte Störung
	F22.8	andere anhaltende wahnhafte Störungen
	F22.9	nicht näher bezeichnete
F23	**vorübergehende akute psychotische Störungen**	
	F23.0	akute polymorphe psychotische Störung ohne Symptome einer Schizophrenie
	.00	ohne akute Belastung
	.01	mit akuter Belastung
	F23.1	akute polymorphe psychotische Störung mit Symptomen einer Schizophrenie
	.10	ohne akute Belastung
	.11	mit akuter Belastung
	F23.2	akute schizophreniforme psychotische Störung
	.20	ohne akute Belastung
	.21	mit akuter Belastung
	F23.3	andere akute vorwiegend wahnhafte psychotische Störung
	.30	ohne akute Belastung
	.31	mit akuter Belastung
	F23.8	andere akute vorübergehende psychotische Episode
	F23.9	nicht näher bezeichnete
F24	**induzierte wahnhafte Störung**	
F25	**schizoaffektive Störungen**	
	F25.0	schizomanische Störung
	F25.1	schizodepressive Störung
	F25.2	gemischte schizoaffektive Störung

F25.8	andere
F25.9	nicht näher bezeichnete

F28 andere nichtorganische psychotische Störungen

F29 nicht näher bezeichnete nichtorganische Psychose

F3 Affektive Störungen

F30 manische Episode

F30.0	Hypomanie
F30.1	Manie ohne psychotische Symptome
F30.2	Manie mit psychotischen Symptomen
F30.8	andere
F30.9	nicht näher bezeichnete

F31 bipolare affektive Störung

F31.0	gegenwärtig hypomanische Episode
F31.1	gegenwärtig manische Episode, ohne psychotische Symptome
F31.2	gegenwärtig manische Episode, mit psychotischen Symptomen
F31.3	gegenwärtig mittelgradige oder leichte depressive Episode
.30	ohne somatische Symptome
.31	mit somatischen Symptomen
F31.4	gegenwärtig schwere depressive Episode ohne psychotische Symptome
F31.5	gegenwärtig schwere depressive Episode mit psychotischen Symtomen
F31.6	gegenwärtig gemischte Episode
F31.7	gegenwärtig remittiert
F31.8	andere
F31.9	nicht näher bezeichnete

F32 depressive Episode

F32.0	leichte depressive Episode
.00	ohne somatische Symptome

	.01	mit somatischen Symptomen
	F32.1	mittelgradige depressive Episode
	.10	ohne somatische Symptome
	.11	mit somatischen Symptomen
	F32.2	schwere depressive Episode ohne psychotische Symptome
	F32.3	schwere depressive Episode mit psychotischen Symptomen
	F32.8	andere
	F32.9	nicht näher bezeichnete
F33	**rezidivierende depressive Störungen**	
	F33.0	gegenwärtig leichte Episode
	.00	ohne somatische Symptome
	.01	mit somatischen Symptomen
	F33.1	gegenwärtig mittelgradige Episode
	.10	ohne somatische Symptome
	.11	mit somatischen Symptomen
	F33.2	gegenwärtig schwere Episode ohne psychotische Symptome
	F33.3	gegenwärtig schwere Episode mit psychotischen Symptomen
	F33.4	gegenwärtig remittiert
	F33.8	andere
	F33.9	nicht näher bezeichnete
F34	**anhaltende affektive Störungen**	
	F34.0	Zyklothymia
	F34.1	Dysthymia
	F34.8	andere
	F34.9	nicht näher bezeichnete
F38	**andere affektive Störungen**	
	F38.0	andere einzelne affektive Störungen
	.00	gemischte affektive Episode
	F38.1	andere rezidivierende affektive Störungen
	.10	rezidivierende kurze depressive Störung
	F38.8	andere näher bezeichnete

F39 nicht näher bezeichnete affektive Störungen

F4 neurotische, Belastungs- und somatoforme Störungen

F40 phobische Störung

F40.0	Agoraphobie
.00	ohne Panikstörung
.01	mit Panikstörung
F40.1	soziale Phobien
F40.2	spezifische (isolierte) Phobien
F40.8	andere
F40.9	nicht näher bezeichnete

F41 andere Angststörungen

F41.0	Panikstörung (episodisch paroxysmale Angst)
F41.1	generalisierte Angststörung
F41.2	Angst und depressive Störung, gemischt
F41.3	andere gemischte Angststörungen
F41.8	andere näher bezeichnete
F41.9	nicht näher bezeichnete

F42 Zwangsstörung

F42.0	vorwiegend Zwangsgedanken oder Grübelzwang
F42.1	vorwiegend Zwangshandlungen (Zwangsrituale)
F42.2	Zwangsgedanken und -handlungen, gemischt
F42.8	andere
F42.9	nicht näher bezeichnete

F43 Reaktionen auf schwere Belastungen und Anpassungsstörungen

F43.0	akute Belastungsreaktion
F43.1	posttraumatische Belastungsstörung
F43.2	Anpassungsstörungen
.20	kurze depressive Reaktion
.21	längere depressive Reaktion
.22	Angst und depressive Reaktion, gemischt
.23	mit vorwiegender Beeinträchtigung von anderen Gefühlen

.24	mit vorwiegender Störung des Sozialverhaltens
.25	mit gemischter Störung von Gefühlen und Sozialverhalten
.28	andere spezifische Anpassungsstörung
F43.8	andere
F43.9	nicht näher bezeichnete

F44 dissoziative Störungen (Konversionsstörungen)

F44.0	dissoziative Amnesie
F44.1	dissoziative Fugue
F44.2	dissoziativer Stupor
F44.3	Trance und Besessenheitszustände
F44.4	dissoziative Bewegungsstörungen
F44.5	dissoziative Krampfanfälle
F44.6	dissoziative Sensibilitäts- und Empfindungsstörungen
F44.7	dissoziative Störungen (Konversionsstörungen), gemischt
F44.8	andere
.80	Ganser-Syndrom
.81	multiple Persönlichkeit
.82	vorübergehende dissoziative Störungen (Konversionsstörungen) in der Kindheit und Jugend
.88	andere näher bezeichnete
F44.9	nicht näher bezeichnete

F45 somatoforme Störungen

F45.0	Somatisierungsstörung
F45.1	undifferenzierte Somatisierungsstörung
F45.2	hypochondrische Störung
F45.3	somatoforme autonome Funktionsstörung
.30	kardiovaskuläres System
.31	oberer Gastrointestinaltrakt
.32	unterer Gastrointestinaltrakt
.33	respiratorisches System
.34	Urogenitalsystem
F45.4	anhaltende somatoforme Schmerzstörung
F45.8	andere
F45.9	nicht näher bezeichnete

F48 andere neurotische Störungen

F48.0	Neurasthenie (Erschöpfungssyndrom)
F48.1	Depersonalisations-, Derealisationssyndrom(-störung)
F48.8	andere näher bezeichnete
F48.9	nicht näher bezeichnete

F5 Verhaltensauffälligkeiten mit körperlichen Störungen und Faktoren

F50 Eßstörungen

F50.0	Anorexia nervosa
F50.1	atypische Anorexia nervosa
F50.2	Bulimia nervosa
F50.3	atypische Bulimia nervosa
F50.4	Eßattacken bei anderen psychischen Störungen
F50.5	Erbrechen bei psychischen Störungen
F50.8	andere
F50.9	nicht näher bezeichnete

F51 nichtorganische Schlafstörungen

F51.0	nichtorganische Insomnie
F51.1	nichtorganische Hypersomnie
F51.2	nichtorganische Störung des Schlaf-Wach-Rhythmus
F51.3	Schlafwandeln
F51.4	Pavor nocturnus
F51.5	Alpträume (Angstträume)
F51.8	andere
F51.9	nicht näher bezeichnete

F52 sexuelle Funktionsstörungen, nicht verursacht durch eine organische Störung oder Erkrankung

F52.0	Mangel oder Verlust von sexuellem Verlangen
F52.1	sexuelle Aversion und mangelnde sexuelle Befriedigung
.10	sexuelle Aversion
.11	mangelnde sexuelle Befriedigung
F52.2	Versagen genitaler Reaktionen
F52.3	Orgasmusstörung

F52.4	Ejaculatio praecox
F52.5	nichtorganischer Vaginismus
F52.6	nichtorganische Dyspareunie
F52.7	gesteigertes sexuelles Verlangen
F52.8	andere
F52.9	nicht näher bezeichnete

F53 psychische oder Verhaltensstörungen im Wochenbett, nicht andernorts klassifizierbar

F53.0	leichte psychische Störungen im Wochenbett, nicht andernorts klassifizierbar
F53.1	schwere psychische Störungen im Wochenbett, nicht andernorts klassifizierbar
F53.8	andere
F53.9	nicht näher bezeichnete

F54 psychische Faktoren oder Verhaltenseinflüsse bei andernorts klassifizierten Erkrankungen

F55 Mißbrauch von Substanzen, die keine Abängigkeit hervorrufen

F55.0	Antidepressiva
F55.1	Laxantien
F55.2	Analgetika
F55.3	Antazida
F55.4	Vitamine
F55.5	Steroide oder Hormone
F55.6	bestimmte pflanzliche oder Naturheilmittel
F55.8	andere
F55.9	nicht näher bezeichnete

F59 nicht näher bezeichnete Verhaltensauffälligkeiten mit körperlichen Störungen und Faktoren

F6 Persönlichkeits- und Verhaltensstörungen

F60 spezifische Persönlichkeitsstörungen

F60.0	paranoide Persönlichkeitsstörung
F60.1	schizoide Persönlichkeitsstörung

F60.2 dissoziale Persönlichkeitsstörung
F60.3 emotional instabile Persönlichkeitsstörung
.30 impulsiver Typus
.31 Borderline Typus
F60.4 histrionische Persönlichkeitsstörung
F60.5 anankastische (zwanghafte) Persönlichkeitsstörung
F60.6 ängstliche (vermeidende) Persönlichkeitsstörung
F60.7 abhängige Persönlichkeitsstörung
F60.8 andere
F60.9 nicht näher bezeichnete

F61 kombinierte und andere Persönlichkeitsstörungen

F61.0 kombinierte Persönlichkeitsstörungen
F61.1 störende Persönlichkeitsstörungen, nicht klassifizierbar in F60 oder F62

F62 andauernde Persönlichkeitsänderungen, nicht Folge einer Schädigung oder Erkrankung des Gehirns

F62.0 andauernde Persönlichkeitsänderung nach Extrembelastung
F62.1 andauernde Persönlichkeitsänderung nach psychischer Erkrankung
F62.8 andere
F62.9 nicht näher bezeichnete

F63 abnorme Gewohnheiten und Störungen der Impulskontrolle

F63.0 pathologisches Spielen
F63.1 pathologische Brandstifung (Pyromanie)
F63.2 pathologisches Stehlen (Kleptomanie)
F63.3 Trichotillomanie
F63.8 andere
F63.9 nicht näher bezeichnete

F64 Störungen der Geschlechtsidentität

F64.0 Transsexualismus
G64.1 Transvestitismus unter Beibehaltung beider Geschlechtsrollen

	F64.2	Störung der Geschlechtsidentität des Kindsalters
	F64.8	andere
	F64.9	nicht näher bezeichnete

F65 Störungen der Sexualpräferenz

F65.0	Fetischismus
F65.1	fetischistischer Transvestitismus
F65.2	Exhibitionismus
F65.3	Voyeurismus
F65.4	Pädophilie
F65.5	Sadomasochismus
F65.6	multiple Störungen der Sexualpräferenz
F65.8	andere
F65.9	nicht näher bezeichnete

F66 psychische und Verhaltensprobleme in Verbindung mit der sexuellen Entwicklung und Orientierung

F66.0	sexuelle Reifungskrise
F66.1	ichdystone Sexualorientierung
F66.2	sexuelle Beziehungsstörung
F66.8	andere psychosexuelle Entwicklungsstörungen
F66.9	nicht näher bezeichnete

Die fünfte Stelle bezeichnet die sexuelle Orientierung:

F6x.x0	Heterosexualität
F6x.x1	Homosexualität
F6x.x2	Bisexualität

F68 andere Persönlichkeits- und Verhaltensstörungen

F68.0	Entwicklung körperlicher Symptome aus psychischen Gründen
F68.1	artifizielle Störung (absichtliches Erzeugen oder Vortäuschen von körperlichen oder psychischen Symptomen oder Behinderungen)
F68.8	andere näher bezeichnete

F69 nicht näher bezeichnete Persönlichkeits- und Verhaltensstörung

F7 Intelligenzminderung

F70 leichte Intelligenzminderung

F71 mittelgradige Intelligenzminderung

F72 schwere Intelligenzminderung

F73 schwerste Intelligenzminderung

F78 andere Intelligenzminderung

F79 nicht näher bezeichnete Intelligenzminderung

Mit der vierten Stelle kann das Ausmaß der begleitenden Verhaltensstörung beschrieben werden:

F7x.0	keine oder minimale Verhaltensstörung
F7x.1	eindeutige Verhaltensstörung, betreuungs- oder behandlungsbedürftig
F7x.8	andere
F7x.9	nicht näher bezeichnete

C. 2 Psychopharmaka*

C. 2.1 *Neuroleptika*

Handelsnamen (Auswahl)	generic name	Handelsformen	Klin. Behandlung akuter Psychosen: parenterale Einzeldosis in mg[a]	Klin. Behandlung akuter Psychosen: perorale Tagesdosis in mg	Langzeittherapie Tagesdosis per os in mg
1. *Phenothiazine mit aliphatischen Seitenketten*					
Protactyl	Promazin	Dr. à 25, 50, 100 mg Suspension: 5 ml/50mg Amp.: 1 ml/50 mg	50 - 100	-	100 - 300
Neurocil	Levome-promazin	Tabl. à 25 bzw. 100 mg 10 Tr. = 10 mg Amp.: 1 ml/25 mg	25 - 75	100 - 300	-
Theralene	Alimemazin	Tabl. à 5 mg 10 Tr. = 10 mg Sirup: 1 Teel. = 5 mg	-	15 - 75	10 - 50
2. *Phenothiazine mit Piperidylseitenketten*					
Melleril Melleril retard	Thioridazin	Dr. à 25 bzw. 100 mg Tab. à 30 bzw. 200 mg	-	150 - 600	100 - 300
Aolept	Periciazin	10 Tr. = 10 mg	-	-	20 - 60
3. *Phenothiazine mit Piperazinylseitenketten*					
Taxilan	Perazin	Dr. à 25 bzw. 100 mg 10 Tr. = 20 mg Amp.: 2 ml/50 mg	50 - 100	150 - 600	100 - 300
Jatroneural	Trifluperazin	Dr. à 2 bzw. 5 mg Kapseln à 2 mg (retard)	-	10 - 30	5 - 15

* Modifiziert nach: Tölle R. Psychiatrie. 9. Aufl. Springer: Berlin, Heidelberg, New York u.a. 1991.

Handelsnamen (Auswahl)	generic name	Handelsformen	Klin. Behandlung akuter Psychosen parenterale Einzeldosis in mg[a]	Klin. Behandlung akuter Psychosen perorale Tagesdosis in mg	Langzeittherapie Tagesdosis per os in mg
Decentan	(Chlor)perphenazin	Dr. à 4 mg Tabl. à 8 mg 10 Tr. = 2 mg Amp.: 1 ml/5 mg	10 - 20	20 - 64	(12 - 32)
Dapotum	Fluphenazin	Tabl. à 5 mg 10 Tr. = 2 mg Amp.: 1 ml/10 mg	4 - 10	4 - 20	(2 - 8)
Lyogen	Fluphenazin	Tabl. à 1 bzw. 4 mg 10 Tr. = 1 mg Amp.: 1 ml/1 mg bzw. 5 mg	4 - 10	4 - 20	(2 - 8)
Lyogen retard Esucos	Dixyrazin	Dr. à 3 bzw. 6 mg Tabl. à 10 bzw. 25 mg Tr.: 1 ml = 22 mg	-	75 - 150	50 - 100
4. Thioxanthene					
Taractan	Chlorprothixen	Dr. à 15 bzw. 50 mg 10 Tr. = 20 mg	50 - 100	200 - 600	100 - 250
Truxal	Chlorprothixen	Dr. à 15 bzw. 50 mg 1 ml Saft = 20 mg 1 ml Tr. = 20 mg Amp.: 1 ml/50 mg	50 - 100	200 - 600	100 - 250
Ciatyl	Clopenthixol	Dr. à 10 mg Tabl. à 25 mg Amp.: 1 ml/25 mg	25	50 - 150	(20 - 50)
Sedanxol	Zuclopenthixol	Tabl. à 2, 10 bzw. 25 mg 10 Tropfen = 10 mg	-	15 - 70	5 - 25
Fluanxol	Flupentixol	Dr. à 0,5 bzw. 5 mg	-	2 - 10	(1 - 2)
Orbinamon	Tiotixen	Tabl. à 10 mg	-	20 - 60	10 - 30

Handelsnamen (Auswahl)	generic name	Handelsformen	Klin. Behandlung akuter Psychosen parenterale Einzeldosis in mg[a]	perorale Tagesdosis in mg	Langzeittherapie Tagesdosis per os in mg
5. Weitere trizyklische Neuroleptika					
Dominal	Prothipendyl	Tabl. à 40 bzw. 80 mg 10 Tr. = 25 mg 5 ml Saft = 15 mg Amp.: 2 ml/ 40 mg	40 - 120	200 - 800	160 - 400
Nipolept	Zotepin	Dr. à 25 mg	-	100 - 400	75 - 150
Leponex[b]	Clozapin	Tabl. à 25 bzw. 100 mg Amp.: 2 ml/50 mg	50 - 100	200 - 400	150 - 300
6. Butyrophenon-Derivate					
Haldol	Haloperidol	Tabl. à 1, 2, 5, 10 bzw. 20 mg 10 Tr. = 1 bzw. 5 mg Amp.: 1 ml/5 mg	5 - 10	3 - 20	(1 - 6)
Impromen Tesoprel	Bromperidol	Tabl. à 5 mg 20 Tr. = 2 mg Amp.: 1 ml/5 mg	5 - 10	3 - 20	(1 - 6)
Triperidol	Trifluperidol	20 Tr. = 1 mg Amp.: 1 ml/2,5 mg	1 - 2,5	2 - 6	(1 - 3)
Dipiperon	Pipamperon Floropipamid	Tabl. à 40 mg Saft: 5 ml/20mg	-	120 - 360	80 - 160
Glianimon	Benperidol	Tabl. à 2 mg 20 Tr. = 2 mg Amp.: 2 ml/2 mg	0,5 - 1,5	2 - 6	(0,5 - 2)
Sedalande	Fluanison	20 Tr. = 5 mg	10 - 30	40 - 120	20 - 60
Eunerpan	Melperon	Dr. à 25 bzw. 100 mg Amp.: 2 ml/50 mg Saft: 5 ml = 25 mg	-	100 - 300	50 - 150

Handelsnamen (Auswahl)	generic name	Handelsformen	Klin. Behandlung akuter Psychosen parenterale Einzeldosis in mg[a]	perorale Tagesdosis in mg	Langzeittherapie Tagesdosis per os in mg
Dehydrobenzperidol	Droperidol	Amp.: 2 ml/5 mg bzw. 10 ml/25 mg	5 - 25	-	-
7. *Andere Neuroleptika*					
Orap	Pimozid	Tabl. à 1 bzw. 4 mg (Orap forte)	-	4 - 8	1 - 4
Neogama	Sulpirid	Tabl. à 50 bzw. 200 mg 1 ml Saft = 5 mg Amp.: 2 ml/50 mg	-	-	200 - 600
Forit	Oxypertin	Tabl. à 40 mg	-	-	80 - 160

[a] Im allg. i. m. und i. v. verwendbar (s. Packungsprospekt)
[b] Nur beschränkt verfügbar

C. 2.2 *Antidepressiva*

Handelsname	generic name	Handelsformen	Tagesdosis per os in mg
Anafranil	Clomipramin	Dr. à 10 bzw. 25 mg Retard-Tbl. à 75 mg Amp.: 2 ml/25 mg	50 - 150
Aponal, Sinquan	Doxepin	Tabl. à 5, 10, 25 bzw. 50 mg Amp.: 2ml/25 mg	75 - 200
Equilibrin	Amitriptylin-oxid	Tabl. à 30, 60, 90 bzw. 120 mg	60 - 100
Fevarin[b]	Fluvoxamin	Tabl. à 50 bzw. 100 mg	100 - 250
Fluctin[b]	Fluoxetin	Dr. à 20 mg	20 - 40
Gamonil	Lofepramin	Tabl. à 35 bzw. 70 mg	70 - 210
Idom	Dosulepin	Dr. à 25 (mite) bzw. 75 mg	75 - 200
Laroxyl, Saroten	Amitriptylin	Dr. à 10 bzw. 25 mg Saroten ret.-Kaps. à 25 bzw. 75 mg Amp.: 2 ml/50 mg; 1 ml/10 mg	75 - 200
Ludiomil[a]	Maprotilin	Dr. à 10, 25, 50 bzw. 75 mg Amp.: 5 ml/25 mg	75 - 200
Nortrilen	Nortriptylin	Dr. à 10 bzw. 25 mg	50 - 100
Noveril	Dibenzepin	Dr. à 40 (mite), 80 bzw. 240 mg (retard) Amp.: 2 ml/40 mg	120 - 360
Pertofran	Desipramin	Dr. à 25 mg	50 - 150
Stangyl	Trimipramin	Tabl. à 25 bzw. 100 mg 10 Tr. = 10 mg Amp.: 2 ml/25 mg	75 - 200
Thombran[b]	Trazodon	Kps. à 25, 50 bzw. 100 mg Amp.: 5 ml/50 mg	150 - 400
Tofranil	Imipramin	Dr. à 10, 25 bzw. 50 mg Amp.: 2 ml/25 mg	75 - 200
Tolvin[a]	Mianserin	Tabl. à 10 bzw. 30 mg	20 - 80
Trausabun	Melitracen	Dr. à 10 bzw. 25 mg	50 - 200
Vivalan[b]	Viloxazin	Tabl. à 100 mg Amp.: 5 ml/100 mg	150 - 300

[a] tetrazyklische Verbindungen
[b] andere chemische Struktur

C. 2.3 *Tranquilizer, Hypnotika*

Handelsname	generic name	Handelsformen	Tagesdosis in mg (ambulant)	Abendliche Einzeldosis in mg
1. Benzodiazepine (alphabetisch)				
Adumbran	Oxazepam	Tabl. à 10 bzw. 50 mg (forte)	10 - 40	10
Albego	Camazepam	Dr. à 10 bzw. 20 mg	20 - 40	
Contamex	Ketazolam	Kapseln à 30 mg	15 - 60	
Dalmadorm	Flurazepam	Tabl. à 30 mg		15 - 30
Demetrin	Prazepam	Tabl. à 10 bzw. 20 mg	10 - 30	
Frisium	Clobazam	Tabl. à 10 bzw. 20 mg	20 - 40	
Halcion	Triazolam	Tabl. à 0,25 mg		0,25 - 0,50
Lexotanil	Bromazepam	Tabl. à 6 mg	3 - 6	3 - 6
Librium	Chlordiazepoxid	Dr. à 5, 10 bzw. 25 mg	5 - 50	5 - 25
Mogadan	Nitrazepam	Tabl. à 5 mg 20 Tr. = 5 mg		5
Noctazepam	Oxazepam	Tabl. à 10 mg	10 - 40	10
Noctamid *	Lormetazepam	Tabl. à 0,5, 1 bzw. 2 mg		0,5 - 1,0
Normoc	Bromazepam	Dr. à 6 mg		3 - 6
Planum	Temazepam	Kaps. à 10 bzw. 20 mg		20
Praxiten	Oxazepam	Tabl. à 15 bzw. 50 mg (forte)	10 - 40	10
Remestan	Temazepam	Kaps. à 10 (mite) bzw. 20 mg		10 - 20
Rohypnol *	Flunitrazepam	Tabl. à 2 mg		0,5 - 2,0
Tafil	Alprazolam	Tabl. à 0,25, 0,5 bzw. 1 mg	0,75 - 1,5	
Tavor	Lorazepam	Tabl. à 0,5, 1 bzw. 2,5 mg	2 - 5	1 - 2
Tranxilium *	Chlorazepat	Kaps. à 5, 10 bzw. 20 mg	10 - 20	5 - 10
Tranxilium N	Nordazepam	24 Tr. = 5 mg		12 - 48
Trecalmo	Clotiazepam	Tabl. à 5 bzw. 10 mg (forte)	5 - 15	
Valium *	Diazepam	Tabl. à 2,5 bzw. 10 mg	2,5 - 15	2,5 - 7,5

Handelsname	generic name	Handelsformen	Tagesdosis in mg (ambulant)	Abendliche Einzeldosis in mg
Valiquid 0,3	Diazepam	15 Tr. = 5 mg	2,5 - 15	2,5 - 7,5
2. andere Tranquilizer (alphabetisch)				
Atarax Masmoran	Hydroxyzin	Dr. à 10 bzw. 25 mg	30 - 75	
Bespar	Buspiron	Tabl. à 5 bzw. 10 mg	15 - 30	
Insidon	Opipramol	Dr. à 50 mg	75 - 150	
Miltaun	Meprobamat	Dr. à 200 bzw. 400 mg	200 - 800	
Ximovan	Zoplicon	Dr. à 7,5 mg		3,75 - 7,5

*Diese Tranquilizer gibt es auch zur Injektion

C. 3 Arzneimittelinteraktionen

C . 3.1 *Neuroleptika*

Wechselwirkungen der Neuroleptika mit anderen Medikamenten und mit Nahrungsmitteln (aus: HEININGER K, SIEBERNS S. Pharmakologie. In:RIEDERER P u.a., Hrsg. Neuro-Psychopharmaka, Bd. 4, Neuroleptika. Springer: Wien-New York 1992)

Substanz	Wechselwirkungen	Wirkungsmechanismus	Anmerkungen
Interaktion mit Resorption			
Fruchtsäfte Tee, Kaffee Milch Cholestyramin Tierkohle Pektin Antazida	Phenothiazine Butyrophenone Thioxanthene	Resorptionsverminderung	Ausfällung in Form sehr schwer löslicher Komplexe, Verabreichung in mindestens 2 Std. Abstand
Anticholinergika	Neuroleptika	Resorptionsverminderung, Senkung der Plasmakonzentration	Wirkungsverminderung

Substanz	Wechselwirkungen	Wirkungsmechanismus	Anmerkungen
Interaktion mit Metabolismus-Induktion			
Barbiturate Glutethimid Rifampizin Doxyzyklin Griseofulvin Phenylbutazon Phenytoin Vitamin C (?) Rauchen	Neuroleptika	Enzyminduktion	Verkürzte HWZ raschere Clearance, abgeschwächte oder fehlende therapeutische Wirkung
Flupentixol	Valproinsäure	Enzyminduktion (?)	verminderte Plasma-konzentration
Interaktion mit Metabolismus-Inhibition			
Chloramphenicol Disulfiram Isoniazid Monoaminoxi-dasehemmer orale Kontrazeptiva Analgetika (Anilin-derivate) Sulfiram	Neuroleptika	Verminderung des metabolischen Abbaus, Enzymhemmung, Verlängerung d. E-HWZ, Erhöhung d. Plasma-konzentration	Wirkungsverstärkung
Propranolol	Neuroleptika	Hemmung des Metabolismus beider Substanzen	Zunahme der Wirkung von Neuroleptika und Propranolol
Haloperidol	Indomethazin		schwere zentrale Effekte (Schlaftrunkenheit, Konfusion)
Phenothiazine	Propranolol Hydantoin	Hemmung des Abbaus	Wirkungsverstärkung P. u. H.
Neuroleptika	Alkohol	Verstärkung der Alkoholwirkung	Verlängerung der Alkohol-HWZ
Butyrophenone Phenothiazine Thioxanthene	trizyklische Antidepressiva	Hemmung des enzymatisch-mikrosomalen Abbaus	Verstärkung der Wirkung der AD

Substanz	Wechselwirkungen	Wirkungsmechanismus	Anmerkungen
Pharmakodynamische Interaktion			
Phenothiazine Thioxanthene Butyrophenone	Sedativa Analgetika Tranquilizer Antihistaminika Alkohol Narkotika Morphium Opioide	Additive oder potenzierende Wirkung	Verstärkung der Sedierung
Phenothiazine	Enfluran Isofluran		Hypotension
Levodopa Amphetamin Methylphenidat Cannabis Kokain Phenzyklidin	Neuroleptika	Konkurrierende Wirkung an den Rezeptoren (?)	Verminderung oder Aufhebung der antipsychotischen Wirkung
Neuroleptika	Anticholinergika	atropinartige Toxizität	Blasenatonie, Darmstörungen (Ileus), Störungen d. Wärmeregulation (Hyperthermie), erhöhtes Risiko tardiver Dyskinesien, verminderte Neuroleptikawirkung
Neuroleptika	Guanethidin α-Methyldopa Minoxidil Hydralazin Bethanidin Clonidin	a) peripher sympathologisch b) Stimulierung der α-adrenergen Rezeptoren u. a.	a) orthostatischer Blutdruckabfall b) Wirkungsaufhebung
Phenothiazine	Insulin orale Antidiabetika	Hemmung der Insulinfreisetzung an β-Zellen	zu beachten bei Einstellung von Diabetikern
Lithium	Neuroleptika		Neurotoxizität, Nierenfunktionsstörungen (?)

C. 3.2 *Antidepressiva*

Interaktionen der trizyklischen Antidepressiva mit anderen Arzneimitteln

(aus: Sieberns S. Antidepressiva, Klinik - Pharmakokinetik - Interaktionen. Terapiewoche 1985; 35: 5804-5815)

Interaktion mit	Veränderte Wirkung	Mechanismus
Adrenalin Noradrenalin Methylphenidat Phenylephrin	Verstärkung der hypertensiven Wirkung	Empfindlichkeitssteigerung der postsynaptischen Rezeptoren, Hemmung der Rückresorption von Adrenalin und Noradrenalin
Isoprenalin	Verstärkung und Verlängerung des bronchodilatatorischen Effektes	
Phenothiazine	Erhöhung der Plasmakonzentration der AD	präsynaptische α_2-Blockade
Haloperidol	Mögliche Potenzierung und/oder schnellerer Wirkungseintritt der AD	Enzymhemmung
Chlorpromazin	Anstieg der Plasmakonzentration, Wirkungsverstärkung von Chlorpromazin	Verlangsamung der gastrointestinalen Resorption, anticholinerger Effekt
Hormonale Kontrazeptiva	Senkung der Plasmakonzentration der AD, aber auch Anstieg der Plasmakonzentration (erhöhte Bioverfügbarkeit, Imipramin)	Enzyminduktion Enzymhemmung
Rauchen	Senkung der Plasmakonzentration der AD	
Disulfiran	Anstieg der Plasmakonzentration der AD	Enzymhemmung
Methylphenidat	Erhöhung der Plasmakonzentration der AD	Enzymhemmung
Cimetidin	Hemmung der Metabolisierung einiger AD	Enzymhemmung
Levodopa	Verminderte gastrointestinale Resorption der AD	
Clonidin Reserpin α-Methyldopa Guanethidin Bethanidin Debrisoquin	Aufhebung der antihypertensiven Wirkung	Verhinderung ihrer Aufnahme in das sympathische Neuron durch Blockierung des Transportsystems
Baclofen	Potenzierung der antispastischen Wirkung von Baclofen ?	
Methyltestosteron	Paranoide Ideenbildung (nur Männer)	
Inhalationsnarkotika	Krämpfe	

Interaktion mit	Veränderte Wirkung	Mechanismus
Phenytoin Phenylbutazon Aspirin Aminopyrin Skopolamin	Wirkungspotenzierung der AD	Verdrängung der AD aus Eiweißbindung
Tierkohle Kaolin kolloidale Antazida (Aluminiumhydroxyd)	Behinderung der gastrointestinalen Resorption	
Östrogene, hohe Dosen	Nausea, Tremor, Lethargie, Depersonalisation, Blutdruckabfall	
konjugierte Östrogene	Akathisie (Chlorimipramin, Amitriptylin)?	
Alkohol	Addition der sedativen Effekte Wirkungsverminderung der AD Paralytischer Ileus (selten)	Additive Wirkung Enzyminduktion anticholinerger Effekt
Barbiturate	Verminderung der Plasmakonzentration der AD	Enzyminduktion
MAO-Hemmer	Gesteigerte Gewichtszunahme, Verstärkung der anticholinergen Wirkung, Hyperthermie, Krämpfe, Hyperreflexie	
Diazepam	Erhöhte Plasmakonzentration, Verlängerung der E-HWZ, (Amitriptylin)	?
Antikoagulantien	Wirkungsverstärkung durch AD	Hemmung abbauender Enzyme
Thyroxin	Raschere und verstärkte antidepressive Wirkung, leichte hyperthyreotische Zeichen	Erhöhung der Empfindlichkeit zentraler Katecholaminrezeptoren
Sulfonamide	Erhöhung der Plasmakonzentration	Enzymhemmung?
Antiparkinsonmittel (Biperiden u.a.) Antihistaminika	Verstärkung der anticholinergen Effekte	Additive Wirkung
Kaffee, Tee, Fruchtsäfte	Wirkungsminderung der AD (Amitriptylin, Imipramin)	Bildung schwerlöslicher Komplexe
alkalisierende Substanzen (z. B. $NaHCO_3$)	Verminderte renale Ausscheidung schwacher Basen wie Imipramin, Amitriptylin u. a.	
säuernde Substanzen (z. B. NH_4Cl)	Verstärkte renale Ausscheidung schwacher Basen wie Imipramin, Amitriptylin u. a.	
Fenfluramin	Anstieg der Plasmakonzentration von AD (Amitriptylin)	Enzymhemmung?
Methaqualon Cloralhydrat Lithium, Glutehimid	Rascherer Abbau, verminderte Plasmaspiegel der AD	Enzyminduktion

C. 4 Standardisierte Untersuchungsinstrumente und Skalen

C. 4.1 *AGP-System*

Aus: Das AGP-System. Manual zur Dokumentation gerontopsychiatrischer Befunde. Herausgegeben für die Arbeitsgemeinschaft Gerontopsychiatrie (AGP) von H. Gutzmann, S. Kanowski, H. Krüger, R. Urban und L. Ciompi. Springer, Berlin - Heidelberg - New York u.a. 1989.

Das AGP-System besteht aus sechs Dokumentationsbelegen:

1. Gerontopsychiatrie - Anamnese
2. Gerontopsychiatrie - Krankheitsanamnese
3. Gerontopsychiatrie - Psychischer Befund I
4. Gerontopsychiatrie - Psychischer Befund II
5. Gerontopsychiatrie - Somatischer Befund
6. Gerontopsychiatrie - Diagnose-Nummern.

Siehe Seite 189 -194

Gerontopsychiatrie - Anamnese

1

Ger. Psych.

I-ZAHL

0	1 ♂	2 ♀	3	4	Mehrlings-eigenschaft	5	6	7	8	9
0	1	2	3	4	Geb.-Tag	5	6	7	8	9
00	10	20	30							
0	1	2	3	4	Monat	5	6	7	8	9
00	10									
0	1	2	3	4	Jahr	5	6	7	8	9
00	10	20	30	40		50	60	70	80	90
0	1	2	3	4	Geb.-Name	5	6	7	8	9
00	10	20	30	40		50	60	70	80	90
0	1	2	3	4	Klinik	5	6	7	8	9
00	10	20	30	40		50	60	70	80	90
0	1	2	3	4	Beob.-Periode	5	6	7	8	9
00	10	20	30	40		50	60	70	80	90
0	1	2	3	4	Lfd. Befund-Nr. i.d. Beob.-Periode	5	6	7	8	9
00	10	20	30	40		50	60	70	80	90

ambulant · teilstationär · stationär · Fehlzuweisung

1. **Fremdanamnese** — zutreffend · nicht zutreffend

2. **Alter**

0	1	2	3	4		5	6	7	8	9
00	10	20	30	40	Alter	50	60	70	80	90

3. **Familienstand** — k. Auss. · ledig · verh. · verw. · getr. · gesch.

4. **Staatsangeh.** — k. Auss. · inländ. · ausl. · eingeb. · staatenlos

5. **Kinder** — n. zutr. · k. Auss. · 1 · 2 · 3 · 4 · >5
   noch lebend — n. zutr. · k. Auss. · 1 · 2 · 3 · 4 · >5

6. **Geschwister** — n. zutr. · k. Auss. · 1 · 2 · 3 · 4 · >5
   noch lebend — n. zutr. · k. Auss. · 1 · 2 · 3 · 4 · >5
   Zwilling — zutr. · n. zutr. · k. Auss.

7. **Konfession** — n. zutr. · k. Auss. · ev. · kath. · andere

8. **Religiöse Bindung** — n. zutr. · k. Auss.
   stark · mittel · schwach | konfess. bezogen · nicht konfess. bezogen

9. **Pflegschaft** — zutr. · n. zutr. · k. Auss.

10. **Vormundschaft** — zutr. · n. zutr. · k. Auss.

11. **Wohnumgebung** — k. Auss.
   Großstadt · Kleinstadt · ländliche Gemeinde

12. **Jetziger Wohnsitz** — k. Auss.
   eigenes Haus/Eigentumswhg. · Krankenheim
   Mietwohnung · Krankenhaus/Spital
   Untermiete · ohne festen Wohnsitz
   Altenwohnheim · anderes
   Altenheim

Im Heim leben — n. zutr. · k. Auss. · Patient · (Ehe)partner · Pat. u. (Ehe)partner

13. **Haushalt umfaßt (neben Pat.)** — n. zutr. · k. Auss.
   (Ehe)partner · Eltern · Kinder
   Geschwister · Enkel · andere

14. **Nettoeinkommen (monatl.)** — keine Aussage

0	1	2	3	4	T	5	6	7	8	9
0	1	2	3	4	H	5	6	7	8	9
0	1	2	3	4	Z	5	6	7	8	9

Datum der Untersuchung

	1	2	3	4		5	6	7	8	9
Tag	10	20	30							
Monat	Jan.	Feb.	März	April		Mai	Juni	Juli	Aug.	Sept.
								Okt.	Nov.	Dez.
Jahr	1980	81	82	83		84	85	86	87	88

Patient erhält als Heimbewohner nur Taschengeld — zutr. · n. zutr. · k. Auss.

Einkommensquellen — n. zutr. · k. Auss.
Rente/Pension · Eink. aus berufl. Tätigk. · Fremdmittel
Sozialhilfe · Vermögen · andere

Anzahl der Personen, die von dem Einkommen leben — n. zutr. · k. Auss. · 1 · 2 · 3 · 4 · >5

15. **Schulbildung** — n. zutr. · k. Auss.
   Abschluß (mit · ohne): Hilfs-/Sonderschule · Volksschule · Mittelschule · Gymnasium · andere

16. **Berufsausbildung** — n. zutr. · k. Auss.
   Abschluß (mit · ohne): Lehre · Fachschule · Hochschule · andere
   Anlernberuf

17. **Beruf**

	Patient höchst erreicht	Patient zuletzt ausgeübt	Partner höchst erreicht	Partner zuletzt ausgeübt
nicht zutreffend				
keine Aussage				
Hausfrau				
Hausfrau m. Nebentätigkeit				
freischaffend/selbständig				
selbst. Unternehmer				
ltd. Beamter				
Beamter				
ltd. Angestellter				
Angestellter				
qualifizierter Facharbeiter				
Facharbeiter				
Arbeiter				
anderes				

Patient z. Zt. arbeitslos — zutr. · n. zutr. · k. Auss.

18. **Ruhestand** — n. zutr. · k. Auss.
   altersentsp. · früher · später
   freiwillig · unfreiwillig · m. Nebentätigkeit

19. **Freizeitbeschäft.** — zutr. · n. zutr. · k. Auss.

20. **Sozialbeziehungen**
   Quantität (obj.) — n. zutr. · k. Auss. · häufig · selten
   Qualität (subj.) — n. zutr. · k. Auss. · eher zufriedenstellend · weniger zufriedenstellend

21. **Betreuung** — n. zutr. · k. Auss.
   (Ehe)partner · Familie · Nachbarn
   freie/konf. Betreuung · Gesundheitsamt · andere Behörde
   andere

22. **Zuweisung** — keine Aussage
   selbst · (Ehe)partner/Familie · Arzt
   and. med. Einrichtungen · Behörde · andere

23. **Aufenthalt i. Klinik** — n. zutr. · k. Auss. · freiwillig · unfreiwillig

24. **Einweisungsgr.** — n. zutr. · k. Auss. · SV · Selbst- · Fremdgefährdung · andere

Gerontopsychiatrie - Krankheitsanamnese

2

Ger. Psych.

0	1 ♂	2 ♀	3	4	Mehrlingseigenschaft	5	6	7	8	9
0	1	2	3	4	Geb.-Tag	5	6	7	8	9
00	10	20	30							
0	1	2	3	4	Monat	5	6	7	8	9
00	10									
0	1	2	3	4	Jahr	5	6	7	8	9
00	10	20	30	40		50	60	70	80	90
0	1	2	3	4	Geb.-Name	5	6	7	8	9
00	10	20	30	40		50	60	70	80	90
0	1	2	3	4	Klinik	5	6	7	8	9
00	10	20	30	40		50	60	70	80	90
0	1	2	3	4	Beob.-Periode	5	6	7	8	9
00	10	20	30	40		50	60	70	80	90
0	1	2	3	4	Lfd. Befund-Nr. i.d. Beob.-Periode	5	6	7	8	9
00	10	20	30	40		50	60	70	80	90

I-ZAHL

ambulant — teilstationär — stationär — Fehlzuweisung

25. Psychiatrische Erkrankungen in der Familie — n. zutr. — k. Auss.

	zutr.	n. zutr.	m. Klinikauf.	k. Auss.
Verwandte 1. Grades				
fernere Verwandte				

26. Frühere nichtpsychiatrische Erkrankungen — n. zutr. — k. Auss.

	zutr.	n. zutr.	fortbestehend	k. Auss.
ZNS				
entzündliche Erkrankungen				
traumatische Erkrankungen				
Tumoren				
angeborene Mißbildungen				
Intoxikationen				
Epilepsie				
operative Eingriffe				
andere Organe				
entzündliche Erkrankungen				
traumatische Erkrankungen				
Tumoren				
angeborene Mißbildungen				
Intoxikationen				
Stoffwechselerkrankungen				
Herz-/Kreislauferkrankungen				
operative Eingriffe				

27. Frühere psychiatrische Erkr. (ohne aktuelle Erkr.) — n. zutr. — k. Auss.

	zutr.	n. zutr.	fortbestehend	k. Auss.
angeborene/frühkindl. Erkrankungen				
endogene psych. Erkrankungen				
exogene psych. Erkrankungen				
psychoreaktive Erkrankungen				
Sucht				

Alkohol — Hypnotika/Analgetika — Opiate — anderes

Datum der Untersuchung	1	2	3	4		5	6	7	8	9
	10	20	30		Tag			Okt.	Nov.	Dez.
	Jan.	Feb.	März	April	Monat	Mai	Juni	Juli	Aug.	Sept.
	1980	81	82	83	Jahr	84	85	86	87	88

Archiv-Nr.										
0	1	2	3	4		5	6	7	8	9
0	1	2	3	4		5	6	7	8	9
0	1	2	3	4		5	6	7	8	9
0	1	2	3	4		5	6	7	8	9
0	1	2	3	4		5	6	7	8	9
0	1	2	3	4	E	5	6	7	8	9

28. Aufnahmen in psychiatr. Abt. — n. zutr. — k. Auss.

Anzahl — unsicher — 1 — 2 — 3 — 4 — >5

29. Suizidversuche — n. zutr. — k. Auss.

Anzahl — 1 — 2 — 3 — 4 — >5

letzter SV vor — <1 Mo. — <6 Mo. — <1 J. — <5 J. — >5 J.

30. Jetzige Erkrankung — k. Auss.

31. Erstmanifestation — zutr. — n. zutr. — k. Auss.

Wahrscheinlicher Beginn — n. zutr. — k. Auss.

vor — <1 J. — 1-<5 J. — 5-<10 J. — >10 J.

32. Abgrenzbare frühere Manifestat. — n. zutr. — k. Auss.

Anzahl — unsicher — 1 — 2 — 3 — 4 — >5

33. Bisherige Verlaufsform mit Ausnahme der aktuellen Manifestation — n. zutr. — k. Auss.

Dynamik — n. zutr. — k. Auss.

akut — intermittierend — chronisch

Richtung — n. zutr. — k. Auss.

Verbesserung — gleichbleibend — Verschlechterung

34. Aktuelle Krankheitsmanifestation — k. Auss.

Dauer bis zur Aufnahme — k. Auss.

<1 Wo. — <1 Mo. — <6 Mo. — <1 J. — >1 J.

Symptomatik d. letzten Woche — k. Auss.

abnehmend — gleichbleibend — zunehmend

Belastung während d. letzten 3 Mo.			n. zutr.		k. Auss.	
somatisch	n. zutr.	k. Auss.	leicht		mittel	schwer
psychosozial	n. zutr.	k. Auss.	leicht		mittel	schwer

35. Vorbehandlung (akt. Manifest.) — n. zutr. — k. Auss.

Vorbehandlungsform — n. zutr. — k. Auss.

ambulant — teilstationär — stationär

Psychopharmaka — n. zutr. — k. Auss.

Neuroleptika — Antidepressiva — Lithium

Tranquilizer — Hypnotika — Antikonvulsiva

Internistische Behandlung — n. zutr. — k. Auss.

Digitalis — Antidiabetika — Antihypertensiva

„Geriatrika"

Psychotherapie — soziale Hilfen

jemals Krampfbehandlung — zutr. — n. zutr. — k. Auss.

36. Behandlung (bei Aufn.) — n. zutr. — k. Auss.

prakt. Arzt — Internist — Psychiater

anderer Arzt

Gerontopsychiatrie - Psychischer Befund I

3 — Ger. Psych.

I-ZAHL

0	1 ♂	2 ♀	3	4	Mehrlings-eigenschaft	5	6	7	8	9
0 / 00	1 / 10	2 / 20	3 / 30	4	Geb.-Tag	5	6	7	8	9
0 / 00	1 / 10	2	3	4	Monat	5	6	7	8	9
0 / 00	1 / 10	2 / 20	3 / 30	4 / 40	Jahr	5 / 50	6 / 60	7 / 70	8 / 80	9 / 90
0 / 00	1 / 10	2 / 20	3 / 30	4 / 40	Geb.-Name	5 / 50	6 / 60	7 / 70	8 / 80	9 / 90
0 / 00	1 / 10	2 / 20	3 / 30	4 / 40	Klinik	5 / 50	6 / 60	7 / 70	8 / 80	9 / 90
0 / 00	1 / 10	2 / 20	3 / 30	4 / 40	Beob.-Periode	5 / 50	6 / 60	7 / 70	8 / 80	9 / 90
0 / 00	1 / 10	2 / 20	3 / 30	4 / 40	Lfd. Befund-Nr. i.d. Beob.-Periode	5 / 50	6 / 60	7 / 70	8 / 80	9 / 90

ambulant — teilstationär — stationär — Fehlzuweisung

Datum der Unter-suchung	1	2	3	4		5	6	7	8	9
	10	20	30		Tag			Okt.	Nov.	Dez.
	Jan.	Feb.	März	April	Monat	Mai	Juni	Juli	Aug.	Sept.
	1980	81	82	83	Jahr	84	85	86	87	88
	0 / 00	1 / 10	2 / 20	3 / 30	4 / 40 lfd. Patient.-Nr.	5 / 50	6 / 60	7 / 70	8 / 80	9 / 90
H	0	1	2	3	4 Prüf-	5	6	7	8	9
Z	0	1	2	3	4 Behand-lungs-	5	6	7	8	9
E	0	1	2	3	4 tag	5	6	7	8	9
	0 / 00 / 000	1 / 10 / 100	2 / 20 / 200	3 / 30 / 300	4 / 40 / 400 Unter-sucher	5 / 50 / 500	6 / 60 / 600	7 / 70 / 700	8 / 80 / 800	9 / 90 / 900

Beurteilungszeitraum: <24 Std. — <1 Wo. — <1 Mo. — >1 Mo.

Nr.		nicht vorhanden	leicht	mittel ausgepr.	schwer	keine Aussage
n.v.	**Bewußtseinsstörungen**					
1.	B.-Verminderung					
2.	B.-Einengung					
3.	traumhafte Verwirrtheit					
4.	hypnagoge Zustände					
5.	parasomnische Bewußtseinslage					
n.v.	**Orientierungsstörungen**					
6.	zeitlich					
7.	örtlich					
8.	situativ					
9.	autopsychisch					
n.v.	**Aufmerksamkeits- u. Gedächtnisstörungen**					
10.	Auffassungsstörungen					
11.	Konzentrationsstörungen					
12.	Merkfähigkeitsstörungen					
13.	" für Zahlen					
14.	" für Wörter					
15.	" für Gegenstände					
16.	" für Formen					
17.	" für Personen					
18.	" für Farben					
19.	Störungen des Frischgedächtn.					
20.	Störungen des Altgedächtn.					
21.	Zeitgitterstörungen					
22.	gesteigerte Löschvorgänge					
23.	Hypermnesie des Altgedächtn.					
24.	Konfabulationen					
25.	Paramnesien					
26.	Suggestibilität/Induzierbarkeit					
n.v.	**Formale Denkstörungen**					
27.	gehemmt					
28.	verlangsamt					
29.	umständlich					
30.	eingeengt					
31.	perseverierend					
32.	Grübeln					
33.	Gedankendrängen					
34.	ideenflüchtig					
35.	Vorbeireden					
36.	gesperrt/Gedankenabreißen					
37.	inkohärent/zerfahren					
38.	Neologismen					
39.	beschleunigt					
40.	Störung d. Abstraktionsverm.					
41.	Störung d. kombinator. Denkens					
42.	Störung d. Kritikfähigkeit					
n.v.	**Befürchtungen, Zwänge, Phobien**					
43.	Mißtrauen					
44.	Hypochondrie (nicht wahnhaft)					
45.	Phobien					
46.	Zwangsdenken					
47.	Zwangsimpulse					
48.	Zwangshandlungen					
n.v.	**Wahn**					
49.	Wahnstimmung					
50.	Wahnwahrnehmung					
51.	Wahneinfall					
52.	Wahngedanken					
53.	system. Wahn					
54.	Wahndynamik					
55.	Beziehungswahn					
56.	Beeinträcht.-Verfolg.-Wahn					
57.	Eifersuchtswahn					
58.	Schuldwahn					
59.	Verarmungswahn					
60.	hypochondr. Wahn					
61.	Größenwahn					
62.	andere Wahninhalte					
n.v.	**Sinnestäuschungen**					
63.	Illusionen					
64.	Stimmenhören					
65.	andere akust. Halluzinationen					
66.	optische Halluzinationen					
67.	Körperhalluzinationen					
68.	Geruchs-/Geschmackshallu.					
n.v.	**Ich-Störungen**					
69.	Derealisation					
70.	Depersonalisation					
71.	Gedankenausbreitung					
72.	Gedankenentzug					
73.	Gedankeneingebung					
74.	and. Fremdbeeinfluss.-erl.					
n.v.	**Störungen der Affektivität**					
75.	ratlos					
76.	Gefühl d. Gefühllosigkeit					
77.	affektarm					
78.	Störung der Vitalgefühle					
79.	deprimiert/traurig					
80.	hoffnungslos/verzweifelt					
81.	ängstlich					
82.	euphorisch					
83.	dysphorisch					
84.	gereizt/gespannt					
85.	innerlich unruhig					
86.	klagsam/jammerig					
87.	Insuffizienzgefühle					
88.	gest. Selbstwertgefühle					
89.	Schuldgefühle					
90.	Verarmungsgefühle					
91.	ambivalent					
92.	Parathymie					
93.	affektlabil					
94.	affektinkontinent					
95.	affektstarr					
n.v.	**Psychomotorische und Antriebsstörungen**					
96.	antriebsarm					
97.	antriebsgehemmt					
98.	stuporös					
99.	antriebsgesteigert					
100.	motorisch unruhig					
101.	Parakinesen					
102.	manieriert/bizarr					
103.	theatralisch					
104.	mutistisch					
105.	logorrhoisch					
106.	negativistisch					
107.	entschlußunfähig					

Gerontopsychiatrie - Psychischer Befund II

4
Ger. Psych.

I-ZAHL

0	1	2	3	4	Mehrlingseigenschaft	5	6	7	8	9
	♂	♀								
0	1	2	3	4	Geb.-Tag	5	6	7	8	9
00	10	20	30							
0	1	2	3	4	Monat	5	6	7	8	9
00	10									
0	1	2	3	4	Jahr	5	6	7	8	9
00	10	20	30	40		50	60	70	80	90
0	1	2	3	4	Geb.-Name	5	6	7	8	9
00	10	20	30	40		50	60	70	80	90
0	1	2	3	4	Klinik	5	6	7	8	9
00	10	20	30	40		50	60	70	80	90
0	1	2	3	4	Beob.-Periode	5	6	7	8	9
00	10	20	30	40		50	60	70	80	90
0	1	2	3	4	Lfd. Befund-Nr. i.d. Beob.-Periode	5	6	7	8	9
00	10	20	30	40		50	60	70	80	90

ambulant — teilstationär — stationär — Fehlzuweisung

Datum der Untersuchung											
	1	2	3	4		5	6	7	8	9
	10	20	30		Tag			Okt.	Nov.	Dez.
	Jan.	Feb.	März	April	Monat	Mai	Juni	Juli	Aug.	Sept.
	1980	81	82	83	Jahr	84	85	86	87	88
0	1	2	3	4	lfd. Patient.-Nr.	5	6	7	8	9
00	10	20	30	40		50	60	70	80	90
H 0	1	2	3	4	Prüf-Behandlungstag	5	6	7	8	9
Z 0	1	2	3	4		5	6	7	8	9
E 0	1	2	3	4		5	6	7	8	9

Beurteilungszeitraum <24 Std. <1 Wo. <1 Mo. >1 Mo.

108. n. v. k. Auss. **Psychoorganisches Syndrom**

lokales — diffuses psychoorganisches Syndrom — k. Auss.

Ausprägung: leicht — mittel — schwer — k. Auss.

Dauer in Jahren: <1 — 1-<2 — 2-<3 — 3-<4 — 4-<5 — 5-<10 — ≥10 — k. Auss.

nicht vorhanden — leicht — mittel ausgepr. — schwer — keine Aussage

n. v. **Werkzeugstörungen global**

109. Aphasien
110. Agnosien
111. Apraxien

n. v. k. Auss. **Lokale Hirnfunktionsstörungen**

n. v. **Fronto-parietale Störungen**

112. frontale Apraxie
113. Gesichtsapraxie
114. hochfrontales Antriebssyndrom
115. fronto-basales Antriebssyndrom
116. motorische Aphasie

n. v. **Occipitale Störungen**

117. Stör. d. Farbempfindens/Erkennen
118. Stör. d. Farbempfindens/Benennen
119. Stör. d. Farbempfindens/Vorstellen
120. visuelle Agnosie
121. Prosopagnosie
122. Dysmorphopsie

n. v. **Parieto-occipitale Störungen**

123. Stereoagnosie
124. Somatotopagnosie
125. Anosognosie
126. Nachsprechaphasie
127. Alexie
128. Agraphie
129. Akalkulie
130. ideokinet. (ideomot.) Apraxie
131. ideatorische Apraxie
132. konstruktive Apraxie

n. v. **Temporale Störungen**

133. amnestische Aphasie
134. sensorische Aphasie

nicht vorhanden — leicht — mittel ausgepr. — schwer — keine Aussage

n. v. **Circadiane Besonderheiten**

135. morgens schlechter
136. abends schlechter
137. abends besser
138. nächtl. Exazerbationen
139. Alternieren

n. v. **Schlaf- u. Vigilanz-Störungen**

140. Einschlafstörungen
141. Durchschlafstörungen
142. Früherwachen
143. Schlafdauer verlängert
144. Schlafdauer verkürzt
145. nächtliche Unruhe
146. nächtl. Verwirrtheitszust.
147. Schläfrigkeit tagsüber
148. Umkehrung d. Tag-Nacht Rhytm.
149. gesteigerte Traumtätigkeit

n. v. **Störungen d. Sozialverhaltens**

150. sozialer Rückzug
151. soziale Umtriebigkeit
152. Aggressivität
153. Suizidalität
154. Selbstbeschädigung
155. Mangel an Krankheitsgefühl
156. Mangel an Krankheitseins.
157. Ablehnung d. Behandlung
158. Dissimulationstendenz
159. Verwahrlosung
160. Nahrungsablehnung
161. Sexualität vermindert
162. Sexualität gesteigert

n. v. **Hilfs- und Pflegebedürftigkeit**

163. bei finanziellen Angelegenh.
164. im Haushalt
165. Versorg. m. Med. u. ärztl. Betr.
166. gehen
167. sich ankleiden
168. sich waschen
169. essen
170. sich beschäftigen
171. Benutzen v. öffentl. Verkehrsm.
172. Kaustörungen
173. Bettlägerigkeit
174. Incontinentia urinae
175. Incontinentia alvi
176. beschmiert sich u. Umgeb.

Befundunsicherheit

n. v. **Zusatzuntersuchungen**

EKG	EEG
Dopplersonogr.	CT
Szintigramm	Echo
Angiogramm	ENG
r. CBF	PEG
EMG	LP
psycholog. Tests	andere

Gerontopsychiatrie - Somatischer Befund

					5					
		Ger. Psych.								
I-ZAHL	0	1 ♂	2 ♀	3	4 Mehrlings-eigenschaft	5	6	7	8	9
	0 / 00	1 / 10	2 / 20	3 / 30	4 Geb.-Tag	5	6	7	8	9
	0 / 00	1 / 10	2	3	4 Monat	5	6	7	8	9
	0 / 00	1 / 10	2 / 20	3 / 30	4 / 40 Jahr	5 / 50	6 / 60	7 / 70	8 / 80	9 / 90
	0 / 00	1 / 10	2 / 20	3 / 30	4 / 40 Geb.-Name	5 / 50	6 / 60	7 / 70	8 / 80	9 / 90
	0 / 00	1 / 10	2 / 20	3 / 30	4 / 40 Klinik	5 / 50	6 / 60	7 / 70	8 / 80	9 / 90
	0 / 00	1 / 10	2 / 20	3 / 30	4 / 40 Beob.-Periode	5 / 50	6 / 60	7 / 70	8 / 80	9 / 90
	0 / 00	1 / 10	2 / 20	3 / 30	4 / 40 Lfd. Befund-Nr. i.d. Beob.-Periode	5 / 50	6 / 60	7 / 70	8 / 80	9 / 90

ambulant — teilstationär — stationär — Fehlzuweisung

Datum der Unter-suchung	1 / 10 / Jan. / 1980	2 / 20 / Feb. / 81	3 / 30 / März / 82	4 / April / 83	Tag / Monat / Jahr	5 / Mai / 84	6 / Juni / 85	7 / Okt. / Juli / 86	8 / Nov. / Aug. / 87	9 / Dez. / Sept. / 88
	0 / 00	1 / 10	2 / 20	3 / 30	4 / 40 lfd. Patient.-Nr.	5 / 50	6 / 60	7 / 70	8 / 80	9 / 90
H	0	1	2	3	4 Prüf-	5	6	7	8	9
Z	0	1	2	3	4 Behand-lungs-	5	6	7	8	9
E	0	1	2	3	4 tag	5	6	7	8	9

Spaltenköpfe (rechts): nicht vorhanden — links — bds. — rechts — keine Aussage

Beurteilungszeitraum <24 Std. — <1 Wo. — <1 Mo. — >1 Mo.

1. k. Auss. **Körperlicher Gesundheitszustand (global)**

gut — mittel — schlecht

Spaltenköpfe (links): nicht vorhanden — leicht — mittel ausgepr. — schwer — keine Aussage

n. v. — k. Auss. **Allgemeine körperliche Störungen**

Kardiovaskuläre Störungen (n. v.)
2. Herzinsuffizienz
3. Herzrhythmusstörungen
4. Hypertonie
5. andere

6. n. v. **Erkrankungen des respiratorischen Systems**

Erkrankungen des Verdauungssystems (n. v.)
7. Hypersalivation
8. Mundtrockenheit
9. Übelkeit
10. Obstipation
11. Diarrhoe
12. andere

Erkrankungen des Urogenitalsystems (n. v.)
13. Niereninsuffizienz
14. Miktionsstörungen
15. andere

16. n. v. **Erkrankungen des Bewegungsapparates**

Stoffwechselstörungen (n. v.)
17. Diabetes mellitus
18. andere

19. n. v. **Chronische Schmerzzustände**

20. n. v. **Chronische konsumptive Prozesse**

Sonstige körperliche Störungen (n. v.)
21. Akkommodationsstörungen
22. Schwitzen vermehrt
23. Frösteln
24. Durst vermehrt
25. Durst vermindert
26. Appetit vermehrt
27. Appetit vermindert
28. Kopfschmerzen
29. Schwindel
30. andere

n. v. — k. Auss. **Neurologische Störungen**

31. n. v. **Geruchsstörungen**

Seh- und Blickstörungen (n. v.)
32. zentrale Sehstörungen
33. periphere Sehstörungen
34. zentrale Blickparese
35. Augenmuskelparese
36. Blickrichtungsnystagmus
37. Spontannystagmus

Hörstörungen (n. v.)
38. Mittelohr
39. Innenohr

Zentralmotorische Störungen (n. v.)
40. Hemiparese
41. Paraparese
42. Tetraparese

Zentrale Sensibilitätsstörungen (n. v.)
43. Hemihypaesthesie
44. Querschnitt

Periphere motorische Störungen (n. v.)
45. distal
46. proximal

47. n. v. **Periphere Sensibilitätsstörungen**

Radikuläre Läsionen (n. v.)
48. zervikal
49. thorakal
50. lumbosakral

76. **Händigkeit** 0-4 — 5-9 — 10-14

Extrapyramidale Motorik (n. v.)
51. Rigor
52. Tremor grobschlägig
53. Tremor feinschlägig
54. Akinese
55. Akathisie
56. akute Dyskinesen
57. persistierende Dyskinesen

Koordinationsstörungen (n. v.)
58. Intentionstremor
59. Zeigeataxie
60. Standataxie
61. Gangataxie

Primitivreflexe (n. v.)
62. perioral
63. Greifreflex
64. Palmomentalreflex
65. andere

66. n. v. **Gleichgewichtsstörungen**

Bulbäre Symptome (n. v.)
67. sprechen
68. schlucken

Cerebrale Anfälle (n. v.)
69. generalisierte prim. Epilepsie
70. generalisierte sek. Epilepsie
71. partielle (fokale) Epilepsie
72. unklassifizierbare Epilepsie

Sonstige Störungen des ZNS (n. v.)
73. peripher
74. zentral
75. psychogen

Gerontopsychiatrie - Diagnose Nr.

Ger. Psych.						6				
	0	1 ♂	2 ♀	3	4	Mehrlings-eigenschaft	5	6	7	8	9

I-ZAHL

Geb.-Tag	0 / 00	1 / 10	2 / 20	3 / 30	4	5	6	7	8	9
Monat	0 / 00	1 / 10	2	3	4	5	6	7	8	9
Jahr	0 / 00	1 / 10	2 / 20	3 / 30	4 / 40	5 / 50	6 / 60	7 / 70	8 / 80	9 / 90
Geb.-Name	0 / 00	1 / 10	2 / 20	3 / 30	4 / 40	5 / 50	6 / 60	7 / 70	8 / 80	9 / 90
Klinik	0 / 00	1 / 10	2 / 20	3 / 30	4 / 40	5 / 50	6 / 60	7 / 70	8 / 80	9 / 90
Beob.-Periode	0 / 00	1 / 10	2 / 20	3 / 30	4 / 40	5 / 50	6 / 60	7 / 70	8 / 80	9 / 90
Lfd. Befund-Nr. i.d. Beob.-Periode	0 / 00	1 / 10	2 / 20	3 / 30	4 / 40	5 / 50	6 / 60	7 / 70	8 / 80	9 / 90

ambulant — teilstationär — stationär — Fehlzuweisung

Aufn.-Datum	Tag	1 / 10	2 / 20	3 / 30	4	5	6	7 / Okt.	8 / Nov.	9 / Dez.
	Monat	Jan.	Feb.	März	April	Mai	Juni	Juli	Aug.	Sept.
	Jahr	1980	81	82	83	84	85	86	87	88
Entlas-sungs-Datum	Tag	1 / 10	2 / 20	3 / 30	4	5	6	7 / Okt.	8 / Nov.	9 / Dez.
	Monat	Jan.	Feb.	März	April	Mai	Juni	Juli	Aug.	Sept.
	Jahr	1980	81	82	83	84	85	86	87	88

Klinisch psychiatrische Erfahrung des Untersuchers

<1 Jahr — 1-<3 Jahre — 3-<5 Jahre — ≥5 Jahre

Somatische Diagnosen (ICD)

Psychiatrische Diagnosen (ICD)

Each diagnosis block (Psychiatrische Diagnosen 1), 2), 3); Somatische Diagnosen 1), 2), 3), 4)):

0	1	2	3	4	T	5	6	7	8	9
0	1	2	3	4	H	5	6	7	8	9
0	1	2	3	4	Z	5	6	7	8	9
0	1	2	3	4	E	5	6	7	8	9

Diagnosenschlüssel — E — N — Y

Diagn. Zuordnung — leicht — mittel — schwer

Ersterkrankungsalter — Bestimmung — leicht — mittel — schwer

0-20 — 21-30 — 31-40 — 41-50 — 51-60 — 61-65 — 66-70 — 71-80 — 81-90 — >90

C 4.2 *Mini-Mental-State (MMS)*

Nach: FOLSTEIN MF et al. "Mini mental state": a practical method of grading the cognitive state of patients for the clinician. J Psychiatr Res 1975; 12: 189-198.)

1. Orientierung **Score**

Jeweils 1 Punkt für jede richtige Antwort	1. Jahr	1
	2. Jahreszeit	1
	3. Datum	1
	4. Wochentag	1
	5. Monat	1
	6. Bundesland	1
	7. Region/Kreis	1
	8. Stadt	1
	9. Klinik	1
	10. Station	1
	Σ	

2. Merkfähigkeit

VL nennt nebenstehende Begriffe und fordert den Pb anschließend zur Reproduktion auf; es wird 1 Pkt für jede richtige Antwort vergeben.	11. »Auto«	1
	12. »Blume«	1
	13. »Kerze«	1
	Σ	
Wenn nicht alle 3 Begriffe genannt wurden, erneute Darbietung durch den Versuchsleiter usw.; max. 6 Wiederholungen. Anzahl der Versuche bis zur vollständigen Reproduktion der 3 Wörter:	14. ☐	

3. Aufmerksamkeit und Zahlenverständnis		**Score**
In 7er Schritten, beginnend bei 100, rückwärts zählen; Abbruch bei 5 Antworten; 1 Pkt./richtige Antwort	15. »93«	1
	16. »86«	1
	17. »79«	1
	18. »72«	1
	19. »65«	1
		Σ
Alternativ: Radio rückwärts buchstabieren	20. o-i-d-a-r	
max. 5 Punkte		
4. Erinnerungsfähigkeit		
Den Pb nach den bei 2. genannten Wörtern fragen; 1 Pkt. /richtige Nennung		
	21. »Auto«	1
	22. »Blume«	1
	23. »Kerze«	1
		Σ
5. Sprache		
Ein Punkt für jede korrekte Testreaktion	24. Armbanduhr benennen	1
	25. Bleistift benennen	1
	26. Nachsprechen des Satzes: "Sie leiht ihm kein Geld mehr"	1

	Score
27. Kommando befolgen:	
- Blatt Papier in die rechte Hand,	1
- in der Mitte falten,	1
- auf den Tisch legen	1
28. Anweisung auf der Rückseite dieses Blattes vorlesen und befolgen	1
29. Schreiben eines vollständigen Satzes (Rückseite)	1
30. Nachzeichnen (s. Rückseite)	1
Σ	
Gesamtpunktwert Max.. 30, wobei Punktwerte von 0 - 20 auf Demenz hinweisen.	

Beachte:
Bei einer erreichten Punktzahl unter 10 ist von einer Bearbeitung weiterer aktiver Testteile abzusehen und sofort auf das Fremd-Rating überzugehen.

Rückseite des Blattes

28. Bitte schließen Sie die Augen!

29.

30. 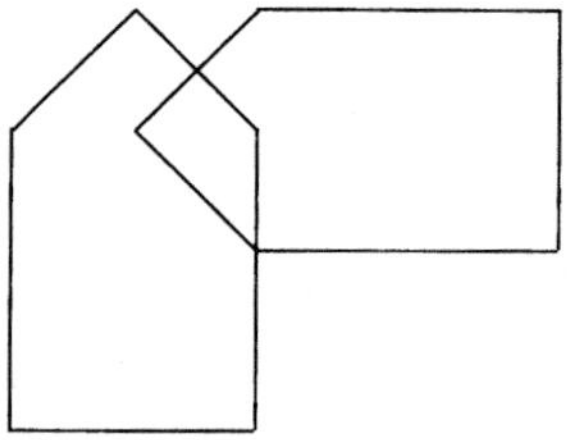

C. 4.3 *Ischämie-Score*

Nach: HACHINSKI VC et al. Cerebral blood flow in dementia. Arch Neurol 1975; 32: 632-637.

Klinischer Fragebogen zur Differenzierung zwischen seniler Demenz vom Alzheimer-Typ (SDAT) und Multiinfarktdemenz (MID)

	Score
1. Plötzlicher Beginn der Erkrankung Eine auffällige Verhaltensänderung, wie z. B. plötzliche Verwirrtheit, Desorientiertheit oder Verlust des Sprachvermögens, die möglicherweise nach einem Schlaganfall auftraten und nicht in Zusammenhang mit einer anderen Krankheit stehen.	2
2. Schrittweise Verschlechterung Mindestens ein Ereignis, dem ein Verlust kognitiver Fähigkeiten folgte, mit unvollständiger Restitution zum ursprünglichen Funktionszustand.	1
3. Wechselhafter Verlauf der Symptomatik a) Nach einer anfänglichen Abnahme kognitiver Fähigkeiten erfolgte eine vollständige oder partielle Remission, oder b) zeitweilig unterbrochene Phasen der Verwirrtheit und Desorientiertheit.	
4. Nächtliche Verwirrtheit Mehrmalige Episoden der psychomotorischen Unruhe, Verwirrtheit oder Erregtheit des nachts.	1
5. Persönlichkeit ist eher erhalten	1
6. Depression Der Patient wird von dem ihm betreuenden und behandelnden Personal (Ärzte, Pflegepersonal u. a.) als depressiv beschrieben.	1
7. Somatische Beschwerden Wiederholte Klagen über körperliche Beschwerden, die ärztlich behandelt wurden und trotzdem ohne offenkundige Erklärung weiterbestanden.	1
8. Emotionale Inkontinenz Unangemessenes Lachen und/oder Weinen.	1
9. Anamnestische Hypertonie a) Bekannte Hypertonie vor (stationärer) Aufnahme oder b) hypertone Blutdruckwerte, nach Gutdünken definiert als Überschreitung des systolischen Blutdruckes von 170 mmHg oder des diastolischen Blutdruckes von 100 mmHG, mindestens zweimal während des Aufenthaltes in der gewohnten Umgebung gemessen.	1

10. Anamnestisch Schlaganfall/Schlaganfälle — 2
    Medizinische oder neurologische Untersuchung erbrachte die Diagnose eines Schlaganfalls oder Vorgeschichte von Schlaganfällen in der Anamnese.

11. Vorliegen einer extrazerebralen Arteriosklerose — 1

12. Neurologische Herdsymptome — 2
    Vorhandensein von Symptomen, die im allgemeinen mit neurologischen herdförmigen Erkrankungen in Zusammenhang gebracht werden, wie beispielsweise Aphasie, unilaterale Schwäche oder Tremor.

13. Neurologische Herdzeichen — 2
    Herdhinweise bei der neurologischen Untersuchung, wie beispielsweise der Babinski-Reflex, Gesichtsfeldanomalien usw.

Diagnose: bitte ankreuzen

Summe der Scores: 0 - 4 Punkte SDAT
7 - 18 Punkte MID

C. 4.4 *Ischämie-Score*

Nach: Rosen WG et al. Pathological verification of ischemic score in differentiation of dementias. Ann Neurol 1979; 7: 486-488.

Klinischer Fragebogen zur Differenzierung zwischen seniler Demenz vom Alzheimer Typ (SDAT) und Multiinfarktdemenz (MID)

	Score
1. Plötzlicher Beginn Eine auffällige Verhaltensänderung, wie z. B. plötzliche Verwirrtheit, Desorientiertheit oder Verlust des Sprachvermögens, die möglicherweise nach einem Schlaganfall auftraten und nicht in Zusammenhang mit einer anderen Krankheit stehen.	2
2. Schrittweise Verschlechterung Mindestens ein Ereignis, dem ein Verlust kognitiver Fähigkeiten mit unvollständiger Restitution zum ursprünglichen Funktionszustand folgte.	1
3. Somatische Beschwerden Wiederholte Klagen über körperliche Beschwerden, die ärztlich behandelt wurden und trotzdem ohne offenkundige Erklärung weiterbestanden.	1
4. Emotionale Inkontinenz Unangemessenes Lachen und/oder Weinen	1
5. Anamnestische Hypertonie: a) Bekannte Hypertonie vor (stationärer) Aufnahme oder b) hypertone Blutdruckwerte, nach Gutdünken definiert als Überschreitung des systolischen Blutdruckes von 170 mmHg oder des diastolischen Blutdruckes von 100 mmHg, gemessen mindestens zweimal während des Aufenthaltes in der gewohnten Umgebung.	1
6. Schlaganfälle in der Vorgeschichte Medizinische oder neurologische Untersuchung erbrachte die Diagnose eines Schlaganfalls oder Vorgeschichte von Schlaganfällen in der Anamnese.	2
7. Neurologische Herdsymptome Vorhandensein von Symptomen, die im allgemeinen mit neurologischen herdförmigen Erkrankungen in Zusammenhang gebracht werden, wie beispielsweise Aphasie, unilaterale Schwäche oder Tremor.	2
8. Neurologische Herdzeichen Herdhinweise bei der neurologischen Untersuchung, wie beispielsweise der Babinski-Reflex, Gesichtsfeldanomalien usw.	2

Diagnose: bitte ankreuzen

Summe d. Scores: 0 - 2 SDAT
4 - 10 MID

C. 4.5 *Beurteilungsskala zur Diagnose der Alzheimerschen Krankheit*

Nach: Gustafson L, Nilsson L. Differential diagnosis of presenile dementia on clinical grounds. Acta Psychiatr Scand 1982; 65: 194-209.

Klinische Items	Punktwert
1. Langsame Progression	1
2. Früher Verlust der Krankheitseinsicht	1
3. Früh aufgetretene Gedächtnisstörungen für weit zurückliegende Ereignisse	2
4. Früh aufgetretene räumliche Desorientierung	2
5. Dyspraxie, Dysphasie, Dysgnosie	2
6. Logoklonie	2
7. Logorrhoe	1
8. Fortschreitende Reduktion der Spontansprache	1
9. Spätepilepsie	1
10. Erhöhter Muskeltonus	2
11. Myoklonien	1
12. Klüver-Bucy-Syndrom	1
Maximaler Punktwert	17

C. 4.6 *Beurteilungsskala zur Diagnose von Demenzprozessen mit fronto-temporaler Rindendegeneration (FTD)*

Nach: Gustafson L, Nilsson L. Differential diagnosis of presenile dementia on clinical grounds. Acta Psychiatr Scand 1982; 65: 194-209.

Klinische Items	Punktwert
1. Langsame Progression	1
2. Früher Verlust der Krankheitseinsicht	2
3. Frühe Zeichen der Enthemmung	2
4. Reizbarkeit, Dysphorie	1
5. Konfabulation	1
6. Logorrhoe	1
7. Fortschreitende Reduktion der Spontansprache	1
8. Echolalie, Mutismus, Amimie	2
9. Klüver-Bucy-Syndrom	1
Maximaler Punktwert	12

C. 5 Anschriften von Selbsthilfegruppen und Beratungsstellen

Selbsthilfegruppe für Angehörige von psychisch Kranken (Alzheimer Typ)
c/o Ingrid Fuhrmann
Bohm-Schuch-Weg 13
12351 Berlin
Tel.: (0 30) 6 04 86 75

Ärztliche Beratungsstelle für ältere Bürger und ihre Angehörigen
Rüsternweg 26a
22846 Norderstedt
Tel.: (0 40) 5 25 40 11 / 12

Gesprächsgruppe für Betroffene
c/o Familienbildungsstätte Probstei (Leiterin Frau Sigrid Meerkatz)
(für den Raum Schönkirchen/Schönberg/Heikendorf/Laboe/Mönkeberg
zus. mit der Ärztlichen Beratungsstelle Norderstedt)
06888 Probstei
Tel.: (0 43 48) 86 57

Gesprächsgruppe für Betroffene
Gesprächsgruppenleiter: Dipl. Psych. Roland Haenselt, Ursula Hayduk
c/o Ev. Familienbildungsstätte
21481 Lauenburg
Tel.: (0 41 53) 23 82

Gesprächsgruppe für "Pflegende Angehörige" von hilfebedürftigen
alten Menschen
c/o Familienbildungsstätte
25335 Elmshorn
Tel.: (0 41 21) 2 19 89 (9 - 12 Uhr)

Gesprächsgruppe für pflegende Angehörige von hilfebedürftigen
alten Menschen
Haus der Familie
Wrangelstr. 18
24937 Flensburg
Tel.: (04 61) 58 13 48

"Angeleitete Gesprächsgruppe für pflegende Angehörige" von hilfebedürftigen alten Menschen
Modellprojekt der Landesregierung Schleswig-Holstein
c/o DRK-Sozialstation
Westpreußenring 164
23569 Lübeck-Kücknitz
Tel.: (04 51) 30 97 57

Interessengruppe der Angehörigen Alzheimer Erkrankten
c/o Lisa Spenrath
Brucknerstr. 15
28359 Bremen
Tel.: (04 21) 2 38 22 71 (App. 102)

Pflegende Angehörigengruppe im Deutschen Sozialwerk Hannover
Dr. Karin Wilkening
Schleiermacherstr. 19
30625 Hannover
Tel.: (05 11) 55 44 78

Alzheimer Gesellschaft Hannover
Kurt Hennig
Bleekstr. 20
30559 Hannover
Tel.: (05 11) 5 10 92 10

Gesprächsgruppe für Angehörige verwirrter alter Menschen
Landeskrankenhaus Wunstorf, Dr. med. Anne Hagedorn
Südstraße 25
31515 Wunstorf
Tel.: (0 50 31) 17 21

"Brunnenstube" im Neuen Brunnenhaus
der Ev. Altenhilfe Gesundbrunnen e.V.
Gerhart Fuhr, Verw.Leiter, Projektleiter der Altenhilfe Gesundbrunnen e.V.
Brunnenstraße 25
34369 Hofgeismar
Tel.: (0 56 71) 88 20

Alzheimer Gesellschaft e.V.
Petra Engberding
Rochusmarkt 2
40479 Düsseldorf
Tel.: (02 11) 48 33 21

Alzheimer Gesellschaft Münster
c/o Deutsches Sozialwerk, Begegnungsstätte - Altes Backhaus -
Coerdestr. 36a
48147 Münster
Tel.: (02 51) 27 42 55

Alzheimer Selbsthilfegruppe
Rosemarie Blaubach
Löhrerlen 60
42279 Wuppertal
Tel.: (02 02) 64 53 70

Alzheimer Angehörigengruppe
c/o Zentralinstitut für seelische Gesundheit
Dr. Schreiter, Dr. W. Hewer, Frau B. Weber-Zehnert
I 5, Postfach 59 70
68072 Mannheim
Tel.: (06 21) 1 70 31

Dienste für seelische Gesundheit "Alzheimer Beratungsstelle"
Herr Laade, Herr Beutel
Büchsenstr. 34-36
70174 Stuttgart
Tel.: (07 11) 2 05 42 48

Aktion Altern in Würde e.V.
Frau Baum
Mönchseestr. 43/1
74072 Heilbronn
Tel.: (0 71 34) 6 07 59

Gesundheitsforum Böckingen (Mentales Training/Angehörigengruppe für dementiell Erkrankte), Kontakt über Frau Rommel, Gesundheitsamt
Uhlandstraße
74072 Heilbronn

Angehörigengruppe Wendlingen
Angehörigengruppe Nürtingen
Angehörigengruppe Neckartailfingen Aichtal
Angehörigengruppe Neuffener Tal
Angehörigengruppe Kirchheim
zu erreichen über SOFA
Neckartailfinger Str. 20
72622 Nürtingen-Neckarhausen
Tel.: (0 70 22) 5 90 91

Alzheimer Gesellschaft - Angehörigen-Selbsthilfegruppe Ulm/Neu-Ulm
Annegret Bock
Johann-Strauß-Str. 32
89231 Neu-Ulm
Tel.: (07 31) 7 51 90 oder 7 88 18

Angehörigenberatung e.V.
Hans-Dieter Mückschel
Adam-Klein-Str. 6
90429 Nürnberg
Tel.: (09 11) 26 61 26

Alzheimer Gesellschaft Würzburg/Unterfranken
c/o Psychiatrische Klinik der Universität
Füchsleinstr. 15
97080 Würzburg
Tel.: (09 31) 20 33 30

GAAD Gesprächskreis für Angehörige alter, demenzkranker Menschen
Margit Berndt
Radler Str. 70
87600 Kaufbeuren
Tel.: (0 83 41) 6 62 13

Angehörigengruppe am BKH-Kaufbeuren
Sr. Ursula Lang, Geronto-Psychiatrie am BKH-Kaufbeuren
Kemnater Straße
87600 Kaufbeuren
Tel.: (0 83 41) 7 21

Weitere Informationen sind zu erhalten über:

Dachverband psychosozialer Hilfsvereinigungen e.V.
Thomas-Mann-Str. 49a
53111 Bonn
Tel.: (02 28) 63 26 46)

Arbeiterwohlfahrt-Bundesverband
Oppelner Str. 130
53119 Bonn
Tel.: (02 28) 6 68 50

Deutsche Arbeitsgemeinschaft der Selbsthilfegruppen
Friedrichstr. 28
35392 Gießen
Tel.: (06 41) 7 02 24 78

sowie bei allen Sozialpsychiatrischen Diensten der Gesundheitsämter, bei Beratungsstellen der Caritas, Inneren Mission, Arbeiterwohlfahrt u.a. Beratungseinrichtungen in den jeweiligen Wohnorten.

D Weiterführende Literatur

BERGENER M, ed. Psychogeriatrics. An International Handbook. Springer: New York 1987.

BERGENER M, BELMAKER RH, TROPPER MS, EDS. Psychopharmacotherapy for the elderly. Research and Clinical Implications. Springer: New York 1993.

BUSSE EW, BLAZER DG, eds. Geriatric Psychiatry. American Psychiatric Press: Washington 1989.

* KIPP J, JÜNGLING G. Verstehender Umgang mit alten Menschen. Eine Einführung in die Gerontopsychiatrie. Springer: Berlin-Heidelberg-New York 1991.

KISKER K.P, LAUTER H, MEYER J-E, MÜLLER C, STRÖMGREN E, Hrsg. Alterspsychiatrie. Psychiatrie der Gegenwart 8. 3. Aufl. Springer: Berlin-Heidelberg-New York-u.a. 1989.

LAZARUS LW, Hrsg. Grundzüge der Psychogeriatrie. (Hrsg. d. dt. Ausgabe: BERGENER M, STRITZKE P) Deutscher Ärzte-Verlag: Köln 1992.

LUNGERSHAUSEN E, Hrsg. Demenz. Herausforderung für Forschung, Medizin und Gesellschaft. Springer: Berlin-Heidelberg-New York - u.a 1992.

* MACE NL, RABINS PV. Der 36-Stundentag. Die Pflege des verwirrten älteren Menschen, speziell des Alzheimer-Kranken. 3. Aufl. Huber: Bern- Göttingen-Toronto 1991.

RADEBOLD H. Psychodynamik und Psychotherapie Älterer. Springer: Berlin-Heidelberg-New York-u.a. 1992.

RIEDERER P, LAUX G, PÖLDINGER W, Hrsg. Neuro-Psychopharmaka. Ein Therapie-Handbuch. Band 5: Parkinsonmittel und Nootropika. Springer: Wien-New York 1992.

RUDOLF GAE. Therapieschemata Psychiatrie. 2. Aufl. Urban und Schwarzenberg: München-Wien-Baltimore 1992.

SADAVOY J, LAZARUS LW, JARVIK LF, eds. Comprehensive Review of geriatric Psychiatry. American Psychiatric Press: Washington 1991.

TÖLLE R. Psychiatrie. 9. Aufl. Springer: Berlin-Heidelberg-New York-u.a. 1991.

* WEAKLAND JH, HERR JJ. Beratung älterer Menschen und ihrer Familien. 2. Aufl. Huber: Bern-Stuttgart-Toronto 1988.

*besonders gut zur Lektüre für Angehörige geeignet

E Stichwortverzeichnis

B

C

F

G

R

S

U

V

Anhang neogama® (Sulpirid)

Generic name (INN)	Sulpirid
Handelsnamen (Auswahl)	neogama®; neogama® forte
Klinisch-pharmakologische Klassifizierung	Psychopharmakon mit niedrigdosiert: antidepressiver,antivertiginöser und psycho-vegetativ stabilisierender bzw. aktivierender Wirkung hochdosiert: milder bis mittlerer neuroleptischer Wirkung
Chemische Klassifizierung	substituiertes Benzamid
Summenformel	$C_{15}H_{23}N_3O_4S$
Strukturformel	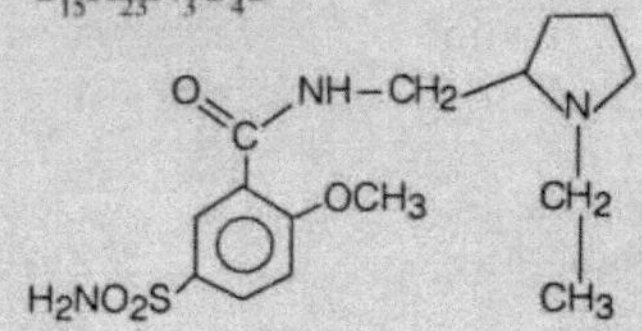
Handelsformen	Kapseln 50 mg, Oblongtabletten 200 mg
Hersteller (Auswahl)	Hormosan-Kwizda
Anwendungsarten	oral: Kapseln, Tabletten
Pharmakokinetische Daten	
Halbwertszeit: Elimination $t_{1/2el}$	7 - 10 h
Halbwertszeit: Elimination bei gestörter Nierenfunktion $t_{1/2el_g}$ - unverändert/ verlängert	die Elimination kann beeinträchtigt sein wahrscheinlich verlängert
Halbwertszeit: Elimination bei gestörter Leberfunktion $t_{1/2el_h}$ - unverändert/ verlängert	geringfügige Metabolisierung, daher wahrscheinlich keine Beeinflussung wahrscheinlich unverändert
T_{max} (m)	oral: ca. 3,5 h i.m.: 10 - 30 min
Absorption A % - gastrointestinal	26,9 ± 8,8

Verteilung
(mit VQ = Quotient
Gewebe/Serum oder Blut)

Verteilungsvolumen	V	3,6 l/kg
translaktale Passage	tl %	Sulpirid tritt in die Muttermilch über
Eiweißbindung	EB %	sehr gering

Metaboliten

- aktiv / inaktiv		nahezu keine (Sulpirid wird nur in geringem Umfang (5 %) metabolisiert)

Leberenzyme

- Induktion / Hemmung		nicht bekannt

Elimination

- renal: gesamt	%	95
- extrarenal: gesamt	%	5
renale Clearance	ml/min	310 i.v. 223 oral

Dosierung in mg/die	Einzeldosis ED	Tagesdosis TD	Initialdosis ID	Erhaltungsdosis MD	Minimale Dosis Min.-Dos.	Optimale Dosis Opt.-Dos.	Maximale Dosis Max.-Dos.	Dosisintervall (h) normal n	 bei gestörter Nierenfunktion el_g	 bei gestörter Leberfunktion el_h	 Extrarenale Dialyse
Kinder und Jugendliche	depressive Störungen: 5 - 10 mg/kg KG Psychosen: 5 - 15 mg/kg KG										
Erwachsene	**100 - 300 mg** (verteilt auf 2 bis 3 Einzelgaben) **antidepressive, antivertiginöse Therapie** **200 - 1.600 mg** (verteilt auf 2 bis 4 Einzelgaben) **antipsychotische Therapie** * Psychosen mit vornehmlich gehemmter Symptomatik und autistischen Verhaltensstörungen: 200 - 600 mg tgl. * Psychosen mit überwiegend fluktuierender Symptomatik, akut delirante und/oder halluzinatorische Psychosen erfordern eine Sulpirid-Hochdosierung von 800 bis 1.600 mg tgl. - 1.600 mg Maximaldosis										
Höheres Lebensalter	stets individuell, vorsichtigere Dosissteigerung, evtl. geringere Enddosierung										
Schwangere	kontraindiziert, da die bisherigen Erfahrungen für eine sichere Anwendung bei Schwangeren noch nicht ausreichen										
Stillzeit	abstillen erforderlich, da Sulpirid in die Muttermilch übergeht										
eingeschränkte Nierenfunktion	Reduktion der Tagesdosis in Abhängigkeit des Schweregrades der Nierenerkrankung: Richtwerte: Kreatinin-Clearance zwischen * 30 und 60 ml/min: 50 % der Tagesdosis * 10 und 30 ml/min: 30 % der Tagesdosis * kleiner 10 ml/min: 20 % der Tagesdosis										

pk_a 8,52

Bioverfügbarkeit - absolut / relativ	absolut: 44 ± 18 % neogama 44 ± 20 % neogama forte Durchschnittswert in der Literatur: 35 %
Kombination - möglich mit/ - nicht möglich mit	möglich mit anderen Psychopharmaka unter Beachtung potentieller Wechselwirkungen, z. B. Wirkungsverstärkung oder Wirkungsabschwächung
Wirkungsmechanismus	Blockade verschiedener Arten von Dopaminrezeptoren (vorwiegend D_2-Rezeptoren) an den Synapsen im ZNS (präsynaptische Blockade: antidepressive Wirkung; postsynaptische Blockade: neuroleptische Wirkung)
Indikation	**niedrigdosiert:** 1. gehemmt-depressive Symptomatik leichter bis mittlerer Ausprägung; ggf. zur Unterstützung der Psycho- und Soziotherapie bei psychogenen, insbesondere psychosomatisch interpretierbaren Störungen; Autismus 2. Schwindelzustände verschiedener Ursache **hochdosiert:** 3. chronische schizophrene Psychosen, insbesondere mit vermindertem Antrieb und depressiver Verstimmung
Kontraindikationen und Anwendungsbeschränkungen	– bekannte Überempfindlichkeit gegenüber Sulpirid oder Benzamidderivaten; – akute Alkohol-, Schlafmittel-, Opiat- oder Psychopharmaka-Vergiftungen; – Phäochromozytom; – prolaktinabhängige Tumoren sowie alle nicht abgeklärten Mammatumoren; – Hyperprolaktinämie; – Kinder unter 6 Jahren; – Schwangerschaft und Stillzeit

	Sulpirid sollte nur **unter besonderer Vorsicht** und **unter strenger Indikationsstellung** angewendet werden bei: * Krampfanfällen, z.B. Epilepsie; * hirnorganischem Psychosyndrom in Verbindung mit Erregungszuständen (evtl. mit zusätzlicher sedativer Medikation); * Parkinsonscher Erkrankung (gegenseitige Anpassung der L-Dopa und der SulpiridMedikation erforderlich); * jüngeren Frauen mit Zyklusstörungen; * Patienten mit extrem niedrigem oder erhöhtem Blutdruck; * maniformen Psychosen (evtl. mit zusätzlicher sedativer Medikation); * schizoprenen Psychosen, die mit Erregungs- und Aggressivitätssymptomen einhergehen (evtl. mit zusätzlicher sedativer Medikation); * schweren Nierenschäden (vgl. Abschnitt „Dosierung"); * malignem neuroleptischem Syndrom in der Vorgeschichte.
Nebenwirkungen	**vereinzelt:** Überempfindlichkeitsreaktionen (Jucken, Hautausschlag); **gelegentlich:** Magen-Darm-Störungen; **selten:** Mundtrockenheit; Müdigkeit; Herzklopfen; Schlafstörungen oder vermehrtes Schlafbedürfnis; innere Unruhe, Erregung und Stimmungsschwankungen;extrapyramidal-motorische Störungen (Frühdyskinesien, Parkinsonoid); Sehstörungen; Störung der Blasenentleerung; Appetitsteigerung mit Gewichtszunahme; Kreislaufstörungen (**leichter** Blutdruckabfall oder **leichte** Blutdrucksteigerung); endokrine Nebenwirkungen durch Anstieg des Prolaktinspiegels wie Zyklusstörungen, Spannungsgefühl in der Brust, Galaktorrhoe, Gynäkomastie, Amenorrhoe, Libido-Steigerung, Libido-Abnahme (erfahrungsgemäß reversibel bei Absetzen). Über Blutbildschäden unter Sulpirid-Behandlung ist nichts bekannt. Spätdyskinesien treten unter Sulpirid sehr wahrscheinlich nicht auf.[(1)]

([(1)]REYNOLDS GP. Developments in the drug treatment of schizophrenia. Trends Pharmacol Sci 1992; 13116-13121).

Interaktionen mit anderen Psychopharmaka	* Sulpirid kann in Verbindung mit Arzneimitteln, die stimulierend auf das Zentralnervensystem wirken (z.B.Appetitzügler), verstärkte Unruhe, Nervosität oder Erregung bewirken. * mit zentraldämpfenden Arzneimitteln (z.B. Schlafmittel, Beruhigungsmittel, Tranquilizer) - Wirkungsverstärkung
Vorsichtsmaßnahmen	Verabreichung von Sulpirid wegen der antriebssteigernden Wirkung nicht nach 16 Uhr; sorgfältige ärztliche Überwachung bei i.v.-Applikation (hypotone Kreislaufreaktionen); keine Verwendung in Mischspritze; Dosisreduktion bei gestörter Nierenfunktion; Vorsicht bei aktiver Teilnahme am Verkehr und ggf. am Arbeitsplatz; kein Alkohol
Antidot	kein spezifisches Antidot bekannt; als Antidot bei Vergiftungen mit Neuroleptika ist generell Biperiden (Akineton®) wirksam
Humantoxische Wirkung	keine eindeutigen Daten bekannt
Änderungen von Nachweismethoden	keine eindeutigen Daten verfügbar
Erläuterungen und weitere Hinweise	Psychopharmakon mit mehrschichtigem Indikationsspektrum: **in niedriger Dosierung:** * antriebssteigernd-antidepressiv * antivertiginös * antiemetisch * psychovegetativ stabilisierend bzw. aktivierend **in höherer Dosierung:** * leicht bis mittelstark antipsychotisch Bei abendlicher Gabe sind Schlafstörungen möglich.Erhöhung des Prolaktinspiegels kann zu Zyklusstörungen und Galaktorrhoe führen. Sulpirid macht nicht abhängig.

Nach: Kümmerle. Klinische Pharmakologie. 4. Auflage. 15. Erg. Lfg 5/88.
Nach: Merz PG, Rietbrock S, Marschner JP, Loew D, Biehl J. Pharmakokinetik, absolute und relative Bioverfügbarkeit von Sulpirid (Publikation in Vorbereitung).

GPSR Compliance

The European Union's (EU) General Product Safety Regulation (GPSR) is a set of rules that requires consumer products to be safe and our obligations to ensure this.

If you have any concerns about our products, you can contact us on ProductSafety@springernature.com

In case Publisher is established outside the EU, the EU authorized representative is:

Springer Nature Customer Service Center GmbH
Europaplatz 3
69115 Heidelberg, Germany

Batch number: 10815964

Printed by Printforce, the Netherlands